本书韵律象似章节系国家社科基金一般项目
"基于语料库的汉语黏合结构韵律语法研究"（批准号：21BYY036）的阶段性成果

Phonetic Iconicity
and Prosodic Iconicity

应学凤 /

著

从语音象似 的 韵律象似

社会科学文献出版社
SOCIAL SCIENCES ACADEMIC PRESS (CHINA)

序 一

继应学凤副教授 2020 年第一本专著《现代汉语黏合结构研究》出版后，他的第二本专著《从语音象似到韵律象似》也即将出版。

学凤首先注意到黏合结构和组合结构在节律上的重要差别，发现黏合结构在韵律上受到更多的限制，并从韵律象似的角度对黏合结构的节律规律进行了功能的解释。这是学凤第一本专著中的主要内容。

本书在前著的基础上对音义关系做了更广泛和深入的探讨。

广度方面的扩展主要是增加了"语音象似"（第三章到第七章）。所谓"语音象似"，是指音质音位的象似，不同于"韵律象似"所指的"非音质音位"的象似。这种区别，也可看作"非结构性象似"和"结构性象似"的区别。"语音象似"实际上也是中国传统训诂中"声训"的主要内容。当然，学凤是在当代语言学的理论背景下去研究"声训"的。

深度方面的新发现有：基于韵律象似阐释音的组合和义的组合的松紧关联（第八章到第十章），基于语音象征阐释单个音节和意义之间的响度关联（第三章到第六章）、重度关联（第四章到第六章）、调型关联（第七章）等，指出韵律象似和语音象似存在关联，音的组合前后两部分的响度不同、重度不同、音节数目不同，音节组合的轻重、数目和松紧也不同（第八章到第十章）。

学凤的研究表明，音义象似的存在，其普遍性远超过一般的想象，并且音义象似的种种具体表现，可构成一个有机的系统。如语音松紧不仅与语义松紧密切相关（所谓距离象似性），也与语音轻重密切相关。这里谈谈自己读后的一点体会。

吕叔湘先生 1963 年发表的《现代汉语单双音节问题初探》提出，汉语中动名歧义的"2+2"式节奏的四音节结构，如"复印文件"，如果可以减缩为三音节，那么"1+2"式总是动词性的，如"印文件"；"2+1"式总是名词性的，如"复印件"。这一观察启动了汉语学界的韵律语法的研究。

汉语还可以利用轻重对比的手段区分同源名动歧义，如名词性的"炒饭"和动词性的"炒饭"，又如名词性的"进口 – 电视"和动词性的"进口 电视"。这种轻重音的对立，还伴随着节律的松紧。"重轻"组合很紧凑，可看作复合词，而"轻重"组合较松散，可看作短语。

若把轻重和长短概括为音量的大小或多少，就可把两者统一起来："大小"对应名词性，而"小大"对应动词性。

这种对应在英语中也大量存在，不过是音量的大小对立落实为轻重的对立。英语中一对同源词，如果一个是名词而另一个是动词，并且区分两者的是轻重配置的不同，那么，必然是名词采用"重轻"节律模式而动词采用"轻重"模式。如书稿 2.3.1 节提到的：

REcord（名词）——reCORD（动词）

IMport（名词）——imPORT（动词）

PROject（名词）——proJECT（动词）

CONstruct（名词）——conSTRUCT（动词）

CONtent（名词）——conTENT（动词）

有人认为，汉语中并无严格对应于英语轻重音对立的对立，因此，两种现象不是一回事，不可作简单类比。

不过，既然两种对比都牵涉到音量的大小，并且都可落实为松紧的区分，可以说在这一点上本质是一致的，即音量"大小"和"小大"分别对应于"紧凑"与"松散"。

柯航《现代汉语单双音节搭配研究》（2007）的研究表明，紧凑结构具有更强的整体性。Langacker 在 Foundations of Cognitive Grammar（Volume II）中提出，人脑处理名词时是用"综合扫描"（summary scanning），而处理动词时表现为"次第扫描"（sequential scanning）。这为松紧与整体性的相关性提供了进一步的证据。

有关现象还可以扩展到英语中大量同源复合名词和短语动词（phrasal verb）的关系上，短语动词采用松散的"轻重"模式，如 fall OUT（散落），而复合名词采取紧凑的"重轻"模式，如 FALL-out（散落物），又如 put THROUGH（通过）→ THROUGHput（通过量、吞吐量、生产力）。

甚至可以扩展到用清、浊擦音来区分名词、动词的现象，如 believe-belief、breathe-breath、bathe-bath、use-use、wreathe-wreath、clothe-cloth，其中动词词尾都是浊擦音，而名词词尾都是对应的清擦音。据书稿第 85 页的"语音音响度等级"，相对清擦音来说，浊擦音音响度更高，那么，至少可以说"X-浊擦音"接近"轻重"模式，而"X-轻擦音"接近"重轻"模式。这也可以说是"重轻"模式的延伸。当然，词尾的辅音，不管清、浊，都比前面的元音轻。同为"重轻"模式，但感觉上浊擦音收尾的动词形式，比起清擦音收尾的名词形式，偏离"重轻"模式更远。

并且，英语还有用重轻对比来分化形容词和其同源名词或其同源动词的现象。如形容词 adEPT（熟悉/专于⋯的）和名词 ADept（熟手、专家），此时形容词表现如动词，词尾重读。又如形容词 loath（憎恨⋯的）和动词 loathe（憎恨），此时形容词表现如同源名词，词尾是清擦音。

上述音义象似也可以解释三音节叠字词的形容词性和名词性的音节组合差异。书稿（2.3.2 节）介绍的有关研究表明，"1＋2"式节奏的 ABB 叠音词，71.15% 是形容词，如"虎生生""黄灿灿""灰沉沉""活生生"等；名词性的只有 8.65%，如"姑奶奶""老太太"等。而"2+1"

式节奏的 AAB 叠音词，69.70% 是名词，如"毛毛虫""泡泡纱""面面观""悄悄话""碰碰车"等；形容词只占 6.06%，如"飘飘然""呱呱叫"等。这也证明整体性较强的"2+1"式节奏更适合表达整体性强的名词。

我们可以推测，如果三音节叠字词中有动词，极大的可能是采用 ABB 的"1+2"式节律模式。

以上讨论表明，轻重、长短的顺序安排都会导致结构松紧的不同，由此可见"松紧"的重要性。这里再举一个反映松紧重要性的现象。为何"热闹"派生的"热热闹闹"是形容词，而"热闹热闹"就是动词？这可能也与松紧有关。从语义距离象似性看，前者两部分"热热"和"闹闹"都不成词，独立性低。而后者两部分都是"热闹"，各自成词，独立性较强。两个独立性低的成分结合在一起，比起两个独立性高的成分结合，若无其他干扰，默认的结果是更紧凑。这意味着"热热闹闹"的"整体性"比"热闹热闹"强。而形容词在"名词—形容词—动词"这个连续统中更接近整体性强的名词。

还有与松紧有关的一个语序共性现象（书稿"结语"部分）：在若干形容词定语和名词核心的组合中，如果形容词前置于名词，这些形容词与名词的结合很紧凑。相反，这些形容词与名词的结合很松散。

书稿内容涉及面极广，汉语语法学界讨论极少的类似英语中的"一次性词 nonce word"也有讨论（9.4.1 节）[①]。作者在前一部专著中，谈到了"电脑操作者（们）"与"操作电脑者（*们）"的对立。这个对立也

---

① 其实，一个数词，不管表示多大数目，理论上都是一个黏合式复合词，因为符合朱德熙所说的黏合结构关键的特征——"分布上跟单个词完全一样"。德语的数词就是写在一起的。英语中虽然不连写，但加在后面表示"第"的 -th，也一直被看作词缀而不是语缀。分布上看作一个词当然没有问题，但在形式的其他方面（如内部节律表现），与一般词大不相同。

能用松紧来解释。这两个复合词内部的"电脑操作"和"操作电脑"分别是名词性的和动词性的。前者比后者结合得更紧密。各自把自己内部的松紧转移到整个结构体，就导致了"电脑操作者"内部结合得比"操作电脑者"更紧密，因此更像复合词，也更容易带"们"。

强调松紧之分符合汉语的特点。吕叔湘先生曾说，由于汉语形态少，"汉语里语法范畴主要依靠大小语言单位互相结合的次序和层次来表达"（《汉语语法分析问题》第72节"句子成分和结构层次"）。而"次序和层次"很大程度上就是通过松紧来实现的。

书稿提出音义关联的四大象似规则，即响度象似规则、升调象似规则、重度象似规则和松紧象似规则，并指出其中松紧象似规则最重要，涵盖的范围最大。这与吕先生对汉语句法特点的概括是一致的。

语言符号任意性和理据性的争论历史很悠久。如果把理据性看作"原因"，任何事物、现象的产生都有原因，只是不同原因的性质不同而已。如人的姓名，一般被当作任意性的例子，但当初父母给孩子取名时肯定有原因，至少是图个吉利。不过，这对姓名在交际中的作用来说并不重要，通常不必追究。

从这个角度看，所有语言符号都有理据性。没有发现理路性不等于没有理据性。相信所有语言符号都有理据性，可以积极引导我们发现更多的理据性。

语言符号的理据性，主要表现为象似性，而这无非就是"交际功能跟编码形式之间的一致性"这一语言研究的根本指导原则的落实而已。可以说，象似性是一致性比较宽松和现实的说法。事实上，形式和功能本来就是两回事，本质不同，因此并无真正的一致性。这种一致性，实际上就是象似性。

音义象似性，在以往的象似性研究中，不是一个很受重视的领域。学凤的研究显示，在这个领域，发掘的潜力是巨大的。

学凤在这个领域的丰硕研究成果，与他的勤奋和恒心是分不开的。

他从硕士阶段就对音义象似性产生了浓厚的兴趣，并发表了有关"语音象似"的论文。在博士阶段，他专攻黏合结构的韵律表现，出版了专著。二十年来，他的研究兴趣始终紧紧围绕着音义象似，这是他做学问的一个特色。这次他又把当年硕士期间的研究加以深化，整理了出来，加上第一本专著后在有关方面新的研究，合成较全面的音义象似性的专著，我很是替他感到高兴；同时也希望他能再接再厉，在这个领域继续深入、奋进！

陆丙甫

2022 年 6 月 13 日

序 二

学风又有新著即将出版，令人欣喜，他嘱我作序，我自是欣然应允。

认识学风已经 20 年了。20 年前，应学风同学撰写本科毕业论文时，我是他的指导老师，由此开启了我们的师生缘。学风本科毕业后，考取南昌大学汉语言文字学专业硕士研究生，我继续担任他的指导老师。

那时的学风同学，翩翩年少，意气风发，对语言现象充满浓厚的研究兴趣，讨论问题时兴致勃勃，才思泉涌。他善于观察身边的语言现象，对同义词辨析、同音异形词辨析、新词新义、新的语用现象和多义词义项的发展，不仅语感极好，而且论感敏锐。感觉到某词某句的细微处，从不轻易放过，立即开动脑筋，一边查语料，一边查文献，积极思考，提出自己的看法。还常常情不自禁地跟我分享，有时他有了新观点，就给我打电话，完全不顾及已是夜深人静休息时间，当然，那个时间我一般也在书桌前学习，接到他的电话，听他分享新观点，是一件非常愉快的事情。

学风对前沿理论更是表现出极强的敏锐性。那几年，陆丙甫老师给研究生讲授现代汉语语法专题课，讲语言类型学，讲象似性理论，陆老师的前沿理论和分析思路给同学们打开了广阔的学术视野。学风从热情关注一个或一对具体的词的音形义，转向了更广阔的理论思考。2007 年完成硕士学位论文《语言符号音义象似性研究——以指示代词、现代汉

1

语单音节反义词音义关系为例》。毕业后从事教学工作，攻读博士学位，申请国家社科基金项目，赴美访学，虽然不同阶段涉猎不同的领域，但他对音义象似性的思考从未停止，每段学习经历和工作经历所接触到的前沿理论和学术热点，都会触动他再思考音义象似性问题，不断有新作发表，每隔一两年完成一篇有关象似性问题的新论述，先后发表于《汉语学习》《语言教学与研究》《汉语学报》《励耕语言学刊》《语言研究集刊》《世界汉语教学》《语言研究》等期刊。这一篇又一篇沉甸甸的论文，凝聚了学风一天又一天的勤勉汗水，折射出学风敬学敬业、刻苦创新、学识才情的多彩之光。

2019 年，学风的《松紧象似原则与动宾饰名复合词》一文入选《世界汉语教学》青年学者论坛（第七届）。该"论坛的主要目标是通过搭建以杰出青年学者为主角的学术交流平台，扶持汉语研究和汉语教学领域的新生代学术领军人才，增强学科发展后劲，提升对外汉语教学研究在国际第二语言教学领域的学术话语权。……呈现出高端、前沿、深刻、多元的特点"（当时中国教研网的直播预告）。2019 年 10 月 12 日，我怀着喜悦的心情在北语听完学风的大会报告。如果说当年关于音义象似性的硕士学位论文是一棵学术幼苗，而今已茁壮成长为根深叶茂的大树。

学风 20 年来持续的、历久而常新的学术热情，倾注于音义象似性的系列探讨，现在终于汇成一本专著。这本专著系统而细致地考察现代汉语单音节反义词、指示代词、鸟名、叹词的语音象似，探讨拟声词、动宾饰名复合词、单音节定语位置的松紧象似。语音象似考察的对象主要是单音节词，韵律象似考察的对象主要是复合词和短语结构。通过跨语言比较，发现响度象似、升调象似、重度象似和松紧象似在世界语言普遍存在，让我们读到了"从语音象似到韵律象似"的更全面论述、更深刻思考和更前沿探索。相信学界兴趣相投的同行一定会喜欢这本书的论题，让我们一起分享学风新著带给我们的思考的愉悦。

从独立担任硕士研究生指导教师开始，我就常常想，一张白纸的学生怎样才能更成功地完成研究生学业？用现在时髦的话来说就是，怎样从科研小白变身学术大神？在读的研究生们常常为找不到题目、写不出论文感到苦恼和困惑，但学风的好题目似乎总是源源不断，仅知网就收录了103篇（若加上收入论文集的和待刊发的论文，则远超这个数字）。他从2004年下半年开始发表第一篇学术论文，即一发而不可收，2005年4篇，2006年27篇，2007年24篇，2008年11篇，这些文章绝大多数是在南昌大学读硕士阶段撰写的，他的勤奋超出我们的想象。其中既有千字文、学术小品，更有核心期刊论文十余篇。学风的成长给了我们很多启发。敏锐的语感、勤勉的训练、开阔的视野和细致的观察，用心感受并积极回应前沿理论，专注、历久而常新的学术热情，静谧而璀璨，乃语言学人独有之气质。我写下这些感受，与初入门的学子们共勉。

李胜梅

2022 年 5 月 26 日

目　录

绪　论

0.1　研究对象

本书研究对象主要分两大类：语音象似的单纯词，韵律象似的结构和复合词。当然，严格意义上看，韵律象似也是一种语音象似。我们先谈语音象似的研究对象。主张语言符号任意性的学者大多数以单纯符号音义之间没有象似性来论证。他们认为索绪尔所说的任意性主要是指单纯符号的音义关系，不包括词法和句法。我们认为语言的象似性表现在单纯词、语素、词法和句法等各个层面。单纯词和语素的语音象似由于受到的干扰比较多，其音义之间的象似比较复杂，发掘起来不容易，但不能因此彻底否定它们的象似性。

孙力平（1987）曾经就反对把任意性建立在根词理据的不可论证上。他指出，这样"就有可能导致任意性原则最终被否定"，因为"随着语言研究的深入发展，原先视为不可论证的单音符号的内部形式有不少已为人们论证"，"人们完全有理由推断根词的内部形式迟早也是可以论证的"。我们选取意义对比明显的词作为研究对象，包括现代汉语单音节反义词、指示代词、鸟名、叹词，通过具体的个案研究证实单纯词音义之间存在一定的关联。

现代汉语单音节反义词是意义对比明显的词，其元音、声调存在比

1

较明显的对应关系。例如：

（1）大小　长短　深浅　男女　活死　真假

　　　扬抑　粗细　重轻　生死　干湿　纳出

　　　升降　上下　到离　装卸　松紧　来去

　　　高低　老小　善恶　动静　富贫　仰俯

（2）高矮　热冷　多少　系解　加减　行止

　　　吞吐　来往　父母　宽窄　甜苦　益损

例（1）表大的、正面的词项元音开口度大，音响度高；例（2）表小的、反面的词项声调多为上声，例（1）有不少反义词表小的、反面的元音响度低，同时，声调也是上声。现代汉语单音节反义词的音义关联是一种倾向，主要表现为统计学意义上的共性，这种大小概念的音义象征具有跨语言的普遍性，有研究表明，世界语言普遍存在这种语音象似，具体见第二章第二节的介绍。

与反义词类似，指示代词也是意义对立明显的词。现代汉语普通话的指示代词有近指和远指之分，"近""远"的元音象似非常明显。这种语音和近指、远指概念的关联是世界语言的共性，如英语近指用"this"，远指用"that"。有的语言或方言存在指示代词近指、中指和远指或近指、远指和更远指的三分，甚至有的是四分现象，近远多分的指示代词在语音上有明显不同，主要表现为语音音响度象似和音节复杂性象似，也就是说，表示近指的指示代词在元音、辅音、声调上音响度低于远指、更远指的指示代词，表示远指、更远指的指示代词音节更长、更复杂。

反义词和指示代词是一组大小、远近概念与语音的关联。而鸟名是鸟类名称的语音和鸟类的鸣叫声之间的关联，叹词是语音和语义、语用的关联。鸟类因与人类生活息息相关而备受关注，加之鸟类物种演变的缓慢性与不同品种鸟类鸣声之间明晰的区分度，因此鸟类名称是一个观察语言符号音义象似关系较为理想的窗口。鸟名和鸟鸣之间的象似主要表现为元音象似、音高象似和音长象似。例如：

（3）鹏鹏 [pʰi⁵⁵ ti⁵⁵]　　鹊 [tɕʰyɛ⁵¹]　　鹬 [y⁵¹]　　　鸥 [ou⁵⁵]

　　布谷 [pu⁵¹ ku⁵⁵]　鹡鸰 [tɕi³⁵liŋ³⁵]　鸲鹆 [tɕy³⁵ y⁵¹]

　　元音象似、音高象似和音长象似很多时候很难绝对区分开来，鸟的叫声高亢，鸟名用字采用高元音，这既是元音象似，也是音高象似；鸟鸣叫声长且有起伏，用两个音节名称命名这种鸟，这是音长象似。再如，鸦的叫声低沉，"鸦 [ia⁵⁵]"字的韵腹为前低元音 [a]；鹆的叫声高亢，"鹆 [tɕy³⁵]"字的韵腹为高元音 [y]；莺的叫声高亢，"莺 [iŋ⁵⁵]"字的韵腹为高元音 [i]；鹏的叫声高亢，"鹏 [li³⁵]"字的韵腹是高元音 [i]。这既是元音象似，也是音高象似。

　　叹词"喂"的变调，也是语音象似的表现。《现代汉语词典》（第 7版）（2016：1369）中叹词"喂"的读音是去声，虽然面对面打招呼时"喂"确实是去声，但在打电话时招呼语"喂"多读阳平，反之，就会觉得很特别，比如面对面打招呼读作阳平，打电话时读作去声。为何打电话时招呼语"喂"多读作阳平，与面对面打招呼不同呢？这是因为打电话时，叹词"喂"除了打招呼，还有询问"有人在吗？"的意思。打电话时用升调，具有跨语言的普遍性，比如英语的"hi ↗""hello ↗"，韩语的"여보세요 ↗"（yeo bo se yo ↗）等。疑问普遍使用升调，世界语言一般疑问句句调基本都是升调，升调和疑问有关联。这具有认知基础，据 Ohala（1994）、朱晓农（2004）、Johansson et al.（2020），高调（升调）表示小、亲昵、不确定、疑问等。电话招呼语"喂"默认是阳平，有的时候也读作上声，读作去声往往有特殊的表意作用。

　　除了语音象似外，韵律象似是本书另外一个研究对象。本书主要讨论轻重象似、音节数目多少象似和松紧象似等。音节数目多少象似是数量象似，松紧象似可以看作距离象似。我们重点阐述松紧象似，并结合语言实例重点分析三种象似的异同。

拟声词音义之间的关联显而易见，我们发现AB式拟声词的音节结构具有跨语言的共性。考察《现代汉语词典》（第5版）中AB式拟声词发现，后一音节音响度普遍高于前一音节，汉语拟声词是典型的抑扬节奏。例如：

（4）滴答（嘀嗒）（dīdā）　　叮当（丁当、玎珰）（dīngdāng）

　　　叮咚（丁冬、丁东）（dīngdōng）　　　　　呢喃（nínán）

　　　噼啪（劈啪）（pīpā）　　乒乓（pīngpāng）　　咿呀（yīyā）

拟声词的这种节奏具有跨语言的普遍性，世界语言拟声词普遍呈现后响、后重、后长的倾向，例如：

（5）英语：tick-tack　　　pitter-patter　　cling-clang

　　　　　　tittle-tattle　　clip-clop　　　　tik-tok　　　zig-zag

（6）西班牙语：tris tras　　ris ras　　　　chischás　　　chuplús

　　　　　　　gluglú　　　cricrí　　　　frufrú　　　　tictac

（7）葡萄牙语：glu gluuu　pi piii　　　trim triim

调查表明，AB式拟声词是典型的抑扬节奏、右重模式，是一种松散的结构。

而动宾饰名复合词则是松紧不一的结构，越紧的结构越典型。以往经典文献都关注到典型的形式，例如：

（8）纸张粉碎机——碎纸机

但除了这两种典型的形式，后来又陆续发现其他形式的动宾饰名复合词，例如：

（9）征求意见稿　　　侵犯隐私案
　　　拐卖儿童犯　　　开设赌场罪
（10）表彰劳模大会　　稳定物价措施
　　　占用耕地现象　　招收研究生办法
（11）抽油烟机　　　　去死皮钳
　　　降血压药　　　　投硬币口
（12）配眼镜费用　　　腌茄子步骤
　　　接客人专车　　　画水墨画技巧

这些新的形式数量较多，具有一定的能产性，用例外解释不合适，我们发现松紧象似原则可以对这些不同类型的动宾饰名复合词做出统一的解释。

松紧象似原则还可以解释"大英汉词典""英汉大词典"这样的单音节定语位置居首还是居中问题。我们发现，居中和居首两种形式虽然使用频率有差异，但两者呈现语义、语用区别，可以共存，例如：

（13）新江湾城（上海）——钱江新城（杭州）
（14）北苏州路——南苏州路——西苏州路（以"苏州河"为参照）
　　　张家浜路——北张家浜路（以"张家浜"为参照）
（15）中国南海——南中国海

居首和居中形式的语义和语用不同，根据语用需要，选择居首松的形式或居中紧的形式。上海的"四川北路"早期叫"北四川路"，后来单音节定语居首形式才被居中形式替代。例如：

（16）在沪北，1904 年工部局延长北四川路，并修筑黄陆路、江湾路。1908 年又延长北浙江路及海宁路、北苏州路。（上海档案馆编《上海租界志》）

（17）我且行且看着雨中的北四川路，觉得朦胧的颇有些诗意。但这里所说的"觉得"，其实也并不是什么具体的思绪，除了"我该得在这里转弯了"之外，心中一些也不意识着什么。（施蛰存《梅雨之夕》）

当初为道路命名的时候，受英文路名命名习惯的影响，表示方向的"北"位于"四川路"前面，这种习惯一直延续到新中国成立后。我们在网上看到 1953~1956 年的结婚证、小学获奖证书、小学毕业证书等，上面有个落款并盖了公章"上海市北四川路区人民政府"。这说明当时还叫"北四川路"，后来这种没有特殊的语义、语用的单音节定语居首的形式被居中的形式替代。

0.2 理论背景和研究方法

基于认知语言学象似性理论，本书全面考察了语言符号的语音形式和语义（语用）的象似性。什么是象似性？象似性的概念最早是由皮尔斯（Peirce）于 19 世纪末提出的，他（Peirce, Weiss & Hartshorne, 1932）将符号分为三类（参见张敏，1998：143~144；李福印，2008：44~45）。

第一类，与所指的意义在形式上相似的象似符（icon），符号与所指对象之间的联系靠的是各自性质上的某种相似性。例如，图画、雕塑、地图和各自对应物等。

第二类，与所指意义在因果关系等方面相联系的引得符（index），符号因为与对象之间存在某种关联（如时空相邻的关系、因果关系）而指向它的对象。例如，代表疾病的病症，代表火的烟，淋湿的马路代表下了雨等。

第三类，约定俗成的标志符（symbol），符号和对象之间的关系完全靠规约。例如，交通红绿灯，自然语言的语词，英语"book"这个符号和指称物"书"的关系等。

后来许多学者又给出了具体界定。Haiman（1985：71）认为，当某一语言表达式在外形、长度、复杂性以及构成成分之间的各种相互关系上平行于这一表达式所编码的概念、经验或交际策略时，这一语言表达式就具有象似的性质。Lee（2001：77）指出，如果一个符号和其所指（比如，形式和意义）之间有结构上或形式上的对应，那么这种关系就是象似性。Taylor（2002：46）认为象似符与其所代表的事物相似。最简单的情况，就是一个符号的形式模仿它的意义——符号"看起来像"，或"听起来像"它意欲代表的事物。（参见李福印，2008：45）简而言之，语言的象似性就是语言形式和意义的关联，两者之间具有相似关系、对应关系。

本书的研究对象是关于语言符号的音义关联：一是单纯词的语音象似，二是结构和复合词的韵律象似。研究单纯词的语音象似最大的难点是例外较多，因而无法用举例的方式来证明，否则反对者也可以用举例的方式来反驳。正是音义关联的复杂性，所以有一位持象似性观点的学者也认为，任何一个思维健全的人都不会否定体现在不可分析的单纯语言符号里的规约性，或曰任意性，否则无法解释不同语言对于同一事物会有完全不同的名称。这就是说，语素（或单纯词）在语言中具有最高程度的任意性和最低程度的象似性。（Haiman，1985；参见张敏，1998：142）我们不反对单纯词的象似性程度不高，象似性磨损大，但不能因此完全否定它的象似性。

本书采用计量统计的定量分析和最小对比对的定性分析相结合的方法。

一是封闭性材料的计量统计。通过对封闭性材料的完全统计，避免人为选择，尽量使研究结论客观，具有可重复性。现代汉语单音节反义词、指示代词、鸟名、AB 式拟声词都采取了封闭材料的计量统计方法，动宾饰名复合词、定中黏合结构单音节定语位置问题研究也多用语料库数据作为论证的支撑。

二是语音关联的测试分析。形式和意义之间的相似性并不是客观的，而是一个"心理现实"（mental fact），即感知中的相似性（张敏，1998：144）。正是因为音义之间的相似可能会因人而异，我们在分析鸟类名称和鸟类鸣叫声之间的象似性、叹词不同声调的语义等时，采用了语感测试调查的方法。

三是最小对比对（minimal pair）的比较。基于计量统计的定量分析和最小对比对的定性分析相结合的方法是本书采用的主要研究方法。

四是基于类型学视角的跨语言比较。把对语音象似和韵律象似的考察置于语言共性的视角下进行，通过跨语言、方言比较，提出语音象似和韵律象似具有跨语言的普遍性的观点。

本书语音象似性研究考察的是当代的语音和语义的关联，没有选择古音和古义的原因在于我们考察的是当代语言符号的象似性，不是探索过去语言符号的象似性。此外，语言符号在象似性磨损的同时，往往伴随着象似性的重构。朱晓农（2004）指出，高调表示亲昵、亲切。"爸""妈""爹"在《切韵》中是上声字，因为中古的时候上声还是高调（"上声高呼猛烈强"），那个时候读作上声是符合音义象似的。有趣的是，现在上声从高调演化为低调后，这三个字也从上声转入了去声或阴平，实际上还是保持了高调，这是出于功能上表示亲密的需要。所以，朱晓农认为口语称呼"爸""妈""爹"的声调一直保持高调，如果原来所属的声调类的调值变低，它们就转入其他高调类。

0.3 研究内容和主要观点

本书聚焦汉语的音义象似性现象，重点研究音质音位的象似和非音质音位的象似，前者包括元音和辅音的象似，后者包括声调、重音、音长和音节多少的象似。元音象似和辅音象似是语音象似，声调、重音、音长和音节多少的象似是韵律象似。由于汉语的声调和元音、辅音关系紧密，分析元音、辅音象似，很难对声调象似避而不谈，因而本书把元音象似、辅音象似和声调象似都归入语音象似进行讨论，把重音、音长和音节多少的象似归为韵律象似。本书先后讨论了元音象似、辅音象似、声调象似、音响度象似、复杂性象似[①]和轻重象似、多少象似、松紧象似等。本书章节的主要安排如下。

第一章主要检视任意性与象似性之争，归纳任意性与象似性之争的几个关键问题，包括能指与所指有无自然的联系、对"任意性""约定俗成"等术语的理解、任意性和象似性是历时范畴还是共时范畴、单纯符号有无象似性等。通过仔细剖析任意性和象似性的基本内涵，认为任意性和象似性不是完全对应的两个概念，而是属于不同维度，可以共存的两个概念；然后提出象似性取向具有积极的意义。

第二章回顾国内外语音象似性研究和韵律象似性研究进展。国内外很早就关注到语音象征问题，但国内基于计量统计研究方法的语音象似性研究则是 21 世纪以后。语音象似性研究呈现跨物种、跨语言、跨方言的趋势，高调象似、音响度象似、复杂性象似等语音象似看起来更像是一种基于本能的象似。比如，高调表示小、亲密、亲昵等在人和动物身上均有体现。韵律象似主要有基于信息量、音节长短和重音关联的轻重

---

① 复杂性象似也是一种韵律象似。

象似，基于信息量和音节长短关联的音节数目多少象似，基于节律松紧、结构松紧和语义语用关联的松紧象似。轻重象似、音节数目多少象似和松紧象似同中有异，异中有同。

第三章基于对沈家煊《不对称和标记论》第八章"反义词的标记模式"（1999：147~195）中提到的约86对反义词和韩敬体、宋惠德编的《反义词词典》（1989）中的单音节反义词的封闭统计，发现现代汉语单音节反义词的元音、辅音、声调具有很强的象似性。

第四章对汉语方言和国内民族语言研究中关于指示代词的语音描写情况进行归纳总结，认为指示代词符合语音象似性，具体表现为语音音响度象似和音节结构复杂性象似。语音音响度象似包括元音、辅音、声调象似等，音节结构复杂性象似包括声音拉长、音节变长、音素重叠等。总之，远指的音响度高于近指的，远指的音节关键音素重叠，元音拉长（相当于长元音或两个元音），音节更长等。

第五章通过对48种民族语言材料和《汉语方言语法类编》（黄伯荣，1996）指示代词语音进行封闭统计，进一步证实了音响度象似和复杂性象似。结合国外指示代词语音象似性研究成果，提出指示代词的语音象似具有跨语言的普遍性。本章还讨论了音响度象似和复杂性象似的互动，包括象似叠加和象似减损。

第六章通过对鸟名用字语音和鸟鸣叫声对应关系的调查，发现鸟名用字的语音和鸟鸣叫声之间有着一定的对应关系，鸟名音义之间的关联程度从高到低可以分为三级。语音象似的手段有音色象似、音高象似和音长象似，其中音色象似是主要的。考虑到语音和意义之间的象似是基于人的认知判断的结果，是一种心理事实，因此我们在判断鸟类名称和鸟类鸣叫声之间的象似关系时，采用了调查测试的方法。

第七章在社会调查的基础上，探究了地域方言和社会方言中年龄、性别、文化水平、职业各因素对于电话交际中招呼语叹词"喂"变调的影响。结果发现，社会方言等因素对"喂"的变调有一定影响。进一步探究发现，"喂"的变调是一种语义、功能和语音的关联，是一种象似关系。电话交际中叹词"喂"变的不是简单的声调，而是具有疑问功能的语调。电话交际中叹词"喂"读作去声多表示命令、不耐烦、不礼貌的语义；读作阳平多表示询问，具有亲切、客气、可商量的语义。升调表不确定、疑问等是世界语言的共性，"喂"的变调进一步证明了升调的语音象似。

第三章到第七章都是关于语音象似的研究，不过，声调象似、复杂性象似也可以看作韵律象似。第八章到第十章是关于拟声词、复合词、黏合结构等韵律象似的探讨。

第八章基于对《现代汉语词典》（第5版）的封闭统计发现，现代汉语AB式拟声词后一音节的响度明显高于前一音节，呈现典型的抑扬节奏、右重格局，是一种松散的结构。AB式拟声词的这种抑扬节奏、后重格局、松散模式具有跨语言的普遍性，英语、法语、葡萄牙语、俄语、西班牙语、意大利语等AB式拟声词也普遍呈现抑扬节奏、右重格局。世界语言AB式拟声词的抑扬节奏、右重格局可能具有相同的认知基础，这种结构前后两部分结合不紧密，是一种松散的模式。与这种抑扬节奏、松散模式相关联的是前后音节之间的停顿时间可以延长，可以插入其他成分。

第九章提出，"V"和"O"的组配类型决定了动宾饰名复合词的类型，但这些动宾饰名复合词的典型与否、出现频率高低则受结构的松紧与凝固性制约。不同类型的动宾饰名复合词是组合式定中短语"VO的N"紧缩为黏合式"VON""OVN"过程中松紧不同的结构形式，是短语紧缩为短语词、句法词、词法词过程中的不同阶段，结构松紧和节律松紧的单用或叠用形成了各种类型的动宾饰名复合词。"$V_双O_双N$"是介于短语和典型复合词之间具有过渡性质的结构形式，在结构松紧手段作用下紧缩为"$O_双V_双N$"，在节律松紧手段的驱动下紧缩为"$V_单O_单N$"。动宾饰名复合词不是越紧越好，而是根据语用需要，该松就松，该紧就紧。

第十章阐述了韵律、松紧、语义三者的联动关系。定中黏合结构单音节定语居中形式是韵律、松紧和称谓性语义作用方向一致的结果，既符合韵律模式，又是紧凑的形式，同时具有称谓性语义特征，符合名称的语用特点。所以，这种形式是强势的结构。单音节定语居首形式是特殊表意需求作用的结果，主要作用是凸显对比性、区别性。单音节定语居首形式的采用具有诸多限制性条件。此外，翻译体、历史名称等也会制约单音节定语的位置。单音节定语居中，韵律制约是外在形式，背后的动因则是语义语用的需要。从松紧象似角度看，单音节定语居首结构是节律相对松的形式，对应指称性弱一些、对比性和区别性强一些的结构，是一种形式意义的象似。

结论部分基于类型学视角，通过跨语言比较进一步分析响度象似、升调象似、重度象似、松紧象似及它们之间的关联。

0.4　语料来源

本书的语料来源主要有四种：一是过去学者文章和著作中的用例；二是小说和报刊等真实文本中的语料，这些语料是从北京大学 CCL 语料库、北京语言大学 BCC 语料库、兰卡斯特语料库和网络中搜索而来的；三是笔者在生活中收集的例子；四是笔者根据个人语感造的例子，这类例子一般都征询了语言学和非语言学专业人士的意见。

第一章 语言符号的任意性与象似性

1.1 任意性与象似性之争

1.1.1 语言符号性质争论的历史

语言符号的任意性与象似性之争由来已久。哲学界、语言学界和符号学界等领域的学者，在形式与意义之间是否存在象似性的问题上一直存在对立的观点。这种论争就是"唯实论"（Nominalism）和"唯名论"（Realism）之争，或称作"本质论"与"约定论"、"自然派"（the Naturalists）与"习惯派"（the Conventionists）之争。西方任意性与象似性纷争主要有以下三个阶段：任意性与象似性相持时期（古希腊时期至 19 世纪末）；任意性占主导地位时期（20 世纪初至 20 世纪 60 年代）；象似性占一定优势时期（20 世纪 60 年代末至今）。

我国语言符号任意性与象似性的争论也大致可分为三个时期。在春秋战国时期，也有类似的"名""实"之争，孔子、老子、墨子等都有相关论述，其中论述最精辟的还要数公孙龙和荀子，他们的观点分别与"本质论"和"约定论"比较接近，这一时期就是任意性与象似性相持时期。可以说，关于语言符号任意性和象似性的争论古今中外都有之。

如果说，我国古代关于语言符号任意性与象似性的争论是一种以哲学论题为基础的朴素争论的话,那么我国后两个时期的语言符号性质之争则受到西方的诸多影响。西方的任意性占主导地位时期是以索绪尔学说的兴起及其《普通语言学教程》的流行为标志。我国则以索绪尔学说在中国的传播为标志。20世纪五六十年代,索绪尔学说传入国内,然而任意性观点的盛行则是80年代后。《普通语言学教程》于1980年在商务印书馆出版后,国内对任意性的讨论热烈起来,索绪尔关于语言符号任意性的论述为学者所广泛接受。

20世纪70年代,随着认知语言学的兴起,语言符号任意性的观点越来越受到质疑与挑战。我国许多学者也跟上了这一世界性的语言学大潮,如许国璋(1988)、沈家煊(1993)、李葆嘉(1994)、于海江(1994)、杜文礼(1996)、董为光(1997)、严辰松(2000)、延俊荣(2000)、王寅(1999、2000、2003)、王艾录(2003)、陆丙甫和郭中(2005)、应学凤(2007、2013c)、应学凤和张丽萍(2008a)等就语言符号的象似性问题进行了论述。这让人认识到语言符号不可能是完全任意的,能指和所指两者之间的结合是可能的,也是可以论证的。

1.1.2 语言符号性质争论的现状

综观国内语言学界的争论,我们发现已经形成了三种观点:一是坚持语言符号是绝对任意的;二是认为语言符号是象似的;三是认为语言符号既是任意的,又是象似的。

一是坚持语言符号是以任意性为主导或任意性是语言符号的第一原则。这些语言学者对索绪尔的观点全盘接受或大体接受,甚至坚信不疑,如索振羽(1995)、王德春(2001)、郭鸿(2001)、马壮寰(2002)等。王德春(2001)指出,首先,语言符号与客体的联系是任意的;其次,语言发展中语言单位之间往往遵循理据性;最后,理据本身也是任意的,语言符号及其理据与客体没有必然的、本质的联系。索振羽(1995)

在对李葆嘉《论索绪尔符号任意性原则的失误与复归》一文进行反驳时指出："在语言共时系统中，尽管相对可论证的语言符号占多数，但因为它们的构成要素是不可论证的，所以不能损害语言符号任意性原则；虽说任意性语言符号是少数，但这任意性语言符号中最典型、最重要的是词根和根词，它们在构词中起重要作用，占有不可或缺的地位，最终决定着语言符号的性质。"郭鸿（2001）"坚持索绪尔提出的两大特性：任意性和线性，是符号系统的本质特征，是结构主义符号学和语言学的支柱"，并且认为"到目前为止，还没有事实能证明任意说不成立"。马壮寰（2002）则认为，"非任意性的存在不能构成对任意性的否定，因为它们分属不同的层面，存在程度也不尽相同——任意性是语言的本质属性"。强调语言符号任意性的学者，对任意性的理解也不尽相同。王德春先生应该是最偏向任意性的，其他的学者虽然都坚持任意性是语言符号的第一原则或根本属性，但或多或少承认语言有部分理据，只不过这些理据"不能构成对任意性的否定"，"不能损害语言符号任意性原则"。

二是认为语言符号是象似的。与上述观点相对立的是认为语言符号是象似的，主要表现为不同方面、不同程度和不同层面，许多表面看似任意性的实际上是不同理据相互作用的结果。持这种观点的主要有许国璋（1988）、沈家煊（1993）、李葆嘉（1994）、董为光（1997）、严辰松（2000）、延俊荣（2000）、辜正坤（1995）、张继英（2002）、陆丙甫和郭中（2005）、应学凤（2009、2013c）等。这些学者从语言和认知的关系出发，对语言结构的象似性展开研究。陆丙甫、郭中（2005）认为语言有多种理据，存在于不同层面，有强弱之分，没有找到理据不等于没有理据。张继英（2002）提出，语言的不同理据会同时对语言的形式产生作用，有可能方向一致，也有可能相互竞争，产生理据冲突，是承认任意性还是理据性实质上是一种研究的态度，把语言符号看作任意的只会使我们放弃对其深层原因的探究。

　　三是认为语言符号既是任意的，又是象似的。经过几个世纪的争论，人们对语言符号的认识越来越深刻，也越来越理性。一个明显的事实是绝大部分学者不再一味地强调某一方面而忽视另一方面，而是更多地从辩证的角度看待两者的关系，认为两者相辅相成的。很多学者在强调语言符号象似性的同时，又或多或少有折中化的倾向。正如陆丙甫、郭中（2005）所指出的："大部分语言学家在这个问题上采取不同程度的折中主义立场。"语言符号不可能是完全任意的。索绪尔（1980：184）虽然认为任意性是语言符号的第一原则，但他也同时认为"一切都是不能论证的语言是不存在的"，所以，索绪尔（1980：181）把任意性分为绝对任意性和相对任意性，并指出，"符号任意性的基本原则并不妨碍我们在每种语言中把根本任意性的，即不可论证的，同相对任意性区别开来……符号是相对可以论证的"。在这里，索绪尔不知是有意还是无意地把"任意的"改为"不可论证的"。"不可论证"明显比"任意性"语气缓和，"相对可以论证的"更是对理据性的一种"复归"。李葆嘉（1994）认为索绪尔的这种变化是他由主张语言符号任意性向理据性的一种复归。有的学者为索绪尔申辩说，索绪尔所说的任意性主要是指单纯符号的音义关系，不包括词法和句法（朱永生，2002）。但索绪尔为什么要区分绝对任意性和相对任意性呢？从所举的例子来看，词根即单纯词明显是绝对任意的，而复合词和派生词以及句法则有一定的理据，是相对任意的。如果索绪尔认为自己的任意性原则与词法、句法无关，根本就不需要"修正"自己的观点。由此看来，今天的两派之争，索绪尔早就埋下了引子。由于他的《普通语言学教程》是几次讲稿合成的，前后观点难免不一致。索绪尔的学生及支持者也对任意性原则部分地"修正"，如萨丕尔（Sapir，1929）把任意性解释为"约定俗成的"（conventional）。正如于海江（1994）指出的那样："他们在作解释时都离开了'任意性'的本义，又提出了新的概念。"

　　这种折中主义又有两种表现。其一是认为单纯符号是任意的，合成符号及句法是有理据的，如朱永生（2002）、顾嘉祖和王静（2004）等。其二是认为语言符号的任意性和理据性是辩证统一的，如孙力平（1987）、王艾录（2003）、赵刚（2004）、朱长河（2005）等。前一种观点实质上是索绪尔观点的延续，但是，单纯符号有没有理据呢？可不可能找得到理据呢？暂时没有找到理据等不等于任意性呢？这是值得我们深思的问题。

1.2　任意性与象似性争论的关键问题

1.2.1　能指和所指有无自然（必然）联系

两派在争论之初主要是围绕着能指和所指有无内在的联系，是约定俗成的还是有必然的联系展开的，所以，当时这两派又称作"习惯派"和"自然派"。凡是主张任意性的几乎都认为能指和所指之间没有天然的联系，是约定俗成的，如王德春（2001）等。孙力平（1987）主张坚持任意性是"音义之间没有必然的联系"的提法，反对把任意性建立在根词理据的不可论证上。而主张象似性的学者中分为两派，早期的学者都是主张能指和所指之间是有必然联系的。从认知语法兴起以后，主张象似性的学者不再坚持主张能指和所指之间有必然联系，而是"从语言和认知的关系出发，对语言结构的象似性展开研究"，"认为语言结构的象似性就是语言结构直接映照人的概念结构"，"语言不是直接反映客观世界，而是有人对客观世界的认知介于其中，即所谓的'心生而言立'"（沈家煊，1993）。这些学者同样也不反对语言的"约定俗成"，如许国璋（1988、1991）、陆丙甫和郭中（2005）等，关键在于对"约定俗成"的不同理解。

1.2.2 对"任意性""约定俗成""不可论证""理据性"等术语的理解

虽然支持"语言符号是有理据的"的学者也不反对语言符号的"约定俗成",但理解却截然不同。在认为"语言符号是任意的"的学者看来,"约定俗成"、"不可论证"与"任意性"没有多大区别,都是指语言能指和所指的结合是随意的。而在象似性支持者看来,这三者有着很大的区别。许国璋(1988,1991:36~37)很好地区分了"约定俗成"与"任意性"。他认为"任意性"不是一个科学术语,所以,很多语言学家使用它的时候,有不同的补注,如不可论证、约定俗成、非象似、人为的等。他认为"约定俗成"与"任意性"属于两个层次,不是同义词。"'任意性',就其严格含义讲,只能指一个人,说一个音,名一件物,或称一件事的条件下才能成立。"而"约定俗成"的"约"意味着一个群体的存在,意味着说话人和受话人的存在;所谓的"约"是"受社会制约的东西,是社会共议的结果,决不是任意的创造"。与许国璋持类似观点的还有于海江(1994)、严辰松(2000)、王艾录(2003)、陆丙甫和郭中(2005)等。于海江(1994)认为"理据与约定俗成的关系也不矛盾",王艾录(2003)提出"音义间非自然的人文联系是可以论证的"。在支持象似性的学者看来,"不可论证"只是暂时的,只是可能一时找不到理据性。

"理据性"与"象似性"的内涵和外延大小不同,一般认为,"象似性"是关于语言与现实、思维之间的关系的思考,主要用来解释语言与外部世界的关系。而"理据性"有狭义和广义之分。狭义的是指语言内部音义之间的必然联系,而广义的"理据性"与"象似性"类似(林艳,2006)。现在绝大多数学者使用的是广义的"理据性"的概念,即与"象似性"相同。而任意性主张者大多以对"理据性"的狭义理解来反驳"理据性""象似性"。

1.2.3 语言符号的任意性与象似性是历时范畴还是共时范畴

索绪尔所指的任意性是就共时而言的，他不反对"历时符号是相对可论证的"。他在论述象声词和感叹词不对语言符号任意性构成威胁时指出："它们一旦被引入语言，就或多或少要卷入其他的词所受的语音演变，形态演变等等漩涡。"（索绪尔，1980：105）索振羽（1995）曾指出："索绪尔并不是给'绝对任意性'下定义，而是说明语言共时系统中一些（不是全部）任意性符号是由它以前的某一共时系统中相对可论证的语言符号丧失其相对可论证性而形成的。这类由相对可论证性的转移或丧失形成绝对任意性语言符号的事，不是发生在该语言的同一共时系统之内，而是发生在同一语言的先后两个不同的共时系统。"所以，索振羽反对用历时的语言符号的可论证性来否定语言符号的任意性。现在许多学者在论证语言符号象似性时，多从历时找证据。如在论证词汇理据时，他们大多用溯源的办法来证明。这样看来，许多学者关于语言符号任意性与象似性之争只是从历时和共时对语言符号的性质进行论证而已，他们的论证并不存在矛盾，而是互补的。

1.2.4 单纯语言符号有无象似性

是最初的语言符号有理据，还是后起符号有理据？许多学者，包括一部分任意性和象似性折中观的学者都认为，语言符号最初阶段的能指和所指结合是任意的、无理据的。主张语言符号任意性的学者大多数以单纯词等音义之间没有理据性来论证。他们指出，索绪尔所说的任意性主要是指单纯符号的音义关系，不包括词法和句法。（朱永生，2002；顾嘉祖、王静，2004；朱长河，2005）随着象似性研究的深入，很多学者对单纯符号音义之间的象似性也进行了有力的论证。郑立华（1989）、杜文礼（1996）、庄和诚（1999）等认为，英语的字母词的音义之间存在一定的象似性。辜正坤（1995）、董为光（1997）、延俊荣（2000）等认为，汉语单纯词的音义之间不是任意的，而是存在"音义同构"现象的。另据杨小文统计，2500个最常用字中明显含有圆形特征的汉字约计101个，其中圆唇音的71个，占70%（陆丙甫、郭中，2005）。李世中（1987）从音强的角度论证了汉语的声调与词义之间有一定的象似性，具体说来，就是"含'轻'意者为平声，含'重'意者为仄声"。他还指出："汉语有很多多音字随着词义的加重，字音由平声变为去声。"朱晓农（2004）令人信服地论证了高调与亲密之间的对应关系。应学凤、张丽萍（2008b）根据广泛的民族语言材料和汉语方言材料，证实指示代词的音义之间存在比较明显的象似。应学凤（2009）提出现代汉语单音节反义词的音义之间存在象似性。最近我们研究发现，鸟类名称和鸟类鸣叫声之间存在关联，电话交谈招呼语叹词"喂"的声调的变化与语义、语用存在密切关联（应学凤、朱婷儿，2021；应学凤、李钰，2021）。随着音义关系研究的深入，研究音义象似关系正成为一门学科——音义学（贺川生，2002）。由此看来，把语言符号任意性的论证建立在单纯符号音义之间的任意性上是危险的。孙力平（1987）曾经就反对把任意性建立在根词理据的不可论证上。他指出，这样"就有可能导致任意性原则最终被否定"，因为"随着语言研究的深入发展，原先视为不可论证的单音符号的内部形式有不少已为人们论证"，"人们完全有理由推断根词的内部形式迟早也是可以论证的"。

1.3 任意性与象似性概念的理解

1.3.1 关于语言符号"任意性"的理解

任意观学者认为语言符号的任意性主要是指"概念"和"音响形

象"关系是任意的，能指和所指的关系是不可论证的，没有自然的联系。

索绪尔（1980：101~102）认为："语言符号联结的不是事物和名称，而是概念和音响形象……语言符号是一种两面的心理实体……概念和音响形象的结合叫作符号……我们用所指和能指分别代替概念和音响形象……能指和所指的联系是任意的……我们可以更简单地说，语言符号是任意的。"

索振羽（1995）不赞成索绪尔"能指是音响形象，所指是概念"的观点，认为能指是语音，所指是语义，语言符号是音义结合体。他认同索绪尔"能指和所指没有任何自然联系的"的观点，认为不能从某个音的生理或物理性质说出它与某个意义结合成语言符号的理由。

王德春（2001）也认同语言符号是音义结合体，但他认为索绪尔"过分强调任意性"，因为象似性研究是有意义的，不过象似性不能挑战和颠覆索绪尔的任意性，只是对任意性的补充。这是因为"理据本身也是任意的"。

马壮寰（2002）也支持索绪尔的观点，认为能指和所指的关系是任意的，没有必然的联系。

《现代语言学词典》（第4版，戴维·克里斯特尔编，沈家煊译，2000）关于"任意性"的说法是，语言形式与其指称的外界实体之间没有任何自然的对应关系。音和义之间的联系是"任意的"。

综上所述，关于任意性的定义，任意论者的看法是一致的、比较统一的，即把语言符号的任意性建立在能指和所指没有任何自然的联系上，简单地说是音义之间没有必然的对应关系。

象似观学者对"任意性"的理解似乎与任意观的学者有很大不同。其中有代表性的是许国璋（1988），他很好地区分了"约定俗成"与"任意性"，前文有论述。他认为"任意性"不是一个科学术语，所以，很多语言学家在使用它的时候有不同的补注。他认为"约定俗成"与"任

21

意性"属于两个层次，不是同义词。"约定俗成"的"约"意味着一个群体的存在，意味着说话人和受话人的存在；所谓的"约"是"受社会制约的东西，是社会共议的结果，决不是任意的创造"。

由此可见，任意论者和象似论者对于"任意性"的理解有很大的差别。

1.3.2 关于语言符号"象似性"的理解

象似论者对什么是语言符号的象似性的看法比较一致。沈家煊先生关于象似性的理解更偏向于语言结构的象似性方面，他认为，语言结构的象似性就是概念结构直接映照人的概念结构，而不仅仅是一般的体现概念结构。（沈家煊，1993）

Haiman（1985）提出，当某一语言表达式在外形、长度、复杂性以及构成成分之间的各种相互关系上平行于这一表达式所编码的概念、经验或交际策略时，这一语言表达式就具有象似的性质（参见张敏，1998：148）。张敏（1998：139）指出，语言的象似性指感知到的现实的形式与语言成分及结构之间的相似性。换言之，它是指语言的形式和内容（或者说，语言符号的能指和所指）之间的联系有非任意性、有理据、可论证的一面。

王寅（1999）关于象似性的定义比较全面，他认为："语言符号在音、形或结构上与其所指之间存在映照相似的现象。"

《现代语言学词典》对象似性的解释是"指符号的物质形式与符号所指实体的特点有密切的对应"。

我们可以看出，在象似论者眼中，象似性就是语言符号与人的概念结构之间的平行性、关联性。象似性并不是指语言符号能指和所指之间有必然的联系，也不是指音义之间存在必然的关联，因此，在象似论者看来，"象似性"从来没有作为任意论的"任意性"的对立面出现。既然是一种相关性，就有关联度大小、高低的问题，也就是说，象似性存在象似性程度的差异。

1.3.3　符号三角与任意性和象似性

在符号三角上，任意论和象似论的理解有明显差异。在任意论者看来，语言符号的性质主要涉及符形和符释，即能指和所指。在他们看来，符形和符释之间不可能有自然的联系，因而认为语言符号是任意的。

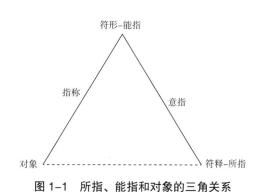

图1-1　所指、能指和对象的三角关系

象似论者不仅关注单纯符号，还对组合符号及语言结构予以足够的重视。象似论者认为，符形和符释之间存在比较密切的对应关系的话，语言符号就存在象似性。象似性不仅关注语音和语义的联系，还关注词形和词义的关联、词形和实体的对应、实体和词义的关联。比如，"六书"的象形字是符形和对象的关联；探究词的理据是对象和符释的关联。此外，象似性不局限于符号三角上的三个参项之间的象似，还与符号三角之外的人的认知产生关联。语言符号的结构关系，即符形和符释之间的意指方式与符号三角之外的人的概念结构具有关联性、平行性。

23

1.4　连续统中的任意性与象似性

关于任意性和象似性之争，主要有三种观点：一是语言符号是任意的；二是语言符号是象似的；三是语言符号既是任意的，又是象似的。（顾海峰，2006；应学凤、张丽萍，2008a；李二占，2008）在结构主义鼎盛的时候，任意论占统治地位，随着认知语言学的兴起，象似论盛行，任意论式微。不过，当前人们似乎更加理性地看待两者的关系，更多的人采取辩证的看法，认为语言符号既有任意性的一面，也有象似性的一面，两者是辩证统一的。

关于语言符号既是任意的，又是象似的，人们有不同的理解，主要有两种代表性的看法。第一种认为单纯符号是任意的，合成符号和语言结构具有可论证性。这种观点实质上与任意论一脉相承，索绪尔也不反对合成符号的可论证性。许多任意论者认为，只有证明了单纯符号的可论证性，才能否定任意论。索振羽（1995）指出："在任意性语言符号中最典型、最重要的是词根和根词……（它们）最终决定着语言符号的性质。"石安石（1989）认为："只有语音与语义相互结合方面的可论证性才是有可能动摇语言符号任意性的因素。"第二种认为任意性和象似性是辩证统一的，语言符号既有任意性的一面，也有象似性的一面，不是绝对的。任意性和象似性都是语言符号的重要属性，两者存在互动。

我们认为，把语言符号任意性和象似性是辩证的建立在单纯符号的任意性，合成符号的象似性所谓的象似层级观上是危险的。任意性和象似性是相互补充、相互作用的互动观是比较可取的看法。

任意论者一直把任意性建立在单纯符号的音义关系不可论证上，担心一旦把范围扩大到包括合成符号在内的更大范围的符号，就会使任意论被否决。其实关键的问题在于能指和所指是否有自然联系，因为即使是合成符号、语言结构关系，我们也无法证明任意论所说的自然的、必然的联系。不应把任意性建立在没有"自然联系"上，而是与象似性一样，确立任意度的等级高低差异。音义联系得越紧密，象似性就越强，反之亦然，也就是说，取消定性的"任意性"，建立了一个连续统中的"任意性"。

在任何语言层级里，都存在任意性和象似性的互动，只是有任意性和象似性谁占优势的不同而已。在语音层面，任意性的成分多些；在语言结构关系中，象似性的成分多些。

任意性和象似性的关系不是完全对立的，而是处于一个连续统中，任意性和象似性各居一端。

图1-2 连续统中的任意性和象似性

能指和所指之间存在自然、必然联系的绝对象似性的语言符号也是非常少的，而能指和所指没有任何关联的语言符号也是不多的。如果把语言符号比作橄榄球结构的话，绝对象似性和绝对任意性的语言符号就是橄榄球的两端，绝对任意性和绝对象似性的语言符号不是整个语言符号的核心成员。语言符号按照象似性程度高低分布于从左到右的连续统中（或者按照任意性程度高低处于从右到左的连续统中），而绝大部分语言符号分布于连续统中间部分，那么可以认为，只有任意性和象似性达到一定平衡的语言符号才是语言符号的典型成员，具有语言符号的典型性质，也就是说，语言符号的性质既不是任意性，也不是象似性，两者是彼此交融、辩证统一的。

象似性和任意性的平衡点在哪里？这个平衡点是一个动态的点。在不同的语言层级里，不同的时期，平衡点所处的位置不完全相同。可以说，象似性和任意性一直处于互动中，处于要么象似性多一些，要么任意性多一些的拉锯战中，不可能达到绝对的平衡。两者之间互动的动力来自语言的经济原则和象似原则的竞争，两大原则在互动过程中推动语言的发展和变化。互动过程中，一旦经济原则占据主导，就会导致语言符号的任意度提升（Haiman，1983）。经济原则是一项重要的原则，但不是唯一的原则，如果只有经济原则，那么就会导致语言的任意性不断增强，也就是说，经济原则导致的语言形式精简虽然对于语言本身、对于说者来说确实是经济了，但对于听者来说却是"不经济"了。因此，经济原则本身就需要一个度，让说者和听者都觉得可以接受，否则必然导致总体交际效益下降。

一旦象似原则在与经济原则竞争中占据主导，那么将导致语言符号象似性的增强。与经济原则一样，象似性也不会一直增强，因为象似原则受到经济原则的制约。象似原则和经济原则就像一场没有胜利的拔河比赛，虽然在一段时间某一边占据上风，却无法取得绝对优势。因为一旦象似性占据绝对优势，那么语言是不经济的；一旦任意性占据绝对优势，对于言语的理解也是不经济的。象似原则和经济原则最终的状态是处于动态的平衡中，语言符号是象似性与任意性兼具的。

1.5　搁置争议：象似性取向的积极意义

关于语言符号的任意性和象似性的争论，由来已久，而且至今没有很明确的结论，只不过随着不同语言理论的兴起，各领风骚几十年。从上面的论述可知，任意论和象似论并不是完全对立的。任意论者把音义之间、能指与所指之间是否具有自然（必然）的对应作为任意性定义的一个起点，象似论者把语言符号的音、形和结构与人的概念结构是否存在密切的关联看作定义的起点，而这两个起点可以统一在一个连续统中，如图1–3所示。

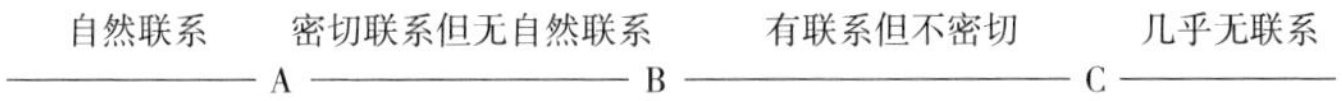

自然联系　　密切联系但无自然联系　　有联系但不密切　　几乎无联系
—————————— A —————————— B —————————— C ——————————

图1–3　音义关系连续统

任意论者认为音义之间、能指与所指之间几乎不存在自然的、必然的联系，拟声词也不是。首先，他们认为不同语言描摹同一种声音的拟声词的发音并不相同；其次，拟声词的数量在整个语言中占的比例也很小。他们认为合成符号和语言结构等也许存在一定的理据性，但这是单纯符号再次组合的结果，不影响语言符号是任意性的论断，也就是说，任意论者认为任意性指的是图1–3中从A往右的全部。但有个问题是，任意论者没有定义什么是"自然联系"，这就造成他们认为拟声词也可以归入没有自然联系的一类里。还有一个很重要的问题是，从图1–3可知，从A往右线条上，分布着音义关联有差异的符号。对于它们任意性程度的差异，没有办法指明，只能笼统说明都是任意的。这是因为任意性是从否定的方面来说明语言符号的性质。

象似论者是从肯定的方面来说明语言符号性质，象似程度的差异比较容易表达。从共时层面看，从C向左所代表的符号都是象似性的。如果语言符号与人的概念结构之间存在一定关联的话，我们就认为该符号是象似的。完全无联系的符号几乎不存在，即使在共时层面关系不密切，在历时层面上也是有关联的；而且任意性的符号会通过重新分析产生新的理据性，回归象似性。因此，刘丹青等（刘丹青，2008，刘丹青、陈玉洁，2008）认为象似性是更基本的，不符合象似性的符号会通过一定的方式产生新的理据性；而且象似性涵盖的范围比任意性大很多，不仅仅局限于音义之间的关系，还包括词形和语言结构。语音方面主要表现为语音象征，即语音和语义之间的关联。这里的语义不是它的外延义，而是内涵义；而且与语音相关联的是它的某些显著的语义特征，而不是具体的语义。比如说，反义词的语音和语义之间存在一定关联。通过统计发现，表正面的词的语音的音响度高于表反面的反义词（应学凤，2009）。这种关联就是一种语义特征，而不是具体到每个词的语音和语义的联系，而是所有的表正面、反面的反义词各享有一个特征。同样，语音也不是具体的音，而是音的内涵特征，即音响度等级。指示代词的语音和它的语法意义也存在关联，表近指的语音的响度多低于表远指的响度。（应学凤、张丽萍，2008b；刘丹青、陈玉洁，2008；应学凤，2010）关于语音象似性研究，目前大多通过统计的方法考察一批相关词语的语音象征，不再只对一个词的音义关系进行说明，这样做的好处在于可以通过统计，得出倾向性的具有统计意义上的结论，避免例外的干扰。在选择研究对象时，也多采用语义对比比较明显的或不受语义影响的词项作为语音象征的考察对象。

国内词汇象似性研究主要集中在词语理据方面，而我们认为可以借鉴类型学的语义地图模型来拓展词汇象似性研究。语言结构的象似性是当下研究的热点，研究得比较充分，得出了许多非常有意思的结论。但任意论者认为语言结构的象似性并不能对任意性构成威胁，因为他们认为语言结构是符号二次组合的结果。

象似论是从正面阐述语言符号的性质，而任意论是从反面描述它的性质，因而我们更倾向于接受象似论。象似论是一种更加积极的态度。"承认任意性还是理据性实质上是一种研究的态度，把语言符号看作任意的只会使我们放弃对其深层原因的探究。"（张继英，2002）"语言的任意性观点在很大程度上误导或削弱了我们对语言进行深入探讨的可能性……是一个十分消极的观点。"（陆丙甫、郭中，2005）而我们"语言研究者的责任在于解释；……比消极地承认任意性远为重要"（许国璋，1988）。

因此，在两可的情况下，我们倾向于以一种更加积极的态度探索语言背后的机制，这与人类探索未知的精神是一致的。人类就是在探索未知的过程中不断前进的。

1.6　小结

任意性和象似性不是完全对立的，而是处于同一个连续统中。绝对任意性和绝对象似性处于连续统的两端，而绝对象似的和绝对任意的语言符号是很少的，不属于语言符号的典型成员。最能代表语言符号性质的是任意性和象似性兼具的符号，这类符号最多，主要处于图 1–2 的中间部分。我们反对"任意性和象似性都是语言符号根本属性"的观点，任意性和象似性处于一个动态的平衡之中，它们就如一场没有胜利者的拔河比赛，在一段时间某一方可能占优势。任意性和象似性是经济原则和象似原则竞争的结果，经济原则占据优势，则语言的任意性增强；象似原则占上风，则象似性增强。两大原则良性互动，达到一个平衡。任何一个原则都不可能达到极致，发挥到极致的经济原则本身也是不经济的。不同层级语言符号的任意性是有程度差异的。在单纯符号层面，任意性和象似性的平衡点在靠近任意性的一端，任意性占据优势。在语法层面，平衡点在靠近象似性的一端，象似性占据优势。

上述关于任意性和象似性的看法，可以在索绪尔《普通语言学教程》中找到源头。索绪尔（1980：183）首先区分了绝对任意性和相对任意性，也就是说，在任意性的内部有程度的差异。而任意论者关于"任意性"的定义是能指和所指没有自然的联系。对于什么是自然的联系，哪种程度的联系是自然的联系，任意论者没有说明。索绪尔提出合成符号和语法结构是相对任意的时候，实质上是在给"自然联系"松绑。

索绪尔（1980：184）进一步论述了任意性和象似性是辩证的观点。他说："一切都是不能论证的语言是不存在的；一切都可以论证的语言，在定义上也是不能设想的。在最少的组织性和最少的任意性这两个极端之间，我们可以找到一切可能的差异。各种语言常包含两类要素——根本上任意的和相对地可以论证的——但比例极不相同。"

我们可以解读如下：绝对任意的语言是不存在的，绝对象似的语言也是没有的，在绝对的任意性和绝对的象似性两个极端之间，可能是任意性多一些，象似性少一些，也可能是象似性多一些，任意性少一些，任意性和象似性有程度的差异。世界的语言都包含任意性和象似性，但在不同的语言中，是任意性多还是象似性多是存在差异的。

赵刚（2004）为了说明语言符号的任意性原则，画了一个圆形，假设圆心是所指，圆上的各个点就是能指。他指出："对于一个相同的概念（所指），可以有无数个能指，它所遵循的原则就是任意性原则。"

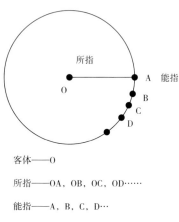

客体——O

所指——OA，OB，OC，OD……

能指——A，B，C，D…

图 1–4　能指和所指对应关系

从图 1–4 我们可以看出，任意性本身也是有理据的。因为能指的任意是有限制的，不能从圆外找一个能指来指称所指。正如陆丙甫、郭中（2005）所指出的那样："语言现象表面上虽然千变万化，但'万变不离其宗'。""这'宗'就是理据性或规律性。任意性无时不受到理据性的制约"（王艾录，2003），"绝对的任意性就存在相对的理据性之中"（孙力平，1987）。任意性和象似性是语言符号的两方面，是辩证统一的。任意性是象似中的任意性，象似性是具有一定任意性的象似性。主张任意性的学者强调的是所指和圆上的能指不是一一对应的，是可以选择的。主张象似性的学者强调的是所指只能在圆上的能指中选择，不能从圆外找能指，所以不是任意的。象似性的对立面不是任意性，任意性的对立面也不是象似性。总而言之，任意性和象似性是语言符号的两方面，是辩证统一的。在共时层面，任意性强些；在历时层面，象似性强些。从语法、词汇、语音层面来看，语法的象似性高于词汇的，词汇的象似性高于语音的。音义之间也不是绝对任意的，只是象似性程度不同而已。

第二章　语音象似与韵律象似

2.1　引言

对象似性术语的理解有狭义和广义之分，狭义的象似性仅相当于皮尔斯所说的影像象似符（imagic icon），广义的象似性相当于我们通常所说的"理据性"[①]。Haiman（1985：71）的定义是，当某一语言表达式在外形、长度、复杂性以及构成成分之间的各种相互关系上平行于这一表达式所编码的概念、经验或交际策略时，这一语言表达式就具有象似的性质。王寅（1999）把象似性更简单地描述为："语言符号在音、形或结构上与其所指之间存在映照相似的现象。"大家对象似性的理解或多或少有些不同，但实质都是相同的，即在认知语言学的背景下强调象似性是语言形式反映人们对客观世界的体验和认知方式。

目前，国内关于象似性类型系统的研究文献不多。严辰松（2000）把语言理据分为广义和狭义两种，然后把广义理据再分为内部理据和外部理据。外部理据主要有拟声、拟象、临摹、省力四类，内部理据主要有形态、语音、语义三类。目前研究得比较深入的是关系象似，距离象

---

① 象似性和理据性不是等同的。

似、顺序象似、数量象似、复杂性象似、重叠象似、标记象似都属于关系象似，"关系象似"属于形态理据。

语音象似主要有"摹形"和"拟声"。摹形主要指用口腔摹发音之形、事物之形等，如与叫喊、发怒有关的词的音义关系。拟声不单指拟声词，还包括语音象征、音义联觉（phonaesthesia）。国内有关英语字母词的音义象似研究比较多，如郑立华（1989）、杜文礼（1996）、庄和诚（1999）等。汉语的语音象似研究比较零散，专门研究的有辜正坤（1995）、朱文俊（1996）、董为光（1997）、延俊荣（2000）等。随着音义关系研究的深入，音义象似关系的研究正成为一门学科——音义学。音义学以一定的理论价值和实用价值，越来越受到人们的重视。（贺川生，2002）

广义而言，韵律象似也是一种语音象似。但严格区分两者的话，韵律象似是音系象似、非音质音位象似，语音象似是音质音位象似。语音象似包括元音象似和辅音象似；韵律象似包括音节的长短、轻重、松紧等象似。汉语的声调也是非音质音位象似，属于韵律象似，但声调与元音、辅音关系密切，因而本书把声调象似放在语音象似里讨论，而且语音象似考察的大多是字词的音义关系；韵律象似讨论的多是短语和结构的音系象似，考察的多半是两个音节及以上的语言单位的轻重、松紧和音节多少、音节搭配等的音系象似。从性质上看，本书讨论的轻重象似和音节数目多少象似可以看作数量象似，松紧象似可以看作距离象似。

2.2　语音象似性研究

2.2.1　国外语音象似性研究

国外关于语音和语义关联的讨论一直是热点，定期召开相关学术会议，而且不仅关注音义关系，还常把音义之间的关联与语言的亲属关系、语言的起源和演变等联系起来。

萨丕尔（Sapir，1929）曾经做过一个关于音义之间是否存在象似的有趣实验。他设计了60组例子，调查了500个不同年龄段的人的语感判断。这些例子有的是无意义的、人为设计的，有的是别的语言里的词，语音和所指上有明显对立。例如，"mal"和"mil"在一种语言里都是指"桌子"，"mal"和"mil"两个词，哪个指大桌子，哪个指小桌子？结果显示，基本上都认为前者指大桌子，后者指小桌子。年龄不同，得出这种判断的比例也有不同，儿童的比例是83%，成年人的比例是96%。

Kohler（1929）也做过类似的实验，他让受试者对带有发音"圆""尖"特征的一组单词与图 2–1 中的两个图形进行匹配判断，结果95%的受试者把发音"尖"的词语与折线图形相匹配，把发音"圆"的词语与圆曲线条图形相匹配。

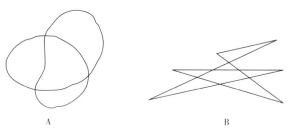

图 2–1　Kohler（1929）所用匹配图

Ohala（1994）发现说话的音频高低与意义的关联具有跨语言的一致性。人在表达情绪、争辩的过程中，发音器官会发生变化，从而影响语音语调及情感的表达。语音和意义的关联主要表现为音频的高低变化，具体来说，高频表小，不具有威胁性，表示亲昵和友好；低频表大，有威胁性，表示自信和自满。

Ohala 还调查了其他相关现象，发现也可以用基频编码（frequency code）来解释。第一，某些面部表情与嘴型有关，如微笑。微笑的时候嘴唇扁平，扁平嘴型适合发高元音，高频表亲昵、友好；第二，不同元音和辅音象征的意义具有跨语言的相似性；第三，人和动物的发音构造都具有性别差异，雄性声音低沉，雌性声音高昂。当然，他认为语音和意义的象征有很多，不只有音频高低。

Taylor & Reby（2010）发现频率高低与体型大小的关联似乎很弱，有些动物体型大小差别很大，比如狗。他们提出共振峰的分散与否和体型大小的关联要强很多。

即使事实如此，但从人的听觉感受看，更容易把体型大小、强壮与否和音频高低关联起来。人和动物有的时候会利用这个特点，为了显得自己更有威慑力，会有意压低声音，降低音调，以便使自己显得更大、更强壮。有的时候会提高音调，以便显得自己体型小，没有威胁。因此，看起来的事实是低频、低音调总是与体型大、威权、优势、距离远关联，高频、高音调总是与体型小、礼貌、距离近等关联（Johansson et al.，2020）。

Traunmüller（1994）通过考察 37 种语言，提出代词第一人称单数倾向于包含鼻音，代词第二人称单数倾向于包含塞音。然而这个结论完全不适用于现代汉语普通话，现代汉语普通话里第一人称单数的代词“我”没有鼻音，第二人称单数代词“你”没有塞音。

Ultan（1984）考察了 136 种语言，发现近指、远指语素之间存在语音、语义的对应关系，其中元音特性的区别占了最大的比重。Woodworth（1991）考察了 26 种语言后指出，指示词的元音特性和指示距离之间存在系统的联系。他们都提出近指代词（如“this”）的元音往往具有高、前、非圆唇的特征，而远指代词（如“that”）的元音往往具有低、后、圆唇的特征。Traunmüller（1996）通过统计，进一步阐述了指示代词与元音音高的对应关系。

Magnus（2001）通过利用实验测试的方法，对词的内部成分的表意强弱，包括元音和辅音、辅音丛等的表意情况进行了系统的考察，得出如下结论。

其一，关于语言象征的困惑往往来自把词义理解为词语的所指。他认为应该把词义理解成只是词内部某些成分的所指。这表明词内部一些成分是任意的，一些成分是象似的。

其二，一个词所指越具体，语音象似性就越弱。

其三，单个的音素和语音特征都是承载意义的，音素在音节中出现的位置不同，意义也可能不同。

其四，区分语音象征的种类很重要，最不重要的语音象征是拟声词。语音形式和词义内容融为一体的词才是最重要的，也是容易被忽视的象似性，这是他所称的真正的象似性。这类词的语音和意义的关联具有普遍性、能产性、非任意性，不受所指、词性、语义类型和论元结构的影响。

Johansson（2017）通过考察 75 种语言中的 56 类基本对立的概念，发现所有语义上的分类都可以得到语音形式差异的验证，比如，大小、指示远近、父系母系和其他一些与形状、冷暖、轻重等对立的概念，在语音上都存在一系列对应的差异。

Johansson et al.（2020）通过考察 245 种语言中 344 类相近概念的音素，提出了 125 对语音语义对应组。研究表明，斯瓦迪士 100 常用词表（Swadesh-100）中有 19~40 个词的音义存在象似关系。此外，结合语音象征概念中重现的语义和语音特征，可以构建 20 个宏概念（macro-concepts），如基本的描绘词、指示代词和亲属关系修饰语。所有的宏概念都可以归入以下四大语音象征类型：单峰模仿（拟声词），跨峰模仿（发音动作），图表匹配（关系词），情景匹配（特定情况）。结果显示，语音象征根植于人类关于自身和周围环境相关关系的观察，可以帮助我们理解人类语言的生物文化起源和语言的多样性。

Winter & Perlman（2021）通过实验和跨语言考察，发现某些语音与大小有关，特别是高前元音与"小"、低后元音与"大"。从方法论上来说，这种说法不是那么可靠。在这里，他们使用随机森林（random-forest）穷尽性分析一组表示大小的英语形容词，以确定英语词汇是不是存在语音象似。结果发现，表示大小的形容词的语音与语义高度匹配。然而，作为对比项，通过分析一组数量超过 2500 个的一般词语，发现这些词语音象征不突出。由此可见，关于"大""小"的语音象征主要存在于表示大小的形容词之中。

总之，国外语音象似性研究持续时间很长，相关讨论比较深入。方法上多是跨语言、跨物种、计量统计的研究思路，研究对象多集中在语义对立概念、指示代词、称谓词、人称代词等方面，语音象征手段主要有形状模拟、音素音位特指意义、音频高低、共振峰等。

2.2.2　国内语音象似性研究

随着认知语法的发展，越来越多的学者关注语音和语义之间的象似关系，有关语音象似性的研究也越来越多，研究范围也越来越广，从拟声词这样显而易见的音义关联到隐性的音义象似，研究内容从国外语音象征研究简介、传统的语音象似性研究到基于数量统计的语音象似性研究，研究方法也越来越科学，从简单举例到定量分析，研究逐步深入。

郑立华（1989）对国外语音象征研究进行了比较详细的介绍，如介绍了 Sapir（1929）关于音义关联的著名实验，得出元音开口度大的元音容易用来命名大桌子，元音开口度小的元音更易指向小桌子的结论。心理语言学家福纳日（Fónagy）关于音义关联的问卷调查实验则进一步证实了音义之间的关联：前元音 [i] 与后元音 [u] 相比，前者显得更加"消瘦""灵活""快乐""漂亮"等，后者更加"强壮""阴沉""深沉"，后者比前者更高大等。

贺川生（2002）论述了音义学这门学科存在的语言哲学基础、历史渊源、研究目的、研究对象、理论意义和实践价值等，但没有对具体的语音象似性进行考察。

古人早就关注到音义之间的关联。早在19世纪，陈澧就提出过"声象乎意"的观点。段玉裁、王念孙、朱骏声等清儒之所以能因声求字，提出"声义同源"的说法，构成"因声求义""音近义通"学说，就是因为音义之间是相通的。

2.2.2.1　汉语的元音象似、辅音象似

音义之间的象似性已经形成一定的共识，即语音形式大，意义也大；语音形式小，意义也小。史有为（1992、1994、1995）对语音和语义的关系进行了探索，他提出音节构造有意义，声母、韵母和声调都能表达意义，声调是音节中最有意义的部分（史有为，1992）；接着，他比较详细地探讨了音义之间的关联，重点阐述了"韵母的洪细和阴阳不同，关联的意义也不同"的观点。具体来说，"韵母洪或阳，意义显然比较积极"，"韵母细或阴，意义比较消极"，"古代的入声和咸摄（收 -m）字，意义也倾向于消极，或者比较感情激烈"（史有为，1995）。史有为（1994）还特别指出："不少实词来源于拟声。"他提出"鸭、鸡、牛、蛙、娃"等名称与相应动物或人发出的声音有关。

辜正坤（1995）比较详细地阐释了汉语语音语义象似现象，他特别提出汉语音义阴阳同构律：大量汉语字词的发音与其所代表的含义具有某种心理—生理—物理方式的契合。根据音义同构原理，人类文化之所以演变成今天这个样子，其存在模式的胚胎已经在一定程度上潜藏于人类最初发出的最简单的发音单位，尤其是元音音素中。他从阴阳字音义象似、数量词音义象似、颜色词音义象似、空间指示词音义象似、亲属

称谓词音义象似的角度，分析了元音的象似性。

第一，阴阳字音义象似。阳性字的发音都比阴性字响亮，发音器官的共鸣腔也相应比阴性字大。例如：

（1）阳性字——阴性字

刚——柔　阳——阴　欢——悲　高——低　有——无
公——私　天——地　山——谷　东——西　海——河
河——溪　粗——细　动——静　乾——坤　官——民
白——黑　男——女　暖——冷　重——轻　善——恶
安——危　贤——愚　外——内　皇——臣　宽——狭
攻——退　大——小　笑——哭　来——去　爱——恨
说——听　走——止　双——单　甲——乙　生——死
显——隐　彰——蔽　棒——棍　放——收　强——弱
忙——闲　得——失　涨——消　香——臭　甜——苦
热——冷　正——斜　真——伪　勇——怯　宏——微

第二，数量词音义象似。数量词的音义存在关联。例如：

（2）数词：壹　拾　百　千　万
　　量词：厘　寸　尺　丈
　　　　　厘　分　角　圆

辜正坤认为，在数词中，到了"万"字，元音的开口度已是最大的，所以"亿""兆"之类的数词已经无法用更响亮的语音来表达。

第三，颜色词音义象似。越是鲜亮的颜色词越倾向于用开口度大的语音，发阳性音。例如：

（3）阳性：黄　红　白　兰

　　　阴性：黑　灰　紫　绿

第四，空间指示词音义象似。辜正坤认为，客观事物的大小和距离诱发人体发音器官（如口形）在发音时的对应性大小。例如：

（4）远——近　宽——狭　高——低

　　　宏——微　海——河　外——内

除上述元音象似外，还存在辅音象似。例如：

（5）点——线——面　那边——这里

与“点”“线”“面”类似的分别见例（6）、（7）、（8）：

（6）滴　顶　颠　镝　帝　钉　耵　吊　叼　钓　蒂　抵　砥

（7）纤　弦　腺　限　隙　细　析　系　溪　蜥　泻

（8）门　蒙　幂　漠　幕　淼

第五，亲属称谓词音义象似。例如：

（9）尊——卑　父——子　母——子　兄——弟

　　　哥——弟　姐——妹　姐——弟

总之，辜正坤（1995）认为开口度小的 [i]、[e]、[ei]、[u]、[ou] 等元音多与阴性字搭配，开口度大的 [a]、[an]、[aŋ]、[o]、[uŋ] 等元音多与阳性字搭配。例外的大部分是中性字。

辜正坤（1995）是系统论述汉语语音象似性的代表性学者，提出了很多语音象似性的现象。因为是举例式的、非封闭统计的，很难避免给人以主观选择的印象。

朱文俊（1996）介绍了世界语言种种语音象征的现象后，指出声音和意义之间存在某些内在的联系，这些联系都可以通过直觉加以推断，从而提出某些语义规则并非完全任意的观点。

董为光（1997）提出语言初始符号是音义象似的，也列举了不少例证。

第一，提出汉语元音开口度大小与大小概念的关联。汉语表盛大、高远、强壮的词语音上有一些共同的特点。例如：

（10）京　强　壮　刚　亢　昂　洋　茫　光　广　圹　扬
　　　放　荒　唐　荡　堂　皇　昌　敞　庞　康　庄

这些都是上古阳部的音，主要元音为 [a]，加上一个后鼻韵尾 [ŋ]。这些词的声母各异，不全是后起的词族繁衍的产物，即便是孳生繁衍也不能排除"音感"的推动作用。

汉语的象声词一般是开口大的元音表大的声势，而且大小对应非常整齐。汉语联绵词"滴沥"为小水珠坠落之音，"奤拉"是大耳垂挂之态，"当郎、郎当"是袍带等拖垂之貌。"音感"有时通过别的途径反映出来，如诗歌韵脚的选择倾向，多半还是以 [aŋ] 韵等传达盛大刚强、慷慨激昂的意兴，而不太会选用 [i]、[y]、[ʅ] 等韵。

第二，认为音素具有摹拟性。如汉语惯用拟素 [pʰ] 摹拟动势。首先，[pʰ] 在象声词、联绵词中具有摹拟作用：

（11）"扑簌、吧唧、啪嗒、扑通"首音节表示各种掉落、倒下的音感动势。

"扑棱、扑噜、扑啦、拔拉"表示翅膀、鱼尾等扑摆甩动的声音状态。

"扑哧、叭嚓、啪啦、扑隆"表示物体爆裂、气体喷出的音响气势。

其次，通过象声摹拟词进行内部比较，发现叠音式是单纯音势的连续，各有其音感意义，指出复音式的共有成分，只能是表示共有动势。例如：

（12）扑簌—簌簌　扑嗤—嗤嗤　叭嚓—嚓嚓

吧唧—唧唧　扑嗒—嗒嗒　扑腾—腾腾

第三，指出拟素 [s] 多表细碎、频数。汉语表示细碎的音响往往用拟素 [s] 表示。例如：

（13）唑唑—瑟瑟—索索—簌簌—飒飒—刷刷—淅沥—索落—沙拉—刷拉—索然—潇然

表细碎的物态，也多用 [s]，例如：

（14）碎、小、沙、屑、筛、琐、析、斯、细、丝、稍、丝、散

董为光（1997）列举的语音象似性的例子也给人以主观性的印象，因为很容易找到反例。盛谏、盛开（http：//friendlywords.org）①比较系统

---

① 2007 年撰写硕士学位论文《语言符号音义象似性研究——以指示代词、现代汉语单音节反义词音义关系为例》时，该网站还可以正常打开，整理本书初稿时发现该网站已打不开。

地统计了元音、辅音的语音象征，提出了以下11条音义象似关系。

（15）[u]、[o]表示"圆形"，如：圆、环、碗、挽、丸、湾、腕、完、全、圈、拳、泉、蜷、管、罐、玩、珠、玉、球。

（16）[a]表示"偏小的面积或体积"，如：巴、芭、坝、扒、靶、疤、耙、拔、把、大。

（17）[ai]介于[i]和[a]之间，表示"小、薄、细、距离近"，如：爱、矮、碍、埃、隘、挨、白、摆、掰、排、牌。

（18）[an]表示的范围比[ai]大，如：庵、安、案。

（19）[aŋ]表示的范围比[a]、[an]更大，如：广、逛、筐、框、旷、炕、缸、窗、床、闯。

（20）[au]常表示"相对封闭的空间"或"高空"，有时也指"半圆形"，如：套、掏、涛、冒、帽、铆、罩、窖、勺、舀、槽、搅、扰、绕、鞘、铐、牢。

（21）[uŋ]表示"圆形、庞大的、有分量的"，如：洞、栋、冬、筒、捅、通、桶、瞳、弓、公、宫、功、巩、轰、洪、宏、鸿、虹、孔、窟、钟、龙。其中"洞、栋、筒、捅、通、桶、弓"既有"圆形"之意，又有"长"之意。

（22）[i]、[iŋ]表示"大的范围和体积"，但与"细、小、薄"有关系，如：小、细、下、低、青、清、晴、静、净、精、镜、颈、柄、饼、屏、平、瓶、并、拼。其中"清、晴、静、净、精"都有"在大的范围内较纯洁而无小杂质"的意义。

（23）有的音节既包含小口形的发音，又包含大口形发音或鼻腔共鸣发音，这类音节有时表示兼具两种特征的事物与特征：细而长或薄而大，一部分小而另一部分大。如：丁、钉、茎、秧、柄、饼、屏、平、量、梁、桨、疆、墙、枪。

上面提出的这些规律并不是没有反例。比如，例（16）～例（17）就存在不少例外，这说明音义之间的关系并没有这么简单，可能有诸多因素同时起作用。[a] 是否表示"偏小的面积或体积"值得商榷。发 [a] 时开口度大，所以 [a] 常表示"大"的意思，常与 [i] 相对。

雍淑凤（2001）分析了《说文解字》中"奄"族字后，指出"奄"族字有以下 4 个义项：①具有"大"义；②具有"覆盖、蔽藏"义；③具有"无光明、昏暗、黑暗、黑"义；④具有"覆盖、遮蔽、盛装物体的东西"义。这 4 个义项的引申关系很明显，这进一步证实了例（18）中 [an] 的象征意义。

刘卫宁（2004）发现"乔"声可以表示"高"源义素、"大"源义素、"长"源义素、"突出、翘起"源义素。而"高""大""长""突出、翘起"诸义同出一源，以"乔"为共同语源，这说明例（20）的描述不够准确、全面。

蔡淑梅（2005）对汉字中从"同"得声之字的分析，进一步佐证了例（21）的描述。她指出，在汉字近 56 个从"同"得声的形声字中，同源词有 35 个，而这些同源词按其所含有的共同意义可分为两大组：表大义、盛义；指事物直通、中空、外圆的特征和动作直的特点及由此引申出的通达之义。

由此可见，上述元音象似性规则可以进一步简化，[a]、[ai]、[an]、[aŋ]、[au]、[uŋ] 倾向于表示"大"及与"大"相关的概念。以上 9 条规律就可以简化为 4 条。

第一，[u]、[o]、[au]、[uŋ] 表示"圆形"，引申表示大的事物。

第二，[a]、[ai]、[an]、[aŋ] 倾向于表示"大"及与"大"相关的概念。

第三，[e]、[i]、[iŋ] 表示大的范围和体积，但与"细小、薄"有关系。

第四，有的音节既包含小口形的发音，又包含大口形发音或鼻腔共鸣发音，这类音节有时表示兼具两种特征的事物和特征。

不但元音具有象似性，辅音、辅音丛也具有象征意义。例如：

（24）含有 [tɕ]、[tɕʰ]、[ɕ]、[ts]、[tsʰ]、[s]、[tʂ]、[tʂʰ]、[ʂ] 等辅音的字具有"细小、薄"等特征。其中 [tɕ]、[tɕʰ]、[ɕ] 象似程度最高，例如：极、细、小、线、尖、狭、夹、掐、齐、脐、聚、集。

这是因为这些辅音只能与韵母或韵头是 [i]、[ɿ]、[ʅ]、[y] 的相拼，而元音 [i]、[ɿ]、[ʅ]、[y] 也是表示小的意思，这样，这个音节既符合元音象似，又符合辅音象似，所以象似程度高。

（25）含有 [m]、[pʰ]、[z] 等辅音的字常表示"消极"及与"消极"有关的概念。

王力（1980：533）指出，上古 16 个否定词，按上古读音，它们都是唇音。其中 11 个是明母字（莫、末、蔑、靡、曼、罔、无、毋、亡、勿、未），5 个是帮母字（不、弗、否、非、匪）。这进一步佐证了例（25）的描述。

2.2.2.2　汉语的声调象似

汉语的声调不仅仅是别义的手段，还具有语音象征性。陆丙甫、王小盾（1982）关注声调的变化，提出中古时平仄的对立是"松""紧"的对立，阴平、阳平和上声都宜看作"舒声"，去声可以看作"急声"，应该重视去声和非去声的对立。李世中（1987）较早关注到了汉语声调的象征性，提出汉语的声调和意义之间存在相关性和可论证性，并从音强的角度论证了汉语的声调与词义之间有一定的象似性。具体说来，就是"含'轻'意者为平声，含'重'意者为仄声"。他还指出："汉语有很多多音字随着词义的加重，字音由平声变为去声。"解连珊（2003）从口令"向右转"的"转"字读音引出汉语的声调和情感的关系，认为声调能表达一定的意义。朱晓农（2004）令人信服地论证了高调与亲密之间的对应关系[①]。这些研究表明，声调对语义的描摹功能不比元音、辅音弱，甚至更强。

汉语声调的象似性在方言中的表现也很突出。岳阳方言的指示代词有两对：一对的近指调值为 13，远指调值为 24；另一对的近指调值为 24，远指调值为 33。在同一系统里，远指代词的调值要高于近指的。有些方言（比如，赣方言）的指示代词存在三分、四分的现象，有的方言用三个完全不同的语音形式来表示三个不同的概念，有的方言只有两个语音形式，为了表达第三个、第四个语义，则采用变调的方法，如星子、乐平、临川、东乡、龙南、定南等（刘伦鑫，1999：702）。龙南的指示代词在表示最远指时采用了升调。调越高，表示越远指。临夏方言是"'兀'……读音越长、越重，就越表明地点、时间距离说话人越远"（黄伯荣，1996：467）；临汾方言是"'兀'字的读音拉得长，距离说话人所在的地方就越远"（黄伯荣，1996：478）；新疆地方普通话中远指代词可随声音拖长度来区别所指的远近，越长则越远（黄伯荣，1996：483）；赣方言指示代词也常用音长音强和变读[②]（就是拉长声音）区别近指和远指。这两类音变方式是赣方言中区分远指、更远指的最普遍的别义手段，也是三种"较有特色、值得特别提出的"别义手段中的两种（陈敏燕等，2003）。这种现象不仅表现在汉语方言中，在民族语言中也有表现（应学凤、张丽萍，2008b）。

现代汉语反义词之间不但元音的开口度不同，声调也表现出一定的倾向性，表小、不好的反义词倾向用上声（应学凤，2007、2009）。例如：

---

① 朱晓农（2005）的高调包括高元音和调值高的调类。
② 准确地说，音长音强象似和拉长声音象似不能看作声调象似。

（26）大小　长短　多少　松紧　系解　加减　高矮　宽窄　深浅

张立昌、蔡基刚（2013）对 20 世纪以来汉语语音象似性全面总结后指出，语音象征已经从一个思辨性的哲学研究逐步发展成为涉及语言学、心理学、生理学和语言教学等多个学科，以实验量化为主的严密而科学的跨学科研究领域，并产生了大量能够揭示语音象征特点和本质的研究成果。这为语音象征的研究提供了多元化的思路、严谨的方法和坚实的基础。

2.2.2.3　以实验量化为主的语音象似性研究

用举例的方式研究语音象似性，可以非常简单地用举例的方式加以反驳，毕竟列举的例子具有主观选择性、非穷尽性。进入 21 世纪以后，随着计量统计方法被引入语音象似性研究，语音象似性研究获得了较大进展，相关研究结论也得到了广泛认可。

一是宏观的语音象似性研究。朱晓农（2004）基于 Ohala（1994）的基频编码（frequency code）理论，论证了高调与亲密之间的对应关系，提出语音具有表意功能。他认为，可以用"高频声调表示体型小"来解释汉语方言中的小称变调和其他高调现象。接着，他进一步指出，亲密高调论可以解释很多看似毫不相关的语言现象，如台湾"美眉"、北京女国音、香港女孩名字的读音等，还可以扩展去解释某些躯体语言等现象。下面介绍几则与高调亲密论有关的语言现象。

第一，为什么陈述也用问句形式？

台湾"国语"给人的感觉比较软、比较亲切，有"女性化"倾向。朱晓农认为主要是因为语调／声调上扬，高调化表示亲切。他举例说，他曾经有个二十多岁的台湾籍的同事，女朋友打电话邀请他出去玩有如下对话：

（27）女朋友问："你去吗？↗"

男孩子答："去啊！↗"

偶尔答："不去啊！↗"仍是升调。

第二，台湾"妹妹"读起来调型为什么像读"姐姐"？

在台湾"国语"里，不但"妹妹"末字是升调，"爸爸、妈妈、哥哥、弟弟"末字都可以读作升调，很多女孩子的名字甚至宠物的昵称也读作这样的调型，以示亲昵。

第三，"好好"为什么不"好好"变调？

"好好"和汉语里一般的"上声+上声"变调不一样，口语中儿化的"好好儿"末字变读为升调。如果不是儿化的话，变化与普通的上声连读变调相一致，如"好好学习"中"好好"的末字不读作升调。口语中儿化的"好好儿"表示亲昵、关心，儿化基础上叠加升调，强化了这种语义。

第四，英语儿童用语为什么爱用 [i]？

英语儿童用语 daddy、mummy、dogie、cockie 等，在原来的单音节且是闭音节的 dad、mum、dog、cock 后面加了个高前元音 [i]。朱晓农（2004）认为附加的元音给人以高调感，承担表示亲密的功能。

第五，男人粗嗓子什么时候变得尖细？

男人声带厚，嗓门粗，通常嗓音低沉，这种声音常给人以厚重、稳重的感觉，对于异性来说，更增添了可靠的感觉。但在谈恋爱和逗儿女玩的时候声音会变得尖细。朱晓农（2004）认为这是表示喜欢、亲密，拉近距离的下意识表现。据笔者的一位学葡萄牙语的学生说，男外教讲的"com licença①"都是平调，但在葡萄牙，每天都会听到很多很多上扬语调的"com licença"，用高调的基本都是女性。

二是指示代词、人称代词的语音象似性研究。有关研究从多个角度

---

① 意思差不多是 excuse me。

证实了指示代词音义之间存在显著关联，并具有跨语言共性。统计结果表明，指示代词的语音象似受语音音响度和复杂性象似动因驱动。在世界语言中，指示代词的元音象似尤为明显。（刘丹青、陈玉洁，2008、2009；应学凤、张丽萍，2008b；应学凤，2010）

指示代词具有音义象似性，人称代词的语音和语义之间也存在关联。中国境内民族语人称代词的语音象似性较显著，它们的声母、韵母、声调遵守着多样的原则，体现着不同程度的语音象似性（严艳群、刘丹青，2013）。汉语普通话、各方言的人称代词也存在语音象似性，人称代词特别是三身代词的第一人称代词、第二人称代词以及第三人称代词的语音形式主要受语音的音响度，特别是元音高低支配。具体表现为，以第二人称代词、第一人称代词和第三人称代词的距离顺序来看，距离越近，元音发音位置越高，响度越低（朱莉，2014）。

三是关于大小概念、正反概念的语音象似性研究。应学凤（2009）通过封闭统计沈家煊《不对称和标记论》第八章"反义词的标记模式"（1999：147~195）中提到的约86对单音节反义词和韩敬体、宋惠德编的《反义词词典》（1989）中的单音节反义词语音和语义匹配情况，发现现代汉语单音节反义词的音义之间存在一定的对应关系。统计结果表明，表"正面"的反义词的元音、辅音和声调的音响度常高于表"反面"的。表"正面"的反义词的声调多为平声，表"反面"的反义词多为仄声的现象还可以用无标记组配来解释。正面词通常为无标记项，反面词为有标记项。从标记的角度来看，阴平、阳平是无标记的，比较省力；上声、去声是有标记的，比较费力。表正面、反面的反义词可以分别与平声、仄声两个范畴之间建立一个关联模式：表"正面"的反义词与平声是无标记组配，表"反面"的反义词与仄声是无标记组配。

高再兰、郭锐（2015）提出形容词有简单式和复杂式之分，也有褒义、贬义、中性之分。简单式指一般性质的形容词，如红、脏、老实等。复杂式是在简单式的基础上通过添加音节构成，如红红的、脏不拉叽、老老实实等。他们指出，简单形容词的音节长短（即单双）和复杂形容词的音节构成与词义的褒贬之间存在较强的对应关系，即简单贬义形容词倾向采用短的单音节，而相对应的简单褒义形容词倾向采用长的双音节；复杂贬义形容词采用不对称音节组配式，而相对应的复杂褒义形容词采用对称音节组配式。他们认为形成这种对应关系的原因在于声音象似性。

四是利用语感测试的方法进行鸟名和鸟鸣匹配实验研究。应学凤、李钰（2021）通过对鸟名用字语音和鸟鸣叫声对应关系的调查实验，发现鸟名用字的语音和鸟鸣叫声之间有着一定的对应关系，鸟名音义之间的关联程度从高到低可以分为三级。语音象似的手段有音色象似、音高象似和音长象似，其中音色象似是主要的。研究表明，鸟类命名是有一定理据的，不少鸟类的命名与它们的鸣叫声密切相关。

五是关于声调象似的研究。张立昌（2014）认为词语的声调不仅是区别意义的手段，还与词语所表达的意义有关。声调的高低、长短和发声力度的强弱都与词语所指事物的形状、形态、质地、程度等方面有着密切的联系，这使意义在声调中的分布呈现一定互补性。

张立昌从常用的3500字中选取单音节名词1242个，然后根据声调类别、自然属性和语义对这些名词进行分类。研究发现，声调类型和语义属性具有匹配对应关系，阴平词主要表现质轻量微，事物具有较大高度或平、宽、长的特征。阳平词也表现事物的形体、高度和质感，但阳平所表现的事物大多具有较小的尺度或相对中等的高度，在表现质感时主要表现事物的弹性或实而脆的特性。上声名词表现事物的形体与质地。去声词也体现事物质感和形体，但去声词体现事物结实、牢固、真实、重要和较强的程度及用力的特征。

张立昌（2014）认为，每个声调都与事物某几个方面的特征相关联，而且就本研究所涉及的语义特征而言，意义在声调之间总体上呈互补分布，如图2-2所示。

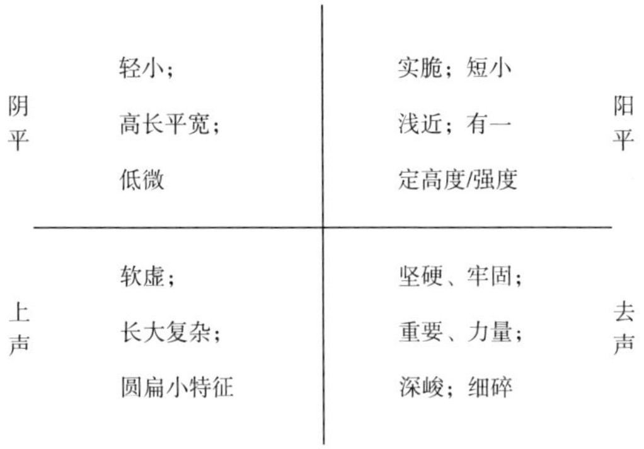

	轻小； 高长平宽； 低微	实脆；短小 浅近；有一 定高度/强度	阳 平
阴 平			

（图表内容）

阴
平　轻小；高长平宽；低微　｜　实脆；短小　浅近；有一定高度/强度　阳
平

上
声　软虚；长大复杂；圆扁小特征　｜　坚硬、牢固；重要、力量；深峻；细碎　去
声

图 2-2　声调意义的互补分布

　　叹词"喂"作为电话交际中国人使用频率极高的一个词，权威词典对其标注的唯一读音是去声调，这与现实中的使用情况有所不同。应学凤、朱婷儿（2021）考察了地域方言、社会方言中各因素对电话交际中叹词"喂"的变调的影响，结果发现，以上各因素对其变调均有或多或少的影响。通过进一步探究发现，"喂"的变调是一种语义、功能和语音的关联，是一种象似关系。电话交际中叹词"喂"读作去声，多表示命令、不耐烦、不礼貌的语义；读作阳平，多表示询问，具有亲切、客气、可商量的语义。对不同语境下"喂"的特殊变调的研究进一步证实了这种音义之间的象似关系。

　　如果说朱晓农（2004）的高调亲密论在一定程度上是受到 Ohala（1994）的基频编码（frequency code）语音象似理论的启发，关于指示代词、人称代词的语音象似性研究也带有模仿痕迹的话，那么关于现代汉语单音节反义词语音象似性的研究则带有一定的创新性，尤其基于封闭统计方法证实了大小、正反概念的元音象似和声调象似。张立昌（2014）和应学凤、朱婷儿（2021）关于声调象似的研究进一步推进了汉语的语音象似性研究。应学凤、李钰（2021）关于鸟名和鸟鸣之间的匹配测试，则关注到语音象似的主观性易受个体认知影响的特点。

2.3 韵律象似性研究

2.3.1 韵律语法研究的两种取向

汉语历来注重声韵节律的作用，但考察韵律和语法的相互制约关系是在 20 世纪 60 年代以后。部分学者比较敏锐地察觉到了语音和语法之间的某种关联。林焘（1957）考察了现代汉语趋向补语、可能补语、程度补语和少数结果补语等结构，发现语音格式的不同对语法和语义有直接的影响。林焘（1962）还对现代汉语轻音和句法结构的关系进行了更全面的考察。吕叔湘（1963）关注到音节组合与句法结构存在关联：

> 三音节的语音段落，大多数是由一个双音节加一个单音节（2+1）或是一个单音节加一个双音节（1+2）构成的。从结构关系上看，除少数情况外，都属于偏正或动宾两类。……（偏正组合中），2+1 式（如"动物学，示意图，辩证法，可见度"）比 1+2 式（如"副作用，手风琴"）要多得多……跟偏正组合的情形相反，三音节的动宾组合是 1+2 式（如"买东西，写文章"）多于 2+1 式（如"吓唬人，糟蹋钱"）。

吕先生非常简明地概括了现代汉语单双音节搭配与句法组合之间的关系。从此，单双音节搭配研究成为韵律语法的热点，引起众多学者的持续关注。

此后 20 多年，陆续有一些新发现（吴为善，1986、1989；陆丙甫，1989；张国宪，1989），但韵律语法成为热点是在 20 世纪 90 年代以后（Duanmu，1990；Lu & Duanmu，1991、2002；冯胜利，1997、1998、2005、2016；端木三，1997、2000、2016；董秀芳，1998；王洪君，2000、

2001、2008；张洪明，2014），其研究内容不再局限于单双音节搭配，韵律构词法、韵律句法、韵律形态、韵律与句法演变等逐渐成为研究的热点。（冯胜利，2004；张国宪，2004、2005；王丽娟，2009；崔四行，2009；裴雨来等，2010；应学凤，2013a、2014b、2019、2021c、2021d；应学凤、端木三，2020、2021）

　　关于韵律和语法的关系，当下有两种看法：一是强调韵律制约"大韵律观"；二是强调韵律与语法互动的语义、语用制约的"小韵律观"[①]。

2.3.1.1　强调韵律制约的"大韵律观"

　　非线性音系学的兴起和节律音系学的发展，为韵律语法提供了研究基础，韵律音系学则成为韵律语法学的直接理论来源。这种研究思路的显著特点是，以形式语法理论为基础、以韵律音系学理论为理论来源构建韵律语法理论，阐述汉语的韵律层级，界定核心概念（如自然音步、韵律词、句法词、核心重音），提出韵律制约语法的理论和假设（如辅重原则、辅长原则、深重原则、音步组向假设、核心重音指派原则），强调只在韵律语法学理论框架下解释有关语言现象。例如：

（28）述宾	2+2式	1+1式	2+1式	1+2式
	阅读报纸	读报	*阅读报	读报纸
	表演戏剧	演戏	*表演戏	演戏剧
	种植树木	种树	*种植树	种树木
（29）名名定中	2+2式	1+1式	2+1式	1+2式
	手表工厂	表厂	手表厂	*表工厂

[①] 节律音系学、韵律构词学、韵律音系学这三种理论有同有异（周韧，2021），本书一般不做严格区分。

> 技术工人　　技工　　技术工　　＊技工人
>
> 煤炭商店　　煤店　　煤炭店　　＊煤商店

　　辅重原则、辅长原则可以对上述例子的对立现象做出解释，即修饰语得到重音，主要表现为音节更长，因此 1+2 式的 "＊表工厂" 接受度低。然而，形名定中违反辅重原则，偏好 1+2 式，名名定中也有不少下位类型偏好 1+2 式（见表 2-1）。要维护相关理论的 "刚性"，就要对作用对象加以限定，对例外予以排除，即要打上各种补丁。这种研究思路的好处在于凸显了韵律制约语法的规则性，不好的地方是违反规则的例子较多，要打的补丁也多，从而削弱了理论的解释力。

表 2-1　三音节述宾结构和定中结构的韵律模式类型

类别	示例	常见程度（LCMC）
1+2 式述宾	读报纸、种树木、修马路	27.3%
2+1 式述宾	吓唬人、看重钱、糟蹋钱	2.1%
1+2 式名名定中	皮手套、纸飞机、血常规	0.8%
2+1 式名名定中	手表厂、煤炭店、技术工	16.2%
1+2 式形名定中	大房间、白老虎、新皮鞋	17.5%
2+1 式形名定中	彩色片、安全帽、安稳觉	1.8%

资料来源：Duanmu（2012），薛亚红、端木三（2018）。

2.3.1.2　强调韵律与语法互动的语义、语用制约的 "小韵律观"

　　对于韵律与语法的互动关系，不少学者认为韵律制约是一方面，另一方面语义、语用等因素也在起作用，甚至认为语义和语用的作用更大（周韧，2006；柯航，2007；王洪君，2008；应学凤，2013b）。

　　（30）碎纸机——＊纸碎机　纸张粉碎机——＊粉碎纸张机

　　（31）? 刮雨器——雨刮器　意见征求稿——征求意见稿

　　（32）拐卖妇女罪——＊妇女拐卖罪　抽油烟机——＊油烟抽机

辅重原则、音步组向假设等可以对例（30）这种现象做出解释，但面对例（31）~例（32）这样的反例，只能使用例外规则予以排除。

然而，韵律与句法、语义和语用多因素互动的框架可以对单双音节组配情况（见表2-1）和例（30）~例（32）进行统一的解释。（王洪君，2001、2008；周韧，2011；柯航，2011；应学凤，2014a、2021c、2021d）。

这种研究思路的显著特点是，承认韵律对汉语语法有制约，但认为其制约作用没有那么大。

关于韵律的作用，不同的声音一直存在。袁毓林（2003）对冯胜利（2000）用韵律要求来解释汉语"把"字句、"被"字句、主题句等句子中宾语位置的移动等诸多问题就提出过疑问：韵律对句法的作用会有这么大吗？周韧（2012）在《韵律的作用到底有多大》一文中提出，我们不应忽视韵律在语法中的作用，但也不应夸大韵律在语法中的作用。周韧（2017a）在《韵律、句法和语义，谁制约了谁？》中进一步质疑了韵律的作用，提出汉语中一些被看成"韵律制约句法语义"的现象，更适宜看成"语义语用规则对韵律的制约"。

沈家煊（2017a）也认为，韵律本身就是汉语的一种重要的语法形态手段，就韵律和语法而言，韵律是语法的"构成"部分。既然韵律是语法的一部分，那也就不存在韵律与语法的互动了。

从功能主义语言学视角看，以上两种取向的研究又可以归纳为轻重象似、松紧象似、多少象似等。

2.3.2　轻重象似（信息量象似）

端木三（2016：2~3）在《音步与重音》一书中说明了节奏、音步、重音的关系。他说节奏是一种普遍现象，与语言有关，又不限于语言。节奏（rhythm）的本质是重复，音步（foot）指轻重节奏的重复单位。端木三（2016：47~48）用节拍来判断重音，认为重音即音节的可拍性。一个音节被拍的可能性越大，重音就越强。

端木三（2016：57~58）批判了关于汉语没有重音的看法，提出与英语相比，汉语的重音规则只是有些不同（2016：75）：

汉语重音规则：

a. 双音节、多音节词重音在第一个音节

b. 句末（停顿前）的双音节词重音在第二个音节

c. 1+2 式的复合词，重音同多音节单词

d. 双音节语法单位可以当双音节词用

e. 语重音规则：辅助词有重音，中心词无重音

冯胜利（2002）认为韵律构词法和韵律句法学的韵律运作机制不同，控制韵律构词法的是韵律词、最小词、音步，韵律构词法的"靶心"是长度，而韵律句法学的"靶心"是重音。冯胜利（2002）指出，韵律构词是"大小"或"长短"的问题，而韵律句法则是"核心重音"或"轻重结构"的问题。

"重音"（stress）是世界语言当中比较普遍的现象，在不同的语言中，重音的声学表现不完全相同，最常见的是重音往往伴随着音高增高，或音强增强，或音长增长，从听感上判断，带有重音的重读音节要比非重读音节明显。

2.3.2.1　陆丙甫、端木三的辅重、辅长象似

陆丙甫、端木三（Lu & Duanmu，1991、2002）、端木三（Duanmu，2007）的辅重原则（NHS）和辅长原则（NHL）可以简述如下：

辅重原则：

在一个"核心—非核心"（或非核心—核心）的句法结构中，非

核心成分要重于核心成分。

辅长原则：

在一个"核心—非核心"（或非核心—核心）的句法结构中，核心成分不能比非核心成分长。

运用辅重原则和辅长原则，可以很好地解释为什么定中结构偏好2+1式韵律模式，述宾结构偏好1+2式韵律模式。在述宾结构中，动词是核心，宾语是非核心，是辅助成分，因而重音应该落在宾语上，也就是说，动词音节不能比宾语长，因而动宾结果排斥2+1式结构。在定中结构中，中心语是核心，修饰语是非核心，因而修饰语短于中心语的1+2式结构很难成立。在可能为动宾或定中的2+2式结构中，前面的动词是单音节还是双音节会直接影响句法上是动宾还是偏正结构，也就是说，辅重原则和辅长原则可以很好地解释1+2式述宾结构和2+1式名名定中结构。

对于2+1式的述宾结构，陆丙甫、端木三（Lu & Duanmu，1991、2002）认为是由于像"书""人""鬼"这些名词没有变通的、可替换的双音节形式的缘故。端木三（1999、2000）又指出，"研究鬼"这种结构中的单音节宾语刚好是在停顿前的位置，可以后加一个空拍组成一个音步。这些解释都稍显牵强，有值得商榷的地方，但由于2+1式动宾结构在数量上不多，因而对辅重原则威胁不大。对于1+2式形名定中结构，他们又声明辅长原则不适用于这类结构，并对这类结构提出了另外的解释，认为这类结构的基本结构是"A 的 N"，其中"的"是整个结构的功能核心。对于1+2式名名定中结构的反例，他们认为这里的单音节名词的性质接近形容词。冯胜利（2001）根据"纸老虎——＊纸工厂""金项链——＊金商店"的对立，进一步指出1+2式名名定中结构是一类特殊的结构，是句法运作的结果。"纸老虎——＊纸工厂"的对立，是因为两个"纸"的性质不一样，前者是形容词性质，与形名定中结构一样，它是造句的形式，因而不受自然音步的制约。

2.3.2.2 端木三、周韧的信息量象似

信息量与重音的关联，信息量多少与多项定语先后排序的关联、与单双音节的关联本质上是轻重象似。端木三（2007）对辅重原则、深重原则等诸多重音理论逐一点评，认为这些理论存在类似的问题。例如，为什么辅助成分要重读？为什么有强调的词，它的重音可以高于一般的语句重音？为什么常用词往往比非常用词的轻？为了解答这些问题，端木三提出"信息—重音原则"（the Information-Stress Principle）：信息量大的词要比其他词读得重。

周韧（2006、2011）同样也认为，"无论是深重原则还是辅重原则，它们都只是一个形式化的描写手段，并非是一种解释"。他在分析定语排序规律时受到启发，提出了汉语句法结构韵律模式的"信息量原则"：

> 在汉语的句法组合中，信息量大的成分将得到重音，而信息量小的成分得不到重音。

周韧（2006、2011）的"信息量原则"与端木三的"信息—重音原则"有异曲同工之妙。但正如周韧（2006、2011）所指出的，端木三的"信息—重音原则"是用来维护他的辅重原则的。而周韧的"信息量原则"主要是用来解释汉语句法结构韵律模式背后的动因的。周韧（2006、2011）在相关研究（陆丙甫，1993、2005；马庆株，1995；袁毓林，1999 等）的基础上，把定语义范畴与信息量大小关联起来，见图 2–3。

新旧＞大小＞颜色＞形状、气味　＞　属性＞时间、处所＞材料　＞　用途
　　　　　信息量小　　　　　　　　　信息量适中　　　　信息量大

图 2–3　信息量决定多项定语的排序

周韧根据信息量大小解释单双音节组配规律。他提出，信息量大的成分在韵律上要更突出，而对于汉语来说，重音的表现方式之一就是音节长度，信息量大的定语使用双音节，信息量小的定语使用单音节。表示"新旧、大小、颜色、形状、气味"等概念的定语，由于信息量小，倾向于使用单音节，因此往往形成 1+2 式的格局，例如，"旧毛巾、大房间、红手套、臭豆腐、圆书桌"等。

表示"用途"的定语，负载的信息量最大，所以倾向于使用双音节，形成 2+1 式，例如，"洗衣机、签字笔、阅览室、信息亭、手表厂"等。

表示"属性、时间、处所、材料"等概念的定语，由于信息量居中，可单可双，所以既有 1+2 式，又有 2+1 式：

（33）处所：

　　　　1+2 式：东墙壁　　南三环　　北少林　　左前卫

　　　　2+1 式：东面墙　　南方人　　北方戏　　厨房门

　　　　时间：

　　　　1+2 式：夜生活　　前总统　　年利率　　夏时制

　　　　2+1 式：午夜场　　暑期班　　黄昏恋　　下午茶

　　　　属性：

　　　　1+2 式：农产品　　校领导　　党代表　　乡政府

　　　　2+1 式：农民工　　工业品　　少年犯　　学生妹

　　　　材料：

　　　　1+2 式：皮坤包　　肉丸子　　金项链　　钢墙板

　　　　2+1 式：皮革包　　猪肉丸　　黄金链　　钢材板

周韧（2006、2011）运用信息量原则很巧妙地解决了以往研究中一直难以解决的问题：同为定中结构，名名定中结构以 2+1 式为主，形名定中结构却以 1+2 式最为常见。他抛开词类的区分，从语义差异入手确实能对形名定中和名名定中结构的韵律模式进行合理的解释。但这个原则是否能同时解释述宾结构的韵律模式呢？柯航（2007）指出，在述宾结构中，既有 2+1 式定中结构，也有 1+2 式动宾结构，如果说在 1+2 式动宾结构中，后面的名词应该得到重音的话，那么又怎么解释 2+1 式定中结构中，前面的动词必须得到重音？

轻重象似还表现为轻重模式与整体性强弱之间的关联，整体性强的倾向于重轻模式，整体性弱的倾向于轻重模式。

陆丙甫（2012）关注到英语中如果动、名因为重音位置而分化，那么重音在前是名词，重音在后是动词。例如：

（34）'record（名词）——re'cord（动词）

　　　'import（名词）——im'port（动词）

　　　'project（名词）——pro'ject（动词）

　　　'construct（名词）——con'struct（动词）

　　　'content（名词）——con'tent（动词）

萨丕尔（1921/1985）列举过很多类似的重音位置不同、词性有别的例子。例如：

（35）'refund（名词）——re'fund（动词）

　　　'extract（名词）——ex'tract（动词）

Langacker（1991：21）指出，作谓语的动词是"次第扫描"（sequential scanning）的结果，而名词是"综合扫描"（summary scanning）的结果。由此可见，名词在大脑意象中的整体性比动词更强。整体性强的节律结构倾向于表达整体性强的名词，整体性弱的节律结构倾向于表达整体性弱的动词。这是一种比较抽象的"声音象征"现象。

（陆丙甫，2012）

　　复合词的整体性显然比定名短语强，英语中复合名词与定名短语的差别也可通过重音位置来区分（陆丙甫，2012）。例如：

　　（36）'blackboard（黑板）——black'bord / 'black'board

　　周荐（2002）对《现代汉语词典》（第 3 版）中的叠音词做了统计，发现"1+2"节奏的 ABB 叠音词，71.5% 都是形容词，例如：

　　（37）虎生生　黄灿灿　灰沉沉　活生生

　　1+2 节奏的名词只有 8.65%，而 2+1 节奏的 AAB 叠音词，69.70% 是名词，2+1 节奏的形容词只占 6.06%，分别见例（38）、（39）、（40）：

　　（38）姑奶奶　老太太
　　（39）毛毛虫　泡泡纱　面面观　悄悄话　碰碰车
　　（40）飘飘然　呱呱叫

　　这也证明整体性较强的 2+1 节奏更适合表达整体性强的名词（陆丙甫，2012）。

2.3.3　松紧象似

　　赵元任（Chao，1975）指出，中国人对音节的数目特别敏感，作诗和写散文都要"凭借音节数目来构思"。刘丹青（1996）揭示了汉语中词类和词长的相关性，指出汉语名词的典型词长是双音节，动词的典型词长是单音节，词的音节越长越松散，越长越可能是短语。他认为："名词和名词性短语的基本界限在三音节和四音节之间，四音节和四音节以上单位将继续保留很强的短语性，难以取得充分的词的资格。""动词和动词性短语的基本界限在双音节内部，三音节和三音节以上单位将继续保持短语性，难以进入词的行列。"音节数目的多少对单位的松紧有影响，也会影响对词和短语的判断。

汉语与英语的节奏类型不同，英语的节奏是重轻型的，而汉语的节奏是松紧型的。汉语的两字节奏就是这样一种"松紧"节奏：一段语流总是某两字或某三字的内部结合得比较紧，两字或三字组之间结合得较松，由此而形成松紧交替的回复（王洪君，2004）。吴为善（1989、2006）、王洪君（2000，2008：298）、柯航（2007）、沈家煊、柯航（2014）、周韧（2017b）、应学凤（2012、2021a、2021b、2022）、应学凤、聂仁发（2022）提出了韵律语法的松紧象似原则。下面介绍具有代表性的观点。

2.3.3.1　吴为善的松紧搭配原则

吴为善（1986、1989）认为1+2式和2+1式的音节组合有松紧之分，结构松紧和节律松紧存在匹配关系。节律结构层面的"松""紧"与句法结构层面的"松""紧"相匹配，而且节律层面的"松""紧"在句法层面的投射结果是对不同等级的语言单位的选择：

> 节律结构　句法结构　语言单位
>
> 1+2　→　述宾　→　短语
>
> 2+1　→　定中　→　复合词

吴为善（1986、1989、2006）从结构松紧和节律松紧搭配的角度解释上述语言现象。他首先证明了1+2式述宾结构是典型的组合类结构，前后两部分结合得较为松散，两个结构成分可以扩展。而2+1式定名结构是典型的黏合类结构，内部结构成分之间结合得比较紧密。然后，他又根据连读变调证明了 2+1 式韵律模式比 1+2 式要紧。

"松紧搭配理论"很有新意，尤其是证明了句法结构与韵律模式有松紧差异，并发现两者之间有匹配关系。但它同样需要面对辅重原则和音步组向理论类似的反例。既然定中结构是紧凑的结构，那么为何又有 1+2 式定中结构？同样，为何述宾结构又有 2+1 式？而且形名定中结构还以 1+2 式最为常见。

2.3.3.2　柯航的韵律、句法、语义松紧关联原则

柯航（2007）以不带意义的数字串 995 和 955 为例，根据上声连读变调规则，995 中 5 前面那个 9 变为直上调 24[①]，是大变化；而 955 里的 9 变为半上调 211，是小变化，从音节组配自身证明作为 2+1 式的 "995" 紧而 1+2 式的 "955" 松[②]。她又根据各种结构在语法性变调中的不同表现，论证了述宾结构松于定中结构。接着，柯航提出了一个述宾和定中结构韵律、语义和句法结构的松紧关联模式：

	松	紧
韵律	1+2 式	2+1 式
语义	述宾	定中
结构	语（成分不可黏着）	词（成分可黏着）

述宾与定中相比，定中结构是紧结构，与 2+1 式结构为无标记匹配，

---

① 柯航认为这里的调值是 24，周韧（2017b）认为是 35，但调型都是中升，接近阳平。
② 这个实验有问题，因为 999 和 995/599 不一样，说明其中的 "99" 不是不带意义的（99 并列再加 5，就带了 "同类对异类" 的意义）。

但是，在定中结构内部，仍需再做具体区分。定中结构单双音节搭配相关的关联标记模式又可以具体化为：

	无标记组配	无标记组配
韵律	1+2 式	2+1 式
语义	松	紧
结构	语（成分不可黏着）	词（成分可黏着）

那么，韵律、结构、语义松紧关联原则如何对述宾、定中结构单双音节组配模式进行解释呢？我们先看述宾结构：

	韵律	结构	语义
租汽车	+	+	+
出租车	−	+	+
爱钱财	+	−	+
购买粮	−	−	+

其中，"韵律"指的是音节组合模式，根据象似原则，对述宾结构而言，1+2 式为"+"，2+1 式为"−"。"结构"指的是组成成分是均为自由语素还是含有黏着语素，对述宾结构来说，组成成分均为自由语素的是"+"，含有黏着语素的是"−"。"语义"在此处起到定位作用，同为"+"表示四例都是作为述宾结构来考察的。

上例证明了 1+2 式的"租汽车"是最佳选择，"出租车"虽然符合两个选项，但作为述宾结构的话，它的接受度还不一定有"购买粮"高，更没"爱钱财"高。

为了解释名名定中和形名定中结构的韵律差异，柯航提出定中结构内部又区分松紧，把组配模式改进如下：

	无标记组配	无标记组配
语义	松散的定中	紧密的定中
韵律	1+2 式	2+1 式
结构	成分不可黏着	成分可黏着

首先，她认为形名定中较松散，名名定中较紧密，因而形名定中结构以 1+2 式为主，名名定中以 2+1 式为主。其次，她基于定语语义范畴与信息量大小之间的关联，提出这些定语的松紧关系如图 2-4 所示。

新旧 > 大小 > 颜色 > 形状、气味 > 属性 > 时间、处所 > 材料 > 职业、用途 > 中心语

松　　　　　　　　　　　　　　　　　　　　　　紧

图 2-4　定语语义范畴松紧差异

该怎么运用上述松紧搭配原则来解释定中结构既有 2+1 式又有 1+2 式呢？下面选用"颜色、属性、用途"三类定语的定中结构来说明：

（41）　1+1 式　　1+2 式　　2+1 式　　2+2 式　　2 的 2 式
　　　　a. 黑发　　黑头发　　*黑色发　黑色头发　黑色的头发
　　　　b. 男包　　男背包　　男式包　　男式背包　男式的背包
　　　　c. 漆工　　*漆工人　油漆工　　油漆工人　*油漆的工人

根据图 2-4 可知，"颜色"类（"黑"）定语与中心语之间的关系较为松散，"用途"类（"漆""表"）的最为紧密，"属性"类（"男"）的居中。

从定中结构的 1+2 式来看,颜色类的 1+2 式均能成立,而用途类的 1+2 式不能成立。2+1 式的成立情况则刚好相反,用途类的 2+1 式都能成立,而定语和中心语之间关系松散的颜色类定中组合中,2+1 式的接受度很低。

王洪君(2008:298)提出,语法松紧与节律松紧的对应体现在词、类词短语、短语三级单位上。她指出,1+2 式定中结构在节律和语法结构上都介于 2+1 式定中结构和 1+2 式述宾结构之间:2+1 式定中结构为韵律词,1+2 式定中结构为韵律类词,1+2 式述宾结构为韵律短语(王洪君,2000)。

2.3.3.3　沈家煊的虚实象似原则

动虚名实对应于或象似于韵律上的"单虚双实",实质上就是松紧象似。沈家煊(2012)提出,"虚实象似"的原理是指语法上的"动虚名实"对应于或象似于韵律上的"单虚双实"(即"单轻双重")。韵律和语法之间的象似只是一种扭曲的对应关系,如图 2-5 所示。

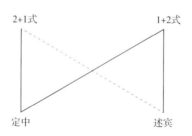

图 2-5　韵律和语法的扭曲对应

如何运用虚实象似原理解释 1+2 式节律、2+1 式节律与述宾、定中结构的关联呢?沈家煊(2012)用自问自答的方式进行了阐述。

为什么 2+1 式的"出租房"是定中而 1+2 式的"租房屋"是述宾？这是因为：双音的"出租"是"动弱名词"，名性强；单音的"租"是"动强名词"，动性强。

为什么"纸房子"只能是定中而不能是述宾，述宾不是以 1+2 式为常态吗？为什么"房屋出租"也只能是定中而不能是述宾，同样是 2+2 式的"出租房屋"不是两者皆可吗？这是因为：动词是名词的一个次类，动词都是名词，但名词不都是动词，事物名词就不是动词。

为什么名名定中 1+2 式（校领导、党代表、纸房子、鸭骨架）要明显多于述宾 2+1 式（尊重人、研究鬼）？[1] 这是因为：单音动词是典型的动词，其动性确实比双音动词强得多，但单音名词也是典型的名词，其名性并不比双音名词弱多少。

沈家煊（2012）认为，虚实象似原理可以涵盖信息量原则和松紧象似原则。沈家煊（2016：383~387）指出，语音上的"单双区分"也是一种"虚实区分"，单音拍虚松，双音拍紧实，他提出语音的虚实松紧对应于语法和语义的虚实松紧。"虚实象似"还可以从语义扩展到语用上，语用上词义的"正式"和"非正式"的区别其实也是一种"虚实之别"。与轻重象似、松紧象似一样，虚实象似也是一种扭曲对应[2]，是一种相对的象似性。沈家煊（2016：382~383）把虚实和松紧结合起来，提出松紧和虚实相通，语音、语法、语义、语用上的松紧虚实是象似和对应的：

语音松紧虚实：单音拍虚松，双音拍紧实

---

① 根据冯胜利（邮件交流），"校领导、党代表、纸房子、鸭骨架"等的第一个单音节也可以分析成"区别词"或"准词头"。同样，"尊重人"的"人"和"害怕鬼"的"鬼"也可以采用端木三"人 / 鬼＋零音节"的分析。

② 沈家煊（2016、2019）又将其称作"偏侧对应"。

[1+2] 虚松，[2+1] 紧实

[X'X] 虚松，[X.X] 紧实

语法松紧虚实：短语虚松，复合词紧实

　　　　　　　述宾结构虚松，定中结构紧实

　　　　　　　动词虚松，名词紧实

语义松紧虚实：单音词内涵单调，双音词内涵丰富

语用松紧虚实：单音词随意，双音词稳重

2.3.3.4　沈家煊、柯航的松紧控制轻重

汉语与英语的节奏类型不同，英语的节奏是轻重型的，而汉语的节奏是松紧型的（王洪君，2004）。沈家煊、柯航（2014）进一步指出，汉语的节奏属于"音节计数"型或"音节定时"型，是松紧控制轻重，松紧为本。"汉语节奏的伸缩性就是音节组合的松紧度变化，节律的松紧虚实以扭曲对应的方式同时反映语法、语义、语用上的松紧虚实"，"语音、语法、语义三个层面不是截然分开、互相撕裂的，三者之间的联系主要靠'松紧虚实'的投射对应关系"（沈家煊，2017a）。周韧（2017b）也认同"成分之间韵律上的松紧象似它们之间语义语用上的松紧关系"。

沈家煊、柯航（2014）指出："一个词语到语流里成为一个更大单位的组成成分时，在认知上它就变成一个更紧凑的结构单位和概念单位。"他们提出两大手段。一是压缩定中结构"的"，缩减音节数目。例如：

（42）党的建设 → 党建工作

　　　　汉语的节奏 → 汉语节奏研究

　　　　中国对日本 → 中日之战

介绍和评论 → 评介国外语言学理论

二是改变语序与结构，如把述宾结构改变为定中结构，因为后者比前者更紧致。例如：

（43）粉碎纸张 → 纸张粉碎机

　　　培养人才 → 人才培养方案

　　　讲习语言学 → 语言学讲习暑期班

沈家煊、柯航（2014）指出，一个词语到语流里成为一个更大单位的组成成分时，语音形式上"前重"比"后重"或"同重"紧凑，所以有重音前移的倾向，而且是语流越流畅，这种倾向越明显。这叫作"词语打包，便于传递"。他们认为，"词语打包"就是由松变紧，是这种松紧变化导致汉语本来的大致同重式出现前重后轻的倾向，而不是相反，所以，汉语节奏是松紧控制轻重。

沈家煊（2017b：70~71）认为，汉语确有少量的轻声字，但占比很小，"汉语的音节，等重是源是本，轻重变化是流是末，是声调决定重音，而不是重音决定声调"。沈家煊（2017b：89~93）指出，汉语节奏具有高度的伸缩性，"节奏的松紧调整和变化，就不仅仅是一般的风格变化，而是'富含内容的风格变化'"，这种伸缩性要综合考虑韵律、语法、语义、风格等多种因素。沈家煊（2016：378~382）进一步提出，语义上的"松紧差别"是根本。音节组配的松紧对应于语法结构的松紧，根本是对应于语义关系的松紧，结构关系是一种较为抽象的语义关系。沈家煊先生以四组看似例外的分析说明这是由语义上的松紧差异导致的。通过最小对比对的语义比较，沈家煊先生指出，所谓的"例外"都不是真正的例外，其实都没有违背松紧原理。

第一种：1+2式"名＋名"组合也可以构成复合词名词，而且不少，如鸭骨架、泥菩萨、党代表、纸老虎、布沙发、年利率、火凤凰、木疙瘩。通过 1+2 式和 2+1 式的"名 + 名"组合对比，发现两者的语义松紧上有较大差别，如纸板房——纸房子、中药罐——药罐子、水果篮——果篮子。双音节定语具有明确的指称义，单音节定语具有摹状性，更像个形容词，两者在概念上，2+1 式的紧，1+2 式的松。

第二种：1+2 式"动 + 名"组合也可以构成复合名词，数量也不少，如卷头发、死脑筋、活菩萨、睡美人。通过与相应的 2+1 式进行对比，发现两者语义松紧有别，如卷曲发——卷头发、死亡岛——死脑筋。单音节的动词具有摹状性，双音节动词是定性定语，2+1 式语义紧，1+2 式语义松。

第三种：2+1 式"动 + 名"组合也可以构成述宾结构，如出租伞、批发酒、代表党。通过比较 2+1 式的"动 + 名"定中和述宾结构，可以看出两者的差异。比较"出租伞"和"出租车"，"出租车"一般作定中复合名词，很少作述宾结构，"出租伞"则相反。原因是日常生活形成了以出租、自驾、公用等方式给汽车分类和定性的习惯，但没有用这样的方式给雨伞分类和定性的习惯，所以"出租伞"只能作述宾结构。

第四种："形 + 名"定中结构以 1+2 式为常态，有别于定语为名词、动词或形容词的定中结构。沈先生认为这看似例外，其实还是遵循松紧原理：性质形容词本来就是以单音节为主，它们与中心词的组合本来概念上就紧，所以无须换成 2+1 式这种紧的音节组配。

2.3.3.5 应学凤的松紧象似原则

此前的讨论，松紧象似多指节律松紧和结构松紧的关联。应学凤（2021a、2022），应学凤、聂仁发（2022）提出松紧象似是节律松紧、结构松紧与语义（语用）松紧的象似，认为松紧象似原则是指语言单位结构和节律松紧与语义特征、语用环境之间存在象似关系。松、紧的语言形式各有各的作用，根据语义和语用需要，该松就松，该紧就紧。语言单位的松紧有结构松紧和节律松紧之别（应学凤，2020：252），结构、节律越紧的指称性、称谓性越强，整体性越强，词义透明度越低。相对较松的结构描写性、区别性、陈述性越强，整体性越弱，词义透明度越高。

应学凤（2021a）详细讨论了结构松紧和节律松紧的手段，指出结构松紧手段是指利用删减、移位、换序等促使自由短语紧缩为短语词，组合结构紧缩为黏合结构，松散的黏合结构类型紧缩为紧致的黏合结构类型，句法词去句法规则化、进一步凝固为词法词的过程。节律松紧手段是指通过压缩音节数目、调整音节组合模式等使结构更加紧致。音节数目的紧缩会使结构更为紧致。例如：

（44）招收研究生办法——招生办法

　　　发放贷款银行——放贷银行

　　　接送客人专车——接客专车

　　　订阅报刊日期——订报日期

单音节动词和宾语是黏着语素还是自由语素，会影响复合词的松紧度。例如（例子取自周韧，2011：116）：

（45）饮水机——*喝水机　　　　售报亭——*卖报亭

　　　植树节——*种树节　　　　洗面奶——*洗脸奶

　　　吸尘器——*吸灰器　　　　收银台——*收钱台

　　　代金券——*代钱券　　　　提款机——*提钱机

　　　碎纸机——*破纸机

结构松紧手段和节律松紧手段可以叠加使用，叠用的结构更加紧致。使用频率与松紧之间有关联，频繁使用会导致形式被压缩、简化、弱化（Zipf 定律）。语序选择越少，使用频率越高，越紧致。语序自由，导致松散。语序不自由，单一的那种使用频率高，从而使形式紧致。

2.3.4 音节数目多少象似

周韧（2017b）总结了汉语韵律语法研究中的轻重象似、松紧象似存在的问题，提出音节数目多少的象似。

周韧认为汉语没有词重音，不管是通过听觉判断，还是实验仪器判断，都没有明确的词重音。张洪明（2014）明确指出："汉语作为声调语言，在词层面没有结构性的范畴化、系统化的轻重音。"沈家煊（2017a）也赞同这个观点。

周韧（2018）指出，六十年来，寻找汉语词重音的努力应该可以告一段落了。在汉语不含轻声的双音节或多音节词中，应该没有语言学意义上的前重和后重之分，将它们看成"等重"是更为合理的选择。他认为，在词重音本身就不明确的汉语中构建重音系统，并用这个系统来推导汉语韵律语法问题，这是有风险的。

周韧（2017b）认同 1+2 式的动宾结构内部联系松散，也承认 2+1 式的定中结构内部联系紧密。但他反对把节律上的松紧和结构上的松紧关联起来，他认为节律上的松紧程度是由其内部句法语义关系的松紧程度造成的，1+2 式动宾结构是短语，所以松散；2+1 式定中结构是词，所以紧密；而 1+2 式的定中结构介于短语和词之间，所以处于松散和紧密之间。但重要的是，语法结构内部成分之间的松紧关系并不能决定成分本身单双音节的选择。关于数字 955 和 995 连读变调的不同，周韧（2017b）指出，955 和 995 本身是并不具备句法结构的数字串，但根据认知上的相似原则，说话人可能会将 955 识解为 1+2 式，而将 995 识解为 2+1 式。识解方式的不同，就会造成变调的不同。例如：

（46）a. 9　5　5　　　　　b. 9　9　5

　　　　3　3　3　　　　　3　3　3　　本调①

　　　　3　2　3　　　　　2　2　3　　变调结果②

　　但周韧并不反对松紧象似原则，他认为松紧象似是节律上的松紧与语义语用松紧的象似。

　　周韧（2006、2011）根据信息量多少，把多项定语分为三类（见2.3.2.2节图2-3介绍）：

　　　　Ⅰ类定语形成的定中结构：新旧＞大小＞颜色＞形状、气味，一般允准1+2式，但排斥2+1式；

　　　　Ⅱ类定语形成的定中结构：属性＞时间、处所＞材料，可以允准1+2式，也可以允准2+1式；

　　　　Ⅲ类定语形成的定中结构：用途，一般允准2+1式，但排斥1+2式。

　　周韧（2006、2011）通过把音节数目多少和轻重关联起来，认为信息量大的成分将得到重音，而信息量小的成分得不到重音。周韧（2017b、2022）认识到"汉语重音不明确"，"汉语不能区分词重音和短语重音"，汉语的"句法韵律枢纽"是字，不是词（王洪君，2008：315~332），认为"汉语是一种音节计数的语言"。他（2017b）认为，解决汉语句法结构的韵律模式谜题的关键是要注重结构成分之间音节数目多少

---

① 数字2和3分别代表第二声（阳平）和第三声（上声）。
② 严格说来，在非停顿前的上声的调值，如果不变调为35的阳平，也需要从214的全上变为21的半上。

的对立关系，进而提出一种基于音节数目对立的"多少象似"原则，这种象似性原则是以数量象似性为出发点的。他把"多少象似"原则表述为：

信息量相对大的成分在音节数目上相对多；
信息量相对小的成分在音节数目上相对少。

接着，他（2017b、2022：275）提出了音节与信息量的关联模式：

图 2-6　音节与信息量关联模式

　　周韧（2017b、2019）从单音节和双音节的对立延展开来，注意到四音节成分和双音节在句法语义上的对立，进一步阐释了"多少象似"的解释力。

　　周韧（2022：274）认为，在汉语中重音概念不具备摆脱音节数目的独立性，如"单音不成步"和"单轻双重"这些规则，都是在音节数目的基础上建立起来的。周韧提出，注重理论的简约性，更倾向于将音节数目而不是重音看成汉语韵律语法运作的立足点。

　　音节数目多少象似，放弃了音节数目与轻重、松紧的对应，确实更加简约了。不过也因此导致有些韵律语法现象无法根据多少象似原则来解释。具体见下一节的分析。

2.3.5　轻重、松紧、音节数目多少象似的关联

　　轻重象似原则、松紧象似原则和音节数目多少象似原则的理论出发

点不尽相同，但相互之间存在关联。下面结合具体例子来讨论轻重、松紧与多少象似的关联和差异。

2.3.5.1　轻重模式与述宾和定中的扭曲对应

赵元任早就提出："不要期望韵律特征和结构之间会有一种十分简单的对应关系。"（Chao，1959）他（1979：11）还认为："在语言现象中寻找系统性和对称性，在方法学上是可取的，只要不走得太远。"他把这种整齐又不整齐的对应关系称作"扭曲关系"，并用下面的例子来说明这种扭曲关系（赵元任，1979：12）。

"吃'饭""看'报"等述宾结构，第二个音节重读；"煎.饼""劈.柴"等定中结构，第二个音节轻读，似乎韵律和结构之间是一种一对一的关系，可是进一步考察就会发现，虽然真正的述宾结构的重音总是在宾语上，可是重音在第二个音节的不一定都是动宾关系。例如，"烙'饼""炒'饭"在语法上都是两可的，既可以是述宾结构，也可以是定中结构[①]。而如果第二个音节轻读，如"烙.饼""炒.饭"，则一定是定中关系。

沈家煊（1999：317）以"烧纸"为例，进一步分析了轻重音和结构关系之间的扭曲关系：

	动宾关系	定中关系
烧'纸	+	+
烧.纸	−	+

沈先生用图 2-7 形象地展示了轻重音和结构之间的这种扭曲关系。

[①]　金立鑫（私下交流）指出，上海话"炒饭"作为述宾结构时，重音在后；作为定中结构时，重音在前。

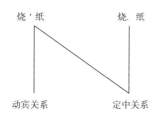

图 2-7　重读、轻声与结构的扭曲对应

赵元任、沈家煊先生都指出，"动词＋宾语"结构第二音节重读的话，有可能是述宾结构，也有可能是定中结构；第二音节轻读的话，只能是定中结构。我们认为，这种扭曲与中重模式和重轻模式的扭曲对应有很大关系。

"烧'纸"是第二音节重读，它有两种意义；"烧.纸"是第二音节轻读，只有一种意义。第二音节重读是"中重模式""后重模式"，第二音节轻读则是"重轻模式"，因而上面的这种扭曲关系可以抽象表示，如图 2-8 所示。

图 2-8　轻重模式与结构的扭曲关联

2.3.5.2　轻重、松紧与词、语的扭曲对应

相对中重结构而言，"重—轻"结构语义整合度相对较高。朱德熙（1982：33~34）提出了几种区别复合词和句法结构的方法，其中之一是

"后一个音节是轻读的格式是复合词"。凡是前重的都是复合词，"中重"的都是句法结构，下面转录朱先生的几个例子：

（47）买·卖——买卖（买和卖）

东·西——东西（东边和西边）

火·烧（一种烧饼）——火烧（用火烧）

打·手——打手

赵元任（1979：82）也曾谈到中重结构和重轻结构与词和短语的扭曲对应关系。他提出以下三点。

其一，多音节形式之中一般认为是词的，大多是双音节。它们或者是前轻（非轻声）后重，或者是前重后轻（轻声）。他这里所说的"前轻后重"就是我们所说的中重模式，"前重后轻"就是重轻模式。例如：

（48）　中重模式　　　　　重轻模式

天下　起初　　　知·道　本·事

同事　拒绝　　　待·会儿　琢·磨

袖口　代笔　　　乡·下　明·白

其二，同样是中重模式，四声分别与上面中重模式六个例子相同，然而下面的显然是短语或句子，例如：

（49）先嫁　你输　红痣　去学　就走　带笔

其三，前重后轻式（重轻模式），大多数例子是词。

结合赵元任的这三点，我们发现中重模式对应着词和短语，而重轻模式一般只与词对应，那么韵律与结构、语义的关系可以进一步细化，如图2-9所示。

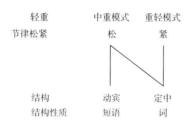

图 2-9　轻重、松紧与词、语的扭曲对应

上述情况，可以根据轻重象似原则来解释，也可以根据松紧象似原则阐释，但无法根据音节数目多少象似原则分析。

沈家煊（2016：377~378）认为轻重格和重轻格语音上给人的整体感不同，重轻格的整体感强，具有对外的排他性和对内的凝聚性，轻重格的整体性弱。重轻和轻重的区别可以纳入紧和松的区别，而且这种语音上的松紧同样对应概念上的松紧。投射到语法上就是，紧的重轻格构词而松的轻重格造语。陆丙甫（2012）也指出过，动补结构"跑得快，看得清"，重音在前面动词上的重轻格是表示可能的动补复合词，重音在后面补语上的轻重格是表示结果的动补短语。黄彩玉（2012）通过实验发现，定中、述宾两可的结构，如"进口彩电""组装电脑"等，作为定中结构的话，前面的"进口""组装"在时长、最高基频、调域上都更长、更高、更大，作为述宾结构的话，后面的"彩电""电脑"在时长、最高基频、调域上更长、更高、更大。

2.3.5.3　音节组合1+2式和2+1式是非镜像关系

音节组合1+2式和2+1式不是镜像关系，这是因为双音节前的单音

节和双音节后的单音节不是完全对立的。2+1 式中的单音节具有黏附性
（吴为善，1989），因而认为 2+1 式具有整体性、结合得更紧密是没有问
题的。但 1+2 式中的单音节虽然具有一定的独立性，这是相对于 2+1 式
的单音节来说的，不能认为 1+2 式的单双音节结合得很松。松紧是比较
而言的，如果 1+2 式与 2+2 式、2+3 式、3+3 式等比较，谁结合得更松呢？
1+2 式的单音节很多是前缀，前缀和核心之间是否一定很松呢？

　　正是因为 1+2 式和 2+1 式的松紧是比较而言的，以 2+1 式为基准，
我们认为这类音节组合具有整体性，是"紧"的组合，1+2 式音节组合
只能看作整体性相对不强。

　　从 1+2 式和 2+1 式的轻读也可以看出两者不是完全对立的，2+1 式
的单音节绝大多数可以轻读或需要轻读，而 1+2 式的单音节绝大多数不
能轻读，这看似形成对立，其实不然，与轻读相对的是重读，不是非轻
读，因而两者不是镜像关系，两者之间有一定的对立关系，但不是完全
对立的，而是一种扭曲的对应（应学凤，2014a、2015b、2020）。

　　如果我们把 2+1 式看作"左重模式"，1+2 式看作"右重模式"的话，
两者是对立的，但 2+1 式的单音节多轻读，因而它又可以看作"重轻模
式"，由于 1+2 式的单音节一般不能轻读，因而它不能看作"轻重模式"，
而应该看作"中重模式"，"重轻模式"和"中重模式"又不构成完全的
对立。三者的关系可以进一步描述如图 2-10 所示。

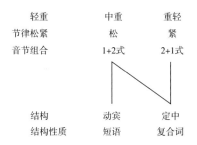

图 2-10　轻重、松紧、音节组合与结构的扭曲关联

2.3.5.4 轻重象似、音节数目多少象似和松紧象似的异同

虽然理论的出发点不同，但从对事实的解释来看，轻重象似、音节数目多少象似和松紧象似存在关联。下面以例（50）为分析对象，展示三种象似的相关性：

（50）2+2式动宾/定中　　1+1式　　　1+2式动宾　2+1式定中

复印文件	复件/*印件	印文件	复印件
测量仪器	*测器/*量器	测仪器	测量仪
筹备经费	*筹费/*备费	筹经费	筹备费
运输箱子	*运箱/*输箱	运箱子	运输箱
出租汽车	租车/*出车	租汽车	出租车

1+2式的动宾是右重结构，2+1式的定中是左重结构，前者在节奏上是松结构，后者是紧结构，这样看来，三者对事实的解释是一致的，采用哪一种都没有问题。对于例（47）、（48）这样音节数目相同的情况，音节数目多少象似无法解释两者的不同，但轻重象似、松紧象似可以解释两者的差异。对于1+2式的"租汽车"和1+2式的名名定中结构"校领导"，同样的音节数目，用音节数目多少象似解释起来有点麻烦，对于2+2式的"学校领导"和1+2式的"校领导"，其中"学校"和"校"在信息量上有多大的差异也有争议。前后两个音节相同，轻重不同，语义不同的情况，音节数目多少象似解释起来也比较困难。同样是轻重模式的情况，轻重象似原则也很难解释1+2式名名定中和动宾有什么差异。例如，为何存在不少的1+2式名名定中结构：

（51）皮手套　棉大衣　电风扇　木地板　校领导　党代表　农产品

　　端木三（Duanmu，2012）基于兰卡斯特语料库统计，发现 1+2 式名名定中结构占比 1.1%，数量不多，而且单音节名词多为领有者或材料等，但没有提供合理的解释。这类结构能产性强，口语中使用频率高。

　　如果从节律松紧和结构松紧的互动进行分析，上述两种结构语义的不同则可以得到合理的解释。从结构上看，名名定中结构是紧结构，动宾结构是松结构。从节律上看，1+2 式都是松节奏，1+2 式的动宾结构是结构松加节律松，所以是松的结构；1+2 式名名定中结构是结构紧加节律松，是松紧适中的结构。所以，王洪君（2000，2008：298）认为 1+2 式定中在节律上和语法结构上介乎 2+1 式定中和 1+2 式述宾之间：2+1 式定中是韵律词，1+2 式定中为韵律类词，1+2 式述宾为韵律短语。根据松紧象似原则，两者的差异如图 2–11 所示。

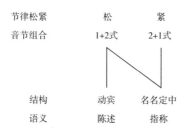

图 2-11　1+2 式述宾和名名定中的松紧象似

　　沈家煊（2019：270~278）在介绍了单音节字词的语音象征后，重点讨论了音节组合的"音义象对"关系。他提出，音义象对是指音的组合对和义的组合对之间的象征关系，认为复现、双声、押韵、节奏都有可论证的象征意义，实现音和义之间的象似关系。这种象似关系包括数量律（多少象征）、顺序律（先后象征）、疏密律（松紧象征）。沈家煊（2016：374~378，2019：272~275）重点分析了松紧象征，并讨论松紧象似、音节数目多少象似和轻重象似的关联。他认为疏密关系就是松紧关系，疏则松，密则紧，疏密关系也是一种虚实关系，疏松则虚，紧实则实。沈家煊（2019：275）提出字组在语音上的疏密虚实必然反映意义上的疏密虚实。首先，语音组合的虚实反映在单双音节组配上：1+2式虚松，2+1式紧实。他（2016：277）认为重轻和轻重的区别可以纳入紧和松的区别。由此可见，虽然三者侧重点不同，但三者之间的关联很紧密，相对来说，松紧象似解释的范围更广。

陆丙甫、应学凤（2013）详细讨论了动词短语和名词短语内部松紧与形态多少的关联，认为越紧的结构形式，越不需要形态标志；越松的结构形式，越需要形态标志。我们将在结语部分进一步讨论这种关联。

2.4　小结

本章对语音象似和韵律象似研究进行了系统的整理。语音象似研究经历了例举式的研究和基于计量的研究两个阶段。以举例的形式研究语音象似性会遇到巨大的挑战，因为语音象似性的例外不少，同样可以用举例的方式加以反驳。语音象似性是一种倾向，不是绝对的规则，因而基于计量的方法，对封闭材料进行统计分析是可行的。世界语言语音语义的关联具有共同的认知基础，具有跨语言的共性。当下语音象似性研究多采取跨语言、跨物种、计量统计的研究思路，研究对象多集中在语义对立概念、指示代词、称谓词、人称代词等上，语音象征手段主要有形状摹拟、音素音位特指意义、音频高低、共振峰等象似。

韵律象似主要有轻重象似、音节数目多少象似和松紧象似等。轻重象似主要表现为信息量多少与重音的关联，音节数目多少象似主要是信息量多少与音节数目多少的关联。松紧象似有两类：一是节律松紧与结构松紧的关联；二是节律松紧、结构松紧与语义、语用的关联。三种韵律象似着眼点不同，理论背景不同，总的来说，轻重象似是基于形式语言学理论背景的观点[①]，音节数目多少象似和松紧象似是基于功能语言学理论背景提出的。三种理论在语言事实的解释方面各有长短，对于轻重不同、音节数目相同的语言现象，轻重象似原则有较强的解释力。对于音节数目不同、结构不同的语言现象，轻重象似需要结合"单轻双重"规则，把音节长短与重轻联系起来。轻重象似的好处是可以跨语言对比，世界语言普遍存在轻重音的音步。汉语是音节显赫的语言，单双音节对比、二音节和四音节对比的语言现象很多，音节数目多少象似原则对音节数目不同、结构不同的语言现象具有较强的解释力。基于节律松紧和结构松紧互动的松紧象似原则，可以解释音节数目相同、轻重不同的现象，还可以解释音节数目不同的语言现象，更重要的是不需要重音作为中介，可以把不同的音节组合模式（如 1+2 式、2+1 式）转换为松散、紧凑模式来解释语法现象，从而避免使用重音概念[②]。

---

① 轻重象似的说法是功能主义学者概括并提出的。
② 对于汉语里到底有没有词重音和短语重音，有很大争议，详见周韧（2018、2022）的讨论。

第三章　现代汉语单音节反义词的语音象似

3.1　引言

　　单音节反义词的语义相对对立，如果语音上也相应地对立，那就说明单音节反义词的音义之间具有象似性，因此，单音节反义词是一个比较理想的观察语言符号音义关系的窗口。与萨丕尔[①]当年考察音义关系的方法不同，我们采用封闭统计的方法来考察现代汉语单音节反义词音义象似关系，并从认知功能角度进行了解释。

　　本章主要根据现代汉语反义词的读音考察反义词音义之间的关系。[②]元音、辅音不同，音响度也不同，其级别为元音 > 介音 > 边音 > 鼻音 >

[①] Sapir（1929）当年为了研究音义之间的关系，虚构了 60 对最小对立词（如 mal，mil）来指称同一物体，只不过有大小之别。结果显示，81％的人把 [a] 与"大" [i] 和"小"联系在一起。后来，法国的心理语言学家也做了一个类似的实验，结论也是 80％的人把 [a] 与高大相联系（参看郑立华，1989）。

[②] 统计分析上古的音与上古的义，能够揭示那时的音义关系；统计分析现代汉语的音与义，能够揭示现代汉语的音义关系。历史时期不同，音义关系不同。现代汉语这一个横断面的音义象似关系同样也有研究价值。

阻塞音（参看 Kenstowicz，Michael，1994；石毓智，2000：164，2004：275、278）。具体说来，元音 > 辅音；开口度大的元音 > 开口度小的元音；非前高元音 > 前高元音；边音 > 鼻音 > 擦音 > 塞擦音 > 塞音；送气的 > 不送气的。

　　不同元音、辅音的音响度从高到低可以分为如下等级（王洪君，2008：99）：

元音	低	a	ɑ	ɔ	æ		10
	中	e	o	ɤ			9
	高	i	u	y			8
半元音		j	w				7
流音		r	l				6
鼻音		m	n	ŋ			5
阻塞音	擦浊	v	z	ʒ	ɣ		4
	擦清	f	s	ʃ	h		3
	塞浊	b	d	g			2
	塞清	p	t	k			1

图 3-1　语音音响度等级

　　同一等级的元音，后元音比前元音的响度略高，非前高的元音比前高的元音响度要高。塞擦音的响度等级位于擦音和塞音之间，在擦音和塞音之间还可以设置一个等级，等级赋值 2.5；根据送气与否，可以把清塞音区分为送气清塞音和不送气清塞音，分别赋值 1 和 0.5。根据以上等级，可以对现代汉语单音节反义词表示大、小和正、反的词项进行响度统计分析。本书第四章、第五章的音响度统计也是基于图 3-1 的语音音响度等级来判断是符合还是违反语音象似的。

3.2　现代汉语单音节反义词语音象似性表现

3.2.1　元音象似性表现

沈家煊（1999：147~195）在论述反义词的标记模式时共列举了大约86 对单音节反义词，其中有 34 对符合元音象似，例如：

（1）大小　　长短　　重轻　　远近　　上下
　　　装卸　　松紧　　高低　　老小　　扬抑

有 27 对元音音响度对比不明显，例如：

（2）高矮　　热冷　　多少　　浓淡　　实虚

这些词虽然元音音响度对比不明显，但整个音节的音响度可能会不同，因为声调和辅音的音响度的高低也会左右整个音节的音响度。

违反元音音响度的大约有 25 对，例如：

（3）正反　　直弯　　厚薄　　甜苦　　里外

以上违反元音象似性的词有的是可以解释的。例如，"正反"符合声调象似，下文将提及。"直弯"虽然不符合元音象似，但"弯"是一种口形象似。"厚"的读音给人的感觉是口腔空间厚实，"薄"还有一个读音"bo"，感觉双唇音发出的音特别扁平。陆丙甫、郭中（2005）曾提出，"甜苦"符合辅音象似，舌尖对甜比较敏感，舌根对苦比较敏感，所以"甜"的声母是舌尖音，"苦"的声母是舌根音；也符合声调象似，"甜"是阴声，"苦"是上声，详见下面"声调象似"分析。

这种表"大、强"的词元音开口度大于对应的表"小、弱"的词的现象，具有跨语言的共性。我们在 2.2 节"语音象似性研究"里介绍了诸多象似现象。现代汉语方言的反义词的元音对词义也有比较明显的描摹作用（朱晓农，2004）。

表 3-1　汉语方言"大""小"语音象似情况

	小	大		小	大
北京官话	ɕiau	ta	长沙湘语	ɕiau	ta
西安官话	ɕiɒu	tɑ	南昌赣语	ɕiɛu	thai
扬州官话	ɕiɔ	tɑ		细	大
昆明官话	ɕiau	ta	温州吴语	sai	du
梅县客家话	sɛ	thai	广州粤语	sɐi	tai
潮州闽语	soi	tua	厦门闽语	sue	dua
苏州吴语	siæ	dəu	福州闽语	sɛ	tuai

除了温州外，"小"的元音开口度都小于"大"的。据朱晓农（2004）说明，温州的也不算真的例外，因为后元音比前元音更"洪"（grave）。

王力（1980：543~545）很早就提出明母字与黑暗义有关，阳母字与光明、盛大、刚强有关。辜正坤（1995）论证了阴阳音义同构，认为阳性字开口度大于阴性字。当然，他对阴性字、阳性字的判断有一定的主观性、随意性。不过，他提出的几对口形象似的例子很有意思。例如：

（4）宽——狭　宏——微　海——河——溪
　　 哭——笑　针——棍——棒

凡是与喜怒有关的词语都有一定的象似性，董为光（1997）有比较详细的论述，在本书第二章有详细介绍，此处不赘述。

3.2.2　辅音象似性表现

辅音象似不如元音象似、声调象似那么明显，原因是辅音之间的音响度差别不如元音和声调那么大。例如：

（5）点——线——面

辜正坤（1995）指出，上例三个字的元音相同，不同之处在于辅音。发"点"字音，舌尖与上颚接触面很小；发"线"字音，辅音使双唇和牙床上合而在上下齿间呈线性感；发"面"字音，须先闭合双唇，舌面与硬腭接触面较宽。同"点"类似的字有：

（6）滴　顶　颠　钉　吊　叼　钓　抵　砥

同"线"类似的字有：

（7）弦　纤　限　细　隙　溪　泻

同"面"类似的字有：

（8）门　蒙　幂　漠　幕

朱晓农（2004）指出，齿音 [ts]、[s] 常表示"弱、小"，汉语、英语、现代希腊语都有这种倾向。

3.2.3　声调象似性表现

郑张尚芳（1994）发现 30 多对反义词中表"小"的一方都是上声字[①]，例如：

（9）大小　多少　深浅　长短　高矮　圆扁　丰歉　繁简

松紧　增减　遐迩　咸淡　平陡　横竖　奢俭

另外，还有很多表"小"的形容词，例如：

（10）蝙　渺　夭　藐　夭　么　琐　寡

篓　敛　蝙　赛　软　省　鲜　损

带贬损义的多用上声，虽然有"美好善喜厚"少数反例，例如：

（11）下　后　苦　微　蠢　丑　假　反

险　殆　死　损　祸　恼　惨　并

毁　鄙　痞　否　罪　朽　断　散

尽　黯　贬

郑张尚芳（1994）提出，表"小"的多用上声是为了说明从"这么多词古代都读上声看（入声另有塞尾除外），其起源于小称后缀 [-ʔ] 的可能是存在的，方言 [-ʔ] 式小称可为证"。

朱晓农（2004）认为这里应该反过来说，这些表"小"的词与高调

[①]　这里是指中古时期的上声。

有关，而带喉塞尾的恰好是个高调，所以就用来表示这些词了。

在现代汉语中，表"反面"的反义词的声调多为上声，因为上声是低声调。用低调表"小"具有明显的象似性。去声是高降调，但作用与上声类似。上文我们对沈家煊（1999：147~195）列举的大约86对单音节反义词的元音进行了分析，下面我们再对它的声调情况做考察。

表"大"的一方阴平阳平，表"小"的上声的有14对，例如：

（12）长短　高矮　深浅　男女　活死

　　　　真假　宽窄　行止　多少　甜苦

　　　　松紧　加减　吞吐　来往

表"大"的一方去声，表"小"的上声的有8对，例如：

（13）大小　右左　热冷　系解

　　　　父母　益损　正反　近远

表"大"、表"小"的都是上声的有8对，例如：

（14）早晚　好歹　老小　美丑

　　　　举止　手脚　首尾　仰俯

表"大"的一方阴平阳平，表"小"的去声的有15对，例如：

（15）升降　粗细　装卸　浓淡　先后

　　　　明暗　新旧　强弱　呼应　兄弟

　　　　天地　扬抑　肥瘦　来去　前后

表"大"的一方上声，表"小"的去声的有 6 对，例如：

（16）远近　老少　好坏　买卖
　　　本末　里外

表"大"、表"小"的都是去声的有 11 对，例如：

（17）快慢　利害　贵贱　善恶
　　　动静　这那　对错　上下
　　　胜败　进退　日夜

表"大"的一方上声，表"小"的阴平阳平的有 2 对，例如：

（18）起伏　赏罚

表"大"的一方去声，表"小"的阴平阳平的有 8 对，例如：

（19）厚薄　重轻　进出　到离
　　　借还　盛衰　富贫　易难

表"大"、表"小"的都是阴平阳平的有 14 对，例如：

（20）干湿　直弯　开关　穿脱　赢输
　　　高低　吉凶　兴亡　教学　伸缩
　　　盈亏　师生　实虚　呼吸

如果我们把上声、去声合并为一类，那么上面的统计可以简化如表 3-2 所示。

表3-2　沈家煊《不对称和标记论》第八章"反义词的标记模式"单音节反义词声调统计

	总计		其中	小计		例字
	对数	比例（%）		对数	比例（%）	
模式1：阴平阳平＋上声去声①	30	34.9	阴平阳平＋上声	14	16.3	高矮、长短
			阴平阳平＋去声	15	17.4	升降、肥瘦
模式2：阴平阳平＋阴平阳平	14	16.3				开关、直弯、盈亏、高低
模式3：上声去声＋上声去声	32	37.2	上声＋上声	8	9.3	早晚、好歹
			去声＋上声	8	9.3	热冷、系解
			上声＋去声	6	7.0	远近、老少
			去声＋去声	11	12.8	快慢、贵贱
模式4：上声去声＋阴平阳平	10	11.6	上声＋阴平阳平	2	2.3	起伏、赏罚
			去声＋阴平阳平	8	9.3	重轻、厚薄

从表3-2可以看出，表"正面"的是平声（阴平、阳平），表"反面"的是仄声（上声、去声）的，比表"正面"的是仄声（上声、去声），表"反面"的是平声（阴平、阳平）的多得多，模式2和模式3也不构成反例，真正的反例是模式4，但其数量相对来说很少，而且其中有些虽然不符合声调象似，却符合元音象似、辅音象似。尤其是"阴平阳平＋上声"远比"上声＋阴平阳平"多，表"正面"的上声，表"反面"的阴平阳平只有2例，而且其中的"起伏"还符合元音象似。表"正面"的去声，表"反面"的阴平阳平虽然有8例，但"重轻""到离""富贫""盛衰""教学"5对符合元音象似，而"进出""借还"这2对哪个是表肯定、正面的，哪个表否定、反面，还不是很确定。真正的反例也就"厚薄"一例②，但这两者的元音开口度差别并不大。

---

① 注："阴平阳平＋上声去声"是指表"大"的是阴平阳平，表"小"的是上声去声，其他的以此类推。
② 而且"厚"的读音给人的感觉是口腔空间厚实，"薄"还有一个读音"bo"，感觉双唇音发出的音特别扁平。

3.3 《反义词词典》单音节反义词语音象似的统计分析

3.3.1 有关统计的说明

上面我们主要对沈家煊《不对称和标记论》第八章"反义词的标记模式"（1999：147~195）中提到的约 86 对反义词进行举例性质的分析，得出了一些有倾向性的结论。为了使结论更有说服力，下面对韩敬体、宋惠德编的《反义词词典》（1989）中的单音节反义词的辅音、元音和声调进行统计。我们根据反义词的辅音、元音和声调的音响度的高低计算得出表 3–3 中的分值，如表正面的反义词的辅音、元音和声调分别比表反面的音响度高，就计作"1"，反之就计作"-1"，如果音响度几乎相同，就计作"0"。如果没有可比性，就归入"NA"。这里要说明的是，关于声调的音响度等级，我们主要采纳了蒋平（Jiang，1998）和黄月圆等（2003）的结论，认为阴平、阳平的音响度高于上声、去声。上声的音响度低于阴平、阳平，这应该没什么问题。关于去声的音响度，似乎有争议。从音强来看，去声音响度应该比较高才是。有鉴于此，我们在统计声调时，采用了两种统计方法。

方法一，"声调$_1$"采用了蒋平（Jiang，1998）和黄月圆等（2003）的结论，如表正面的反义词声调是阴平或阳平，表反面的反义词声调是上声或去声，我们就计作"1"，否则就计作"-1"，如果表正反的反义词都是阴平、阳平或上声、去声，我们就计作"0"。

方法二，"声调$_2$"主要考察阴平、阳平和上声的对立，不计去声的。具体方法是看单音节反义词阴平、阳平和上声在正反面反义词中的数量。由于去声的音响度是高还是低比较难辨，所以，把去声撇开看统计结果与用方法一统计的有何大的不同。如果没有不同，就说明可以把去声纳入低声调。

3.3.2 单音节反义词语音象似的统计数据

3.3.2.1 形容词（包括少数副词）的统计数据

表 3-3 《反义词词典》形容词声韵调语音象似情况

	辅音	元音	声调$_1$	声调$_2$
NA	41	0	0	
-1	50	47	32	13
0	43	68	109	
1	71	90	64	32

《反义词词典》中大约有 205 对单音节反义形容词（含少数副词），根据上面的统计数据可以看出：单音节反义形容词的元音具有比较明显的区别语义的作用。单音节反义形容词的辅音符合象似性的例子多一些，但反例也不少，有 50 对反义词并不符合辅音象似，由此看来，辅音的象似性并不十分明显。用"方法一"统计的"声调$_1$"符合象似性的反义词有 64 对，是不符合声调象似的 2 倍，这说明声调在反义形容词中具有明显的象似作用。

由于去声的响亮度不容易确定，为了考察上声的象似性，我们就把去声排除。我们用这种方法统计的"声调$_2$"符合象似性的例子远多于不符合象似的，表正面的反义词是阴平、阳平声调，而表反面的是上声的有 32 对，反过来的只有 13 对，符合象似的是不符合的 2 倍。

3.3.2.2 动词的统计数据

表 3-4 《反义词词典》动词声韵调语音象似情况

	辅音	元音	声调$_1$	声调$_2$
NA	25	0	0	
-1	33	26	29	9
0	38	64	58	
1	40	46	49	19

《反义词词典》中大约有 136 对单音节反义动词，根据上面的统计数据可以看出：单音节反义动词的元音象似和声调象似比较明显，符合象似的是不符合的近 2 倍。与形容词一样，动词的辅音象似也不明显。表反面的动词更倾向于用上声，这与形容词是相同的。

3.3.2.3　名词（包括少数代词）的统计数据

表 3-5 《反义词词典》名词声韵调语音象似情况

	辅音	元音	声调$_1$	声调$_2$
NA	18	0	0	
-1	23	10	9	6
0	11	40	45	
1	28	30	26	15

《反义词词典》中大约有 80 对单音节反义名词（含少数代词），根据上面的统计数据可以看出：单音节名词（含少数代词）的元音和声调的象似程度较高，符合象似的是不符合象似的约 3 倍，同形容词、动词一样，辅音的象似性不高。

3.3.3　《反义词词典》单音节反义语音象似情况

《反义词词典》中共有单音节反义形容词、动词、名词（包括少数副词、代词）约 421 对，总的来看，反义词语音除了辅音象似不突出外，其象似性还是比较明显的。表 3-6 是这 421 对反义词语音的象似程度的统计情况。

表 3-6 《反义词词典》形容词、动词和名词声韵调语音象似情况

	辅音	元音	声调$_1$	声调$_2$
NA	84	0	0	

	辅音	元音	声调$_1$	声调$_2$
-1	106	83	70	28
0	92	172	212	66
1	139	166	139	66

由表 3-6 可以看出，现代汉语单音节反义词元音、辅音、声调的象似程度是不一样的。元音和声调具有明显的象似性，而辅音的象似程度不高，在"不相关""符合象似""违反象似""充当背景信息"等几个参项中的分布比较平均。这可能与辅音在音节中的地位、所占时间短有关。

现代汉语单音节形容词、动词、名词都是元音象似、声调象似程度高于辅音象似的，但它们三者之间还有细微的不同。统计前，我们预测形容词的语音象似程度应高于动词和名词的，尤其是表示程度、数量等的形容词（含少数副词）的语音象似性应该更明显[①]。统计的结果部分证实了我们的预测。从表 3-3 至表 3-6 的统计数据看，形容词辅音的象似程度高于动词和名词的，形容词的元音和声调的象似程度也高于动词的。原因可能有二：一是所统计的单音节反义名词的数量不多，只有 80 对，也许随着数量的增加，它的象似程度不会像现在所看到的这么明显；二是名词中有许多表示亲属、身体部位的反义词，而这些反义词的象似性比较高（郑张尚芳，1994；朱晓农，2004）。

在有声调的语言里，除了元音象似、辅音象似，声调也是一个非常重要的"象征"词义的手段，这从表 3-2 的统计数字可以看出。表 3-7 是《反义词词典》中单音节反义词的声调具体分布情况。

---

① 因为表示程度、数量等的形容词反义词在量的对比上比较明显，理论上语音对比更明显。

表3-7　《反义词词典》单音节反义词声调的分布情况

	总计	形容词（包括少数副词）				动词				名词（包括少数代词）			
		合计		其中	小计	合计		其中	小计	合计		其中	小计
		对数	比例（%）			对数	比例（%）			对数	比例（%）		
模式1：阴阳+上去	146	64	31.2	阴阳+上	30	56	41.2	阴阳+上	19	26	32.5	阴阳+上	16
				阴阳+去	34			阴阳+去	37			阴阳+去	10
模式2：阴阳+阴阳	106	55	26.8			30	22.1			21	26.3		
模式3：上去+上去	114	54	26.3	上+上	8	34	25	上+上	6	26	32.5	上+上	8
				去+上	13			去+上	13			去+上	6
				上+去	17			上+去	8			上+去	6
				去+去	16			去+去	7			去+去	6
模式4：上去+阴阳	55	32	15.6	上+阴阳	13	16	11.8	上+阴阳	5	7	8.8	上+阴阳	5
				去+阴阳	19			去+阴阳	11			去+阴阳	2
	421	205				136				80			

3.4　单音节反义词语音象似性的认知解释

朱晓农（2004）令人信服地论证了高调与亲密的关系，并从生物本能的角度加以解释。辜正坤（1995）指出，汉语阴阳性字存在音义同构现象，音义之间存在元音和辅音象似，但他在界定阴性字、阳性字时带有一定的主观性。我们统计考察《反义词词典》中的单音节反义词的音义象似性，既可以避免界定阴阳性字的主观性，又可以避免人为地选择符合音义象似性的反义词来统计。表"正面"的、表"大"的反义词倾向于音响度更高的音，这个很容易解释。隔着玻璃，或者只能看见但听不见对方说话时，我们要说明一个大的东西时，总是把嘴巴张得很大，并辅以夸张的手势，这可能是人的一种本能在语言学上的表现。

朱晓农（2004）指出的高调表"小"与我们提出的音响度高的声调表"大"并不完全矛盾，例如，朱先生把 [i] 这样的高元音看作高调的一种表现。这一点与我们提出的音响度象似相吻合。因为这一类元音开口度小，音响度也小。朱先生在"高调的生物学解释"一节中指出："不管是哺乳动物还是鸟类，在它们打架争斗时，往往有自信的强的一方发出的叫声、吼声都是低沉的，而弱的一方往往声音尖细，也就是频率高但音强小。"这个对高调的生物学解释，也可以拿来作为音响度象似的生物学解释。因为低沉的声音音响度高，用来表示强大的一方；尖细的声音音响度低，用来表示弱小的一方。

声调也是提高音响度的一个重要手段，指示代词表近指的指示代词的声调调值有小于表远指的倾向（应学凤、张丽萍，2008b）。这是因为指远方的人和物，如果音响度小就不易听到。声调象似性也广泛地存在于现代汉语反义词中。

对于表"反面"的反义词倾向于用仄声、表"正面"的反义词倾向于用平声的现象，无标记组配理论可以提供解释。古人把四声分为平、仄两大类，认为平声轻盈悠扬，仄声凝重短促，并利用它们的特点来作诗填词。普通话的阴平、阳平的特点也是轻盈悠扬，上声比较费力，去声凝重短促。从标记的角度看来，阴平、阳平是无标记的，比较省力；上声、去声是有标记的，比较费力。而 Greenberg（1966a）指出任何一种语言，总是正面词为无标记项，反面词为有标记项。这样，表正面的、反面的反义词就可以与平声、仄声两个范畴之间建立一个关联模式：

	表正面的	表反面的
平声（阴平、阳平）	无标记	有标记
仄声（上声、去声）	有标记	无标记

换一种表达方式，我们可以表述如下：

无标记组配	无标记组配
平声（阴平、阳平）	仄声（上声、去声）
表正面的反义词	表反面的反义词

　　平声和表正面的反义词是无标记组配，仄声和表反面的反义词是无标记组配。表正面的反义词与仄声是有标记组配，表反面的反义词与平声是有标记组配。上文的统计结果也表明，表正面的反义词与仄声配对、表反面的反义词与平声配对是有标记的，因为表正面的反义词用仄声的数量远远少于用平声的，表反面的反义词用平声的数量也远远小于用仄声的。

　　李世中（1987）曾指出声调对词义的象征性，不过，他只是用例举的方式阐述了他的一些感受，没有用统计的方法，也没有用封闭的材料分析，这样给人的印象多少是一种主观判断，因为人们也可以用一些反例予以反驳。李世中指出含"轻"意者为平声，含"重"意者为仄声，如"草""零""尘"等为平声，"木""落""垢"为仄声。他认为"天"用平声、"地"用仄声的原因是"清轻者上为天，重浊者下为地"（《列子·天瑞》）。类似的例子还有"飘、扬、漂、浮、飞、翱、翔、悠、升"等为平声，"降、坠、堕、破、碎、废、溃"为仄声。虽然很容易就可以找到一些反例，但我们不得不承认，这种倾向还是十分明显的，上文的统计数据就证实了四声的分布不是完全任意的，有其内在的理据。从标记理论看这些例子，我们发现"含'轻'意者字为平声，含'重'意者字为仄声"就是对上文提到的无标记组配的文字说明。可以说明如下：

无标记组配	无标记组配
平声	仄声
含"轻"意者的字	含"重"意者的字

相对来说，"含'轻'意者"字是无标记的，"含'重'意者"字是有标记的，所以，"含'轻'意者"字倾向于用无标记的平声，"含'重'意者"字倾向于用有标记的仄声。李世中列举了一些词义加重，声调也随之改变的例子，如闷（mēn）、闷（mèn），横（héng）、横（hèng），难（nán）、难（nàn），纹（wén）、纹（wèn）等。随着词义的加重，它们都由平声改为仄声了。

3.5　小结

《反义词词典》有关反义词语音象似的统计结果表明，虽然倾向性明显，但还是存在例外。不过我们认为，例外是有原因的，是可以解释的。它可能是多种动因竞争的结果。张敏（1998：198）指出，很多人对象似原则这些特性未能正确理解。例如，高元音表"大"、低元音表"小"的语音象征具有相当大的普遍性，但有人就举出英语里有 big 之类的不少例子，说它们是这个规律的反例。张敏驳斥这种观点说："第一，它混淆了例外和反例的区别。第二，它假定'高元音表大'这样的概括具有100％预测性，其实并没有人这么声称。这个概括不是规则，只是对某种趋势和动因的描述。""只要某个分布高于统计上有意义（statistically significant）的某个值，它就是有动因的，举出再多的例外现象都不能否定'有动因'的判断，除非这些例外的数量足以说明这个分布是随机的，这时它们才是反例。"反义词元音、辅音和声调三者中只要有其一符合语音象似，我们就不能认为这对反义词完全违反语音象似。如"甜""苦"这对反义词，虽然违反元音象似，但符合辅音象似，也符合声调象似，"甜"是阴声，"苦"是上声。沈家煊（1999）在谈到典型范畴时就曾指出，我们在研究中不应追求语言规律的绝对性，语言规律不可能是绝对的，只能体现为一种概率或倾向性。

关于"难""易"和"远""近"这两对看似违反元音象似的反义词，可以借用沈家煊（1999：178~195）关于它们的逻辑和认知标记模式做解释。"难""易"和"远""近"这两对反义词，逻辑上"难"和"远"是否定项，是表反面的，但它们在语言使用中是无标记的，我们多用"有多难？""有多远？"等句子问难度和距离，而一般不用"有多容易？""有多近？"来提问。沈家煊（1999：180）提出，虽然"难"和"远"在逻辑上是否定项，但在认知上它们是肯定项，这样就很好地解释了"难"和"远"的无标记特征。沈先生这一解释是针对他的问题而提出的，但这个解释也正好给"难""易"和"远""近"这两对反义词表面看似违反语音象似提供了解释。因为我们开始的假设是，表正面的反义词的语音音响度高于表反面的，而逻辑上"难"和"远"是否定项，是表反面的，但它们的元音音响度高于"易"和"近"。根据沈先生的解释，"难"和"远"在认知上是肯定项，这样就为我们的反例提供了很好的解释；而且，从表示的程度看，"难"的东西比"易"的东西更难实现，所以它的音响度高于"易"。"远"在表示的距离上比"近"大，所以倾向于用音响度更高的表示"远"，否则就听不清楚。这样也很合理地解释了为什么"难""远"的元音音响度高于"易""近"。同理，"里""外"和"这""那"这两对反义词也是如此，"里"和"这"在逻辑上是无标记的，但它们的元音音响度低于"外"和"那"，其中的原因与"远"和"近"是一样的，一是"外"和"那"在认知上是无标记的，它们的显著度高于"里"和"这"；二是"外"和"那"指示的东西距离大于"里"和"这"，这体现的是一种距离象似性。

第四章 指示代词的语音象似（一）

4.1 引言

关于指示代词语音象似的研究，国外多集中在元音象似方面。Sapir（1929）较早地注意到，相对于中指和远指形式而言，近指指示词的元音倾向于高和前。Ultan（1984）发现，近指、远指语素之间存在语音、语义的对应，其中元音特性的区别占了较大的比重，这在一定程度上支持了 Sapir 的观察。Woodworth（1991）指出，指示词的元音特性和指示距离之间存在系统的联系。Traunmüller（1996）通过统计，进一步指出指示词与元音音高的对应关系。

国内关于指示代词的语音象似性，陆丙甫（2001），陆丙甫、谢天蔚（2002），储泽祥、邓云华（2003），刘丹青、刘海燕（2005）曾有所论及。他们主要讨论了指示代词的元音象似、重音象似、结构复杂性象似和拉长声音象似四个方面。

陆丙甫、谢天蔚（2002）在"指别词"部分讨论了指示代词的元音象似问题，他们赞同 Woodworth（1991）的论述，即指远的指别词的元音比指近的指别词的元音音频更低，并补充了古代汉语、上海话、广东话、英语、法语和日语的例子，对该现象做了功能上的解释：低音传得比较远。

　　储泽祥、邓云华（2003）在其文章的第四部分探讨了指示代词的结构复杂性象似和拉长声音象似。他们以普米语、撒拉语、柯尔克孜语和英语等为例说明音节或结构的复杂程度与更远指的对应关系，并以景颇语、载瓦语和傈僳语为例说明这些语言用拉长声音的形式表示距离远。

　　刘丹青、刘海燕（2005）在"余论"部分指出，崇明方言的指示词在一些重要方面表现出人类语言的共同倾向，其中表现之一便是语音象似性。崇明方言的指示词的元音符合 Haase（2001）指出的指示词元音"高/前"表近，"低/后"表远的倾向，并指出汉语、英语和日语指示词的元音符合象似性。此外，刘丹青、刘海燕（2005）还提出了重读象似现象，他们认为崇明方言的指示词用重读表示更远指是一种更加直接的象似性。

　　以上提到的关于指示代词象似性、论著，都不是专门讨论指示代词语音象似性的。应学凤、张丽萍（2008b）综合归纳了前人的研究，综述了国内指示代词语音象似性研究情况，在上文提到的元音象似、拉长声音象似或重音象似、音节结构复杂性象似的基础上，又归纳了三种象似：辅音象似、声调象似、关键音素重叠象似。以上六种语音象似性表现可以用语音音响度象似和复杂性象似这两种象似动因概括。元音象似、辅音象似和声调象似是音响度象似的表现，拉长声音象似或重音象似、音节结构复杂性象似、关键音素重叠象似则是复杂性象似的表现。语音音响度象似动因和复杂性象似动因，有时趋于一致，同时符合这两种象似动因的指示代词的语音象似性较强；有时产生竞争，如果产生竞争，那么将减损指示代词的语音象似性（应学凤、张丽萍，2008b）。

　　刘丹青、陈玉洁（2008、2009）通过考察汉语方言指示词，对指示代词的语音象似性进行了考察。他们提出了指示词语音象似的三条原则：背景原则、响度原则和重度原则。响度原则和重度原则与应学凤、张丽萍（2008b）提出的音响度象似动因和复杂性象似动因类似，不过，刘丹青、陈玉洁（2008、2009）把声调象似归入重度原则。他们提出的背景原则是指"指示词远近之别的语音对立建立在语音之同的背景之上。"如英语 this 和 that，"相同的词首辅音 th[ð] 则成为凸显 i~a 对立的背景"。

4.2　指示代词的音响度象似

语音音响度级别理论是指不同音素类别的音响度的级别不同，它们的音响度等级参看第三章的图 3–1（语音音响度等级）。指示代词的近指、远指的元音和辅音音响度的高低与所指的远近有系统的对应。

4.2.1　元音音响度象似

高、前元音表示近指，低、后元音表示远指；开口度小的元音表示近指，开口度大的元音表示远指。Haase（2001）指出，大量语言显示处所指示词有声音象似性，尤其表现为元音的象似性。具体地说，前元音与前元音相比，舌位越高表示的意义越轻、越小；前元音和后元音相比，前者表示的意义比后者较轻、较小。从元音舌位图可以清楚地看出，动作幅度大小直接对应着开口度的大小和舌位的高低、前后，开口度大小又对应着音响度的高低。低、后元音音频更低，而且由于低、后元音开口度更大，音响度也更大，传得更远。这也同远指需要说得响一些有关，音量的大小与距离的大小相关。换一个角度看，前、高元音比后、低元音更省力，因为舌前部位容易控制，开口度小（发高元音）比开口度大更省力，所以用来指近指，而低、后元音指远指。

潘悟云（2001）研究上古指代词时发现，近指代词"斯""此""是"的上古韵部都是支部 e；而远指的指代词则属鱼部、歌部，主元音为 a。这说明上古的指示代词完全符合元音象似。陆丙甫（2001），陆丙甫、谢天蔚（2002）从英汉对比的角度比较了多种语言指别词，得出"指远的指别词的元音比指近的指别词中的元音音频更低"的结论。他还列举了现代汉语普通话、古代汉语、上海话、广东话以及英语、日语、法语的例子来证明。

刘丹青、刘海燕（2005）指出崇明话的指示词完全符合这种象似性，带前、高元音 i 作介音的"吉、讲"表近指，相应的，不带介音的"葛、港"表兼指或远指。浙江天台方言的指示代词远指元音的开口度也明显大于近指的，如近指读作 kØʔ，远指读作 ka（戴昭铭，2003）。湘潭方言的指示代词也符合这一条规则，近指"咯"读作 ko，远指"那"读作 nɒ（曾毓美，1998）。

印欧语系许多语言的指示代词符合这一规则，如法语（近指用 ci，远指用 là）、德语等。其实我们周边的民族语言和汉语方言也符合这一规则。例如：

（1）珞巴族崩尼—博嘎尔语[①]（欧阳觉亚，1985）：近指用 ɕi：，远指用 a：

（2）黎语（欧阳觉亚等，1980：23）：近指用 nei^2，中指用 hauɯ^2，远指用 ma^2

（3）珞巴语（孙宏开等，1980：131）：近指用 ɕi：，远指用 a：

（4）壮语（韦庆稳等，1980：36）：近指用 nei^{44}，远指用 han^{44}

（5）傈僳语（中科院少数民族语言研究所，1959：21）：近指用 thi^3，远指用 go^4

（6）巴哈布央语（李锦芳，2003）：近指用 ni^{55}，远指用 ŋə^{55}

[①]　珞巴族崩尼—博嘎尔语里指人或物的指示代词。

4.2.2 辅音音响度象似

指示代词近指辅音的音响度常低于远指辅音的音响度，汉语里表现为声母音响度象似。我们发现大部分语言的指示代词的辅音符合音响度级别，即远指的辅音的音响度高于近指的。如史兴语（戴庆厦等，1991：184）、浪速语（戴庆厦等，1991：232）等符合辅音音响度等级。又如：

（7）扎坝语（戴庆厦等，1991：79）：近指用 kʊ^{33}，远指用 ŋʊ^{55}

（8）克伦语（戴庆厦等，1991：339）：近指用 a31wɛ^{55}ji^{33}，远指用 a^{31}wɛ^{55}ni^{33}，两者的区别在于辅音的不同，n 的音响度明显高于 j

（9）墨脱门巴话（孙宏开等，1980：85）：近指用 ʔutʻi，远指用 ʔuɲi，近指和远指的不同在于塞音换成了鼻音

官话区的指示代词与普通话接近，近指的声母一般用 tʂ，远指用 n，如神木方言、大同方言、临县方言等。据赵元任先生等（1948：1514~1517）的调查，嘉鱼方言的近指读作 tsa^5，远指读作 na^6。此外，还有不少方言近指和远指代词辅音音响度有别，例如：

（10）阳新方言（黄群建，2002）：近指用 tɛ^{45}，远指用 lɛ^{45}

（11）湘潭方言（曾毓美，1998）：近指用 ko，远指用 nʋ

（12）黄冈方言（汪化云，2000）：近指用 tɕieˀ，远指用 naˀ 或近指用 teˀ，远指用 naˀ

（13）湖北英山话（黄伯荣，1996：471）：近指用 tɛ^{35}，中指用 n^{35}，远指用 la^{35}

4.2.3　声调响度象似

跨方言和跨语言考察发现，指示代词存在高调表示远、低调表示近的倾向。我们先看民族语言远指和近指的调值有差异，远指的调值高于近指的例子。例如：

（14）比贡讫老语（李锦芳等，2004）：近指"这"用 na³³ 表示，远指"那"用 vəu⁵⁵

（15）莽语（高永奇，2001）：定指代词表近处的用 ʔa³¹，远处的用 va³⁵

（16）京语（欧阳觉亚等，1984）：近指用 dəi³³ 表示，远指用 dəi⁴⁵

（17）扎坝语（戴庆厦等，1991：79）：近指的语素是 ku³³，表远指的语素是 ŋu⁵⁵

勒期语的指示代词有位置远近、地势高低之分。远近通过声调曲折变化来表示，最近的调值是 33，更远的为 55（戴庆厦等，1991：313；戴庆厦等，2006）；浪速语的指示代词分近指、远指和更远指三类，远指和更远指也是通过声调变化来表示，调值低的（调值 31）表示远指，调值高的（调值 55）表示更远指（戴庆厦等，1991：293）。

汉语方言中远指和近指的声调调值也普遍存在差异。安福严田镇远指以声调变读为高平与近指别义，其指人、指物代词近指用 ꜀koi•ta，远指用 ꜄koiʃ•ta（陈敏燕等，2003）。客家话中许多方言点的指示代词近指和远指的区别全靠声调（黄伯荣，1996：493），口语中近指、远指代词的区分完全靠调值的不同，调值起到了非常重要的作用。高调音响度更大，传得更远，也更费力。用音响度高的、更费力的调表示远指和更远指符合语音象似。

4.3 指示代词的复杂性象似

从类型学角度考察各种语言，可以发现这样一个明显的趋势：相对简单的概念由相对简单的语言形式表达，而相对复杂的概念则普遍由相对复杂的语言形式表达。张敏（1998：153）把这种语言形式上的复杂性反映概念上的复杂性的现象称为复杂性象似动因。这种复杂概念和复杂形式的对应不仅反映在形态学和句法结构上，在指示代词的语音上的反映也相当明显。

4.3.1 拉长声音或重读表示更远指

汉语方言材料和境内民族语言调查发现，远指和更远指常借助拉长元音长度或增加对比重音等手段表示，这是一种典型的语音象似现象。储泽祥、邓云华（2003）以景颇语、景颇族载瓦语和傈僳语为例说明这些语言用拉长声音的形式表示距离远。例如：

（18）景颇语（戴庆厦等，1992）：远指代词 wo^{55}ra^{31}、hto^{55}ra^{31}、le^{55}ra^{31} 的第一个音节，音拉得越长所指事物越远

（19）景颇族载瓦语（徐悉艰等，1984）：远指代词 xje^{51}、xu^{51}、mo^{51} 的音拉得越长，所指事物也越远

（20）傈僳语（徐琳等，1986）：表示更远指的代词 ko：^{55}，元音 o 拉得越长，所指事物就越远[①]

[①] 中科院少数民族语言研究所（1959：21）把更远指记作 ko：^{1}，虽然调值不同，但不影响我们观察其中的规律。

用拉长声音或重读表示更远指的现象在汉语方言中也很常见。崇明方言的远指词"埃"用重读来表示更远指（刘丹青、刘海燕，2005）。临夏方言是"'兀'……读音越长、越重，就越表明地点、时间距离说话人越远"（黄伯荣，1996：467）。临汾方言是"'兀'字的读音拉得长，距离说话人所在的地方就越远"（黄伯荣，1996：478）。"新疆汉话远指代词可随声音拖长度来表示远近，越远则越长。"（黄伯荣，1996：483）赣方言指示代词也常用音长音强和变读（拉长声音）区别近指和远指，这两类是赣方言中区分远指、更远指的最普遍的别义手段，也是三种"较有特色、值得特别提出的"别义手段中的两种（陈敏燕等，2003）。崇仁石庄、崇仁马鞍、丰城湖塘、丰城焦坑都是如此，长元音的表示更远指，如崇仁石庄远指用 ₌ku：ti 表示，更远指用 ₌ku：i 表示；丰城湖塘远指用 ₌he•li 表示，更远指用 ₌ke：i 表示。据陈敏燕等（2003）考察，新建县望城镇（新县城）、生米镇（老县城）、樵石镇、石岗乡、厚田乡、大塘乡这 6 个方言点都采用变读别义手段来区别远指、更远指，如新建县新县城处所代词远指是 ˵he•li，更远指是 he ↗•li，指人、物代词远指是 ˵he•ko，更远指是 he ↗•˵ko；安义县的更远指代词也是 he 音节变为全升调。此外，星子、乐平、临川、东乡、龙南、定南等也用升调表示远指，在此基础上提高声调表示更远指（刘伦鑫，1999：702）。

增长音节的长度、重读相关音节表示更远指，这是数量象似、复杂性象似的表现。用语音上持续时间更长、发音难度更大象征距离上更远、概念上更复杂的远指、更远指，这是指示代词更远指的语音象似性的表现。

4.3.2 音节结构更复杂的表示远指、更远指

拉长声音表示更远指，拉长的是元音。更多的是表现为元音的复杂性象似。音节结构更复杂的表示更远指，不限于元音，可能是辅音或

整个音节。

储泽祥、邓云华（2003）以普米语等为例说明了音节或结构的复杂程度与更远指的对应关系。例如：

（21）普米语（陆绍尊，1983）：近指用 ti^{12}，远指用 di^{12}，更远指用 $sthie^{12}$

（22）撒拉语（林莲云，1985）：近指用 bu，远指用 u，diuɣu表更远指

（23）柯尔克孜语（胡振华，1986）：眼前事物用 bul 或 u ʃul，较远的事物用 oʃol 或 tigil，更远的事物用 tetigi，最远的事物用 tee-tetigil

我国境内少数民族语言表示远指的代词音节复杂现象比较常见。我们再补充几个例子：

（24）巴哈布央语（李锦芳，2003）：指示代词以 ni^{55} 和 $ŋə^{55}$ 为近指、远指的常用形式，更远指用 $ʔui^{33}$ 表示，很明显，更远指的音节更长

（25）扎话（李大勤等，2001）：近指用 $iŋ^{55}a^{55}$，远指用 $mεŋ^{55}a^{55}$，更远指用音更为复杂的 $miε^{31}phi\,ŋ^{55}a^{55}$

（26）鄂伦春语（胡增益，1986）：近指以 [ə-] 为词根，远指以 [tə-] 为词根

（27）景颇语（戴庆厦等，1992：29）：近指代词有两个：ndai和 dai，远指代词有 3 个：wo^2ra^1、hto^2ra^1 和 le^2ra^1，远指代词音节比近指复杂得多

（28）壮语（张元生等，1993）：指人或物的指示代词，近指用 neix，远指用 haenx

显而易见，表示远指的音节比近指代词更复杂，怒语远指代词的音节也比近指代词复杂（戴庆厦等，1991：232）。英语也类似：here 表这里，there 表那里，而 over there 表更远的地方。

汉语方言中远指也常以加长音节与近指别义。陈敏燕等（2003）指出，江西莲花县城远指以增加一个音节与近指别义，处所代词近指用 kuɛˀ•tõn 表示，远指增加了 kuˀ，用 kõn˰ kuˀ•tõn 表示。指人或物的代词远指也都在近指的基础上增加了 kuˀ。

表达形式的复杂程度对应于概念的复杂程度是一种很明显的象似，而且音节结构复杂，必然发音持续时间长、音响大，远处的人才容易听清楚。

4.3.3 关键音素重叠的表示更远指

关键音素重叠的表示更远指可以看作用较复杂结构表示更远指的特殊类型。这种重叠现象"既体现了复杂性象似机制，又体现了重叠象似机制"（张敏，1998：178），不但结构比非重叠式复杂，元音长度更长，响度也明显提高。用近指的重叠表示远指、更远指，这既是复杂性象似，也是重叠象似，更是数量象似。远指、更远指概念上更复杂，语言形式更复杂，音节数量增加。关键音素重叠的表示更远指可以单列为一类，看作重叠象似动因。

这种指示代词的重叠象似在境内民族语言和汉语方言中很普遍。巴哈布央语的指示代词以 ni^{55} 和 ŋə^{55} 为近指、远指的常用形式，另有更远指的 ʔui^{33}，最远指用更远指的重叠形式表示（李锦芳，2003），例如：

（29）ʔui^{33} ŋə^{55}：那，那里（远处）——ʔui^{33}ʔui^{33} ŋə^{55}：那，那里（最远处）

德塞克语指示代词分近指、远指和长形、短形（陈康，2000），例如：

（30）远指代词：ga（短形）——gaga（长形）

珞巴族崩尼—博嘎尔语处所代词近指用 $a^{55}ta^{44}$，远指用 $mɯ^{55}ta^{44}$，更远指用 $ta^{35}ta^{44}$（欧阳觉亚，1985），远指和更远指都比近指音节复杂。土家语表处所的指示代词的"最远指的表示法是将远指代词重叠加语法重音"（田德生等，1986：53），例如：

（31）远指：$\tilde{e}^{55}$ kie^{55}　较远指：a^{21}kie^{35}　最远指：a^{21}kie:^{35} a^{21}kie^{35}

"凡重读音节的韵母主要元音读相应的长音，声调读成相应的长调。"从中可以看出，土家语指示代词符合元音象似、重音象似和重叠象似。

汉语方言也有用关键音素重叠表示远指的现象，如客家话特远指是由远指成分 kai⁴ 重叠，构成 AAB 式，B 是量词，如特远指 kai⁴l kai⁴li¹（黄伯荣，1996：491）。陕西兴平方言"兀里"是远指代词，重叠方位语素的"兀里里儿"所指更远，而"兀里里儿兀里里儿"式重叠则所指极远（汪化云，2002）。赣方言指示代词远指多分情况的别义手段有 8 类，其中一类就是以"远指的远指"或"远指远指""更远指更远指"别义。吉安市（老城区）处所、指人或物的指示代词的更远指都采用"远指的远指"表示，例如，处所代词远指用 ˊkoi li，更远指用 ˊkoi li 的 ˊkoi li；指人或物的指示代词远指用 ˊkoi ko ˀ，更远指用 ˊkoi ko ˀ的ˊkoi ko ˀ。上高县处所、指人或物的指示代词的更远指都采用"远指远指"表示，处所代词远指用 ˊha• k'ai，更远指用 ˊha• k'ai ˊha• k'ai。永新西乡台岭的最远指用"更远指更远指"表示，处所代词更远指用 ˊkã u ˀ• tõ，最远指用 ˊkã u ˀ• tõ ˊkã u ˀ• tõ（陈敏燕等，2003）。

4.4　小结

4.4.1　象似动因的竞争及语音象似性的增减

　　有的语言（方言）的指示代词音响度象似与复杂性象似趋于一致，这样的指示代词就体现出高象似性。拉长声音或重读、复杂音节结构和重叠虽然是复杂性象似的表现，但同时也会使语音的音响度提升。音响度象似与复杂性象似如果产生竞争，就会减损指示代词的象似性。音响度高不意味着难，越复杂的往往意味着越难，音响度和复杂性有时候会不一致，如"妈妈"是儿童最早学会的词语之一，说明发 mA 这个音并不难，但 A 的音响度却很高。

　　关于指示代词的语音象似，本章总共提到两种动因、六条规律。但并不是每一语言的指示代词都一定符合以上全部规律。有些语言（方言）中指、近指的区别是辅音或声母的不同，远指、中指又是元音或韵母的不同，如武汉方言近指用 tsɤ³⁵，中指用 nɤ³⁵，远指用 na³⁵（黄伯荣，1996：471）；又如山东潍坊话近指用 tʃə²¹，中指用 ȵiə²¹，中指用 nA²¹（黄伯荣，1996：472）。符合上面的规律条数越多，那种语言的指示代词的象似性也就越高。

　　一种语言，由于地域的差异、方言的不同，指示代词象似程度也有可能不同，同一方言内部的次方言的指示代词也有可能不同。由于动因竞争的存在，上面所列举的规律只是一种倾向，几乎每一条都有若干反例[①]。但有些初看起来像反例，很有可能只是一种误判，它可能是不同层

---

　　①　因此，指示代词的语音象似性研究不能只用例举的方法来证明，只有通过统计封闭性材料，得出的倾向性规律才有说服力。虽然有一些例外和反例，但不能否认指示代词存在语音象似性，详见第五章的统计分析。

面的指示代词，或者其他因素在干扰。有的语言（方言）的指示代词不止一套，这个时候我们就有必要区别不同系统的指示代词，如崇明方言的指示代词（刘丹青、刘海燕，2005）。我们只能把同一系统的指示代词进行比较，而不能跨越系统。我们也不能认为某一个元音或辅音就是表示近指或远指，而要通过最小对比组（minimal pair）比较才能判断。如 e 与 i 相比开口度要大些，但不能认为在任何情况下 e 都表示远指，因为开口度大小是相对的，与 a 相比，e 的开口度较小。

另外，我们也要注意指示代词的伪三分现象。有可能第三指是定指词或者第三指是共同语远指代词的叠置，如黄冈市所辖 10 个县级行政区方言的指示代词（汪化云，2002）。瑶语近指用 na：i³，中指用 na：i⁶，远指用 wo³（毛宗武等，1982：30），不过，根据毛宗武等记录，其中指和远指有互补的地方，wo³ 有时泛指不太固定的地方，而 na：i⁶ 位置比较确定，在不区分远近时可以通用，这说明 na：i⁶ 和 wo³ 可能都是与近指相对的，也就是说，瑶语指示代词可能并不是三分的，可能是不同历史时期的指示词同时保留在共时的体系中。

4.4.2 空间距离、心理距离及其他

空间距离的远近与远指、近指指示词的语音呈现相关性，用来表示肉眼看得见和看不见的词也呈现音义的关联，如余干县城和都昌南丰乡等（陈敏燕等，2003）；心理距离的远近指词的音义之间也呈现象似关系，例如，陕州话远指面指和背指分别用 vei²³、nai²³（黄伯荣，1996）。

地理位置的高、低、上、下相关的词的语音选择也不是任意的，如景颇语表示距说话人和听话人都远的远指代词有三个：wo⁵⁵ra³¹，用于平指，表示听话人与说话人平行的事物；hto⁵⁵ ra³¹，高指，表示说话人比听话人高的事物；le⁵⁵ ra³¹，低指，表示说话人比听话人低的事物（戴庆厦等，1992）。甚至物体长短不同的指示词的语音也有象征意义，德赛克

语的指示代词分近指、远指和长形、短形。近指长形为 hini，短形为 ni。远指可见的 gaga（长形）、ga（短形）；不可见的 hiya（长形）、hi（短形）；定指的 kiya（长形）、ki（短形）（陈康，2000）。

4.4.3　声音的延长与远指有天然的联系

关于拉长声音或重音表示更远指这一现象，在近代汉语和现代汉语普通话中也存在。《朱子语类辑略》中有这么一段话："今公等思量这一件道理，思量到半间不界便掉了。少间，又看那一件。那件看不得，又掉了，又看那一件。如此，没世不济事。"储泽祥、邓云华（2003）认为第二个"又看那一件"的"那"读音上应该与前一个不同。汪化云（2002）提出："将远指代词念作强调重音以表示所指更远的现象也存在于共同语中。"如"不在那儿，在那儿"。很明显，后一个"那儿"所指可以更远。就如升调和疑问有一定的对应一样，延长声音与远指也存在一定的对应关系。

第五章　指示代词的语音象似（二）

通过对境内民族语言和汉语方言指示代词语音形式的分析，发现指示代词的语音象似性倾向十分明显，主要表现在音响度象似和复杂性象似两个方面。音响度象似包括元音音响度象似、辅音音响度象似、声调响度象似。复杂性象似包括拉长声音或重读表示更远指、音节结构更长表示更远指、关键音素重叠表示更远指等。音节更复杂在语音上会表现为响度高或持续时间长，两者具有共通性，即表示远指、更远指的指示代词语音音响度更高，音长更长，是空间距离和语音数量的象似。虽然指示代词语音象似性普遍存在，但毕竟是倾向性的共性，例外也不少，例举的方法说服力弱，因此本章基于封闭材料统计的方法，对指示代词的语音象似性进一步考察。

5.1　指示代词语音象似的统计分析

5.1.1　有关统计的说明

下面我们对所统计的对象、方法进行简单说明。

5.1.1.1 所统计的材料

统计的材料有两大部分。一是民族语言材料：《赛德克语概况》（陈康，2000）、《指示代词的类型和共性》（储泽祥等，2003）、《藏缅语十五种》（戴庆厦等，1991）、《勒期语概况》（戴庆厦等，2006）、《景颇语语法》（戴庆厦等，1992）、《莽语概况》（高永奇，2001）、《扎话概况》（李大勤等，2001）、《茶洞语概况》（李锦芳，2001）、《巴哈布央语概况》（李锦芳，2003）、《比贡仡佬语概况》（李锦芳等，2004）、《瑶族语言简志》（毛宗武等，1982）、《黎语简志》（欧阳觉亚等，1980）、《门巴、珞巴、僜人的语言》（孙宏开等，1980）、《土家语简志》（田德生等，1986）、《壮语简志》（韦庆稳等，1980）、《傈僳语语法纲要》（中科院少数民族语言研究所，1959）、《土族语简志》（照那斯图，1981）、《侗语简志》（梁敏，1980）、《么佬语简志》（王均等，1980）、《水语简志》（张均如，1980）、《东乡语简志》（刘照雄，1981）、《塔塔尔语简志》（陈宗振等，1986）、《达斡尔语简志》（仲素纯，1982）、《柯尔克孜语简志》（胡振华，1986）。我们共收集到有效的民族语言材料 48 种，有部分材料因为没有记录指示代词的语音情况而不能用。

二是汉语方言的材料：《汉语方言语法类编》（黄伯荣，1996）。为了避免主观选择材料，我们希望选择的材料是比较封闭的，《汉语方言语法类编》比较符合这个要求。《汉语方言语法类编》中，指示代词读音描写符合我们要求的有 39 种。本来我们准备再统计一些描写得比较细致的方言点指示代词的语音象似情况，但发现刘丹青、陈玉洁（2008，2009）已经做了比较详细的统计，因此我们把重点放在民族语言的统计上，并把关于民族语言、汉语方言语音象似的统计结果分别与他们所统计的汉语方言语音象似的结果做比较。

5.1.1.2　对比音素的选取 ①

我们所统计分析的是指示代词中能区别意义的关键音素。对元音，我们主要统计韵腹部分，即发音最响亮的部分。对辅音，民族语言统计主要辅音的音响度，汉语方言则只统计声母的音响度，不统计充当韵尾的辅音。声调，主要比较调值的高低，因为它直接影响音响度。

5.1.1.3　分值的计算 ②

1. 符合我们预测的音响度原则的语音对立，分值记为 1；
2. 违背这些原则的则记为 "-1"；
3. 语音相同，不起区别作用的，记为 "0"；
4. 有些不好直接对比的语音，暂时记作 "NA"（not applicable，即无关、不适用），如零声母和一般声母的对比，零韵母（即无韵母）和一般韵母的对比，有无声调的对比（有些民族语言没有记录声调，这时声调计为 NA）。

5.1.2　指示代词语音象似程度的统计数据及相关讨论

5.1.2.1　民族语言的统计数据

表 5-1　二分统计数据

	辅音	元音	声调	复杂性
NA	10	0	9	0

---

① 语音音响度级别理论是指不同音素类别的音响度的级别不同，它们的音响度等级如下：元音 > 介音 > 边音 > 鼻音 > 阻塞音。具体说来，元音 > 辅音；开口度大的元音 > 开口度小的元音；非前高元音 > 前高元音；边音 > 鼻音 > 擦音 > 塞擦音 > 塞音；送气的 > 不送气的。（参看 Kenstowicz，Michael，1994；石毓智，2000：164，2004：275、278）元音、辅音的具体等级见本书 3.1 节。
② 我们的统计采用了刘丹青、陈玉洁（2008、2009）的统计方法，我们希望用统计的民族语言、方言的语音象似统计结果与他们的统计结果做个比较。

续表

	辅音	元音	声调	复杂性
-1	8	3	6	3
0	6	18	13	18
1	11	14	7	14

表5-2　三分统计数据

	近指—远指				近指—更远指				远指—更远指			
	辅音	元音	声调	复杂性	辅音	元音	声调	复杂性	辅音	元音	声调	复杂性
NA	6	0	4	0	8	0	3	0	4	0	3	0
-1	3	3	3	3	4	3	4	2	3	4	3	1
0	3	6	7	10	3	5	6	8	9	7	7	10
1	5	8	3	4	2	9	4	7	1	6	4	6

根据表5-1、表5-2民族语言指示代词语音象似的统计数据可以看出：

1. 在二分系统中，元音和复杂性具有比较明显的区别语义的作用。声调、复杂性倾向于充当其"同"的部分，从而凸显出"异"的部分。虽然元音、声调、复杂性都充当"同"的例子的数量比较多，但元音和复杂性符合象似性和不符合象似性的数量比都是14∶3，反例很少。而声调的正反例的数量差别不大，由此看来，声调多作为表示"同"的背景信息，从而使其他部分实现最小对比。辅音中符合象似性的例子看似比较多，但反例也不少，正反例的数量比是11∶8。从正反例子的比例看，辅音的象似性并不比元音的高，甚至还要低。由于有些近指代词或远指代词没有辅音，所以不相关的例子也有很多。

2. 在三分系统中，元音具有很明显的区别语义的作用。声调和复杂性倾向于充当其"同"的部分，从而凸显出"异"的部分。不过，复杂性在"近指—更远指""远指—更远指"中表现出明显的区别语义的作用，正反例的数量比分别是7∶2和6∶1。辅音在"近指—远指""近指—更远指"中更多地表现为不相关，在"远指—更远指"中的主要作用是体现背景信息。辅音在民族语言的指示代词中没有表现出明显的语音象似性，"近指—更远指""远指—更远指"中违反辅音音响度等级的例子还比符合的要多些。

5.1.2.2 汉语方言的统计数据

表 5-3 二分统计数据

	辅音	元音	声调	复杂性
NA	3	1	3	1
−1	7[1]	2	2	2
0	3	12	17	21
1	12	10	3	1

表 5-4 三分统计数据

	近指—远指				近指—更远指				远指—更远指			
	辅音	元音	声调	复杂性	辅音	元音	声调	复杂性	辅音	元音	声调	复杂性
NA	3	4	2	0	3	1	0	0	2	2	1	0
−1	2	0	0	1	1	0	3	1	0	2	2	3
0	0	1	8	5	1	1	5	7	5	2	4	6
1	5	5	0	4	5	8	2	2	3	4	3	1

根据表 5-3、表 5-4 对《汉语方言语法类编》中汉语方言指示代词语音象似的统计数据可以看出：

1. 在二分系统中，元音具有比较明显的区别语义的作用。声调、复杂性倾向于充当其"同"的部分，从而凸显出"异"的部分。虽然元音、声调、复杂性都充当"同"的例子的数量比较多，但元音符合象似性和不符合象似性的数量比是 10∶2，反例很少。而声调和复杂性的正反例

---

① 主要是闽方言反例。

的数量差别不大，由此看来，在最小对比中，声调和复杂性多作为表示"同"的背景信息，从而突出元音的不同。辅音中符合象似性的例子比较多，但反例也不少，正反例的数量比是 12∶10。从正方例子的占比看，辅音的象似性并不比元音的高，甚至还要低。但由于我们所收集到的反例大多来自闽方言（其中 5 个反例是闽方言的例子），因此我们认为汉语方言指示代词的辅音象似程度也不低。这样看来，汉语方言指示代词的元音和辅音都表现出比较明显的象似性。

2. 在三分系统中，元音和辅音的象似程度也比较高，声调和复杂性倾向于充当背景信息，从而突出元音和辅音的象似性。

5.1.2.3 进一步讨论

通过对表 5-1 至表 5-4 统计数据的分析，我们发现民族语言的指示代词各个语音要素的象似与汉语方言还有些不同。

1. 民族语言指示代词元音象似程度高的特点，符合世界语言指示代词语音象似性的共性。表 5-1、表 5-2 的统计结果表明，民族语言中，元音具有明显的象似性，复杂性的象似程度也不低，声调倾向于充当背景信息，而辅音的象似程度不高，在"不相关""符合象似""违反象似""充当背景信息"等几个参项中的分布比较平均。这个统计结果与外国学者对印欧等其他语言统计的结果是比较一致的，他们认为元音具有比较高的象似性，如 Haase（2001）认为大量语言显示处所指示代词有语音象似性，尤其表现为元音的象似性。

2. 汉语方言指示代词元音和辅音象似程度比较高的特点，既体现了世界语言指示代词语音象似性的共性，又展现了汉语的个性。表 5-3、表 5-4 的统计结果显示，汉语方言中，元音也具有明显的象似性，同时，辅音的象似性也比较高。声调和复杂性倾向于做背景信息。刘丹青、陈玉洁（2008、2009）统计发现辅音的象似性高，他们指出："辅音是汉语指示系统中体现区别性的语音成分。"刘丹青等根据汉语方言指示代词的语音象似统计结果，不同意 Hasse（2001）提出的"指示词的象似性总是伴随着辅音丛相同与元音改变"的观点，认为"汉语中往往是伴随着元音和声调相同与符合响度原则的辅音改变"。但我们统计发现，汉语方言中，元音的象似程度也很高，并不常做背景信息。虽然汉语方言指示代词的辅音也表现出比较明显的象似性，但辅音在民族语言的指示代词中没有表现出明显的语音象似性。这说明汉语方言指示代词辅音的高度象似性是汉语指示代词语音象似的个性；但汉语指示代词元音的象似性也不低，这说明汉语指示代词语音象似并没有违反世界语言指示代词语音象似的共性。

5.2 指示代词语音象似性的认知解释

统计结果表明，指示代词的近指和远指的语音形式不是任意的。不管是汉语各方言，还是民族语言的近指的语音音响度都比较低，远指语音音响度都比较高。Haase（2001）指出大量语言显示出指示词有语音象似性，他分析了大量的印欧语，发现指示代词的近指的元音音响度一般低于远指的。这说明指示代词的语音象似几乎是全世界的共性，尽管它只是倾向性共性。

指示代词主要受语音音响度象似和复杂性象似驱动。5.1 节有关民族语言材料的统计结果表明，复杂性象似和语音音响度象似同样起着区别远近的作用，不过，汉语方言中，复杂性象似更多地起背景的作用，不如语音音响度象似明显。因此，语音音响度象似在指示代词语音象似中的作用更加明显，尤其是元音音响度象似，在全世界语言中具有明显的普遍性。

指示代词语音音响度象似和复杂性象似两大动因不处于一个层面。如果趋于一致，就会增强指示代词的象似性；如果产生竞争，就会减弱其象似性。语音音响度象似主要表现为响度的高低，音节复杂性象似主要体现为音节的长度。一个靠语音的强弱高低体现指示代词的象似性，一个靠音节长短体现指示代词的象似性。不过，音节的长短，在语音上表现为语音的时长长短，而音响度则表现为语音的高低、强弱。因此本质上是一致的。

　　语音音响度象似和音节复杂性象似都是对指示代词语音象似情况的描写。至于为什么表远指的指示代词语音的音响度一般高于近指的，表远指的音节也常比表近指的复杂，这可以很容易做出解释。让我们想象一下哑巴一般是怎么指示远方的东西，他们要表示远方，常常用手指向远方，口中发出更大的声音。音节复杂性象似则是音节的复杂程度对应距离的远近；而且，复杂性象似在形式上是音节加长，而在语音上的表现是语音的时长变长。

　　指示代词的音节复杂性象似，即倾向于用音节简单的表示近指、音节繁复的表示远指，如果从标记的角度看，复杂的音节是有标记的，简单的音节是无标记的。就指示词来说，一般近指是无标记的，远指是有标记的。这样音节的有无标记和指示词的有无标记正好组成了两组无标记组配：

<table>
<tr><td>无标记组配</td><td>无标记组配</td></tr>
<tr><td>近指</td><td>远指</td></tr>
<tr><td>简单的音节</td><td>繁复的音节</td></tr>
</table>

　　指示代词的远指用简单的音节表示是有标记的，但不一定构成复杂性象似的反例。因为如果近指也用简单的音节表示，那么只是说明复杂性象似在此不起区别近指、远指的作用。近指用繁复的音节表示也是有标记的，但同样不构成复杂性象似的反例。只有近指用繁复的音节，而远指用简单的音节才构成复杂性象似的直接的反例。

近指用简单的音节　　近指用繁复的音节

远指用繁复的音节　　符合复杂性象似　　仅提供背景信息

远指用简单的音节　　仅提供背景信息　　复杂性象似的反例

仅提供背景信息并不构成反例，这时指示代词的复杂性象似不起区别作用，只提供背景信息，即刘丹青、陈玉洁（2008、2009）所说的背景原则，这时指示代词的象似性可能由语音音响度等其他象似动因驱动。

5.3　小结

语音音响度象似、无标记组配理论等不仅能合理解释指示代词语音象似的现象，还能比较广泛地应用于其他语音象似的现象中，具有较强的解释力。应学凤（2009）用语音音响度象似和无标记组配理论成功地分析了现代汉语单音节反义词语音象似现象，详见第三章的讨论。

对于表反面的反义词倾向于用仄声、表正面的反义词倾向于用平声的现象，无标记组配理论能提供很有意思的解释。从标记的角度来看，阴平、阳平是无标记的，比较省力；上声、去声是有标记的，比较费力。表正面的、反面的反义词就可以分别与平声、仄声两个范畴之间建立一个关联模式：

无标记组配　　　　　无标记组配

平声（阴平、阳平）　仄声（上声、去声）

表正面的反义词　　　表反面的反义词

平声和表正面的反义词是无标记的组配，仄声和表反面的反义词是无标记的组配。表正面的反义词与仄声是有标记的组配，表反面的反

124

义词与平声是有标记的组配。统计结果也表明，表正面的反义词用仄声的数量远远小于用平声的，表反面的反义词用平声的数量也远远小于用仄声的。

　　无标记组配理论还可以解释李世中（1987）提到的声调对词义的象征性的现象：含"轻"意者为平声，含"重"意者为仄声（详见 3.4 节关于声调无标记组配的讨论）。综上所述，语音音响度等级理论和无标记组配理论能广泛地应用于语音象似的解释。

第六章　鸟名的语音象似

6.1　引言

自索绪尔（1980）提出"语言符号是任意性的"这一观点以来，任意性说成为主流。随着认知语言学的兴起，语言符号象似性的一面逐渐得到重视，尤其是结构象似。语言的语音和语义之间的关联考察起来就困难得多，但语音象征确实存在，而且已有不少相关研究。

史有为（1992、1994、1995）对语音和语义的关系进行了探索。史先生提出，音节构造有意义，声母、韵母和声调都能表达意义，声调是音节中最有意义的部分（史有为，1992）；接着，他比较详细地探讨了音义之间的关联，重点阐述了韵母的洪细和阴阳不同，关联的意义也不同。具体来说，"韵母洪或阳，意义显然比较积极"，"韵母细或阴，意义比较消极"，"古代的入声和咸摄（收-m）字，意义也倾向于消极，或者比较感情激烈"（史有为，1995）。史有为（1994）还特别指出，"不少实词来源于拟声"，提出"鸭、鸡、牛、蛙、娃"等与相应动物或人发出的声音有关。

朱晓农（2004）论证了高调与亲密之间的对应关系，认为语音具有表意功能。此外，有研究从多个角度证实了指示代词音义之间存在显著关联，并具有跨语言共性。（刘丹青、陈玉洁，2008、2009；应学凤、张丽萍，2008b；应学凤，2010）应学凤（2009、2012）先后考察了现代汉语单音节反义词音义的关联、多音节拟声词韵律与语义的关联等。还有研究发现，中国境内民族语言人称代词的语音象似性显著，它们的声母、韵母、有声调语言的声调遵守着多样的原则，体现着不同程度的语音象似性（严艳群、刘丹青，2013）。

高再兰、郭锐（2015）认为形容词的简单形式和复杂形式对应的语义有所不同，简单形容词的音节长短（即单双）和复杂形容词的音节构成与词义的褒贬之间存在较强的对应关系，他们认为形成这种对应关系的原因在于声音象似性。

总之，语音在一定程度上能传达意义。我们拟从语音象似性视角考察鸟名与鸟叫声之间的音义关联。音义象似主要表现为广义的语音音响度象似，语音音响度的高低强弱关联着语义的积极或消极、事物的大小、性质的差异等。鸟类名称用字的语音与鸟的叫声存在一定的关联。

6.2　鸟类名称语音象似的调查统计

我们的祖先常用一些人为拟声音节来描述鸟类的叫声，如雀鸣唧唧、乌鸣哑哑、鹊鸣喳喳等。鸟类鸣叫季节性变化也备受先人的关注，如仲春之月，"仓庚鸣"；季春之月，"鸣鸠拂其羽"；仲夏之月，"鵙始鸣，反舌无声"。鸟类因与人类生活息息相关而备受关注，加之鸟类物种演变的缓慢性与不同品种鸟类鸣声之间明晰的区分度，因此鸟类名称也是一个观察语言符号音义象似关系较为理想的窗口。

6.2.1　有关材料来源和选择说明

此次调查研究中，主要包括鸟类名称和鸟类鸣声两大类材料。鸟类名称取材于由科学出版社出版，雷富民、邢晓莹等编著（2017：1~164）的《中国鸟类鸣声》一书中罗列的我国常见的199种鸟类的名称。根据鸟名中心词的不同分出33个品类的鸟，同一中心词下优先选择分布具有广泛性和鸣声具有典型性的鸟。鸟类鸣声取材于专业音频软件“喜马拉雅”。但因为鸟类鸣声极其复杂多变，具有多种特异性的同时又在种内不同种群、不同个体间甚至个体内发生变化，加之许多鸟类具有效鸣模仿能力，因而很难完整地阐述每个鸟种的所有鸣声类型，因此，在鸟鸣选择中，我们多方对比，尽可能寻找最具典型性且最清晰的音频作为辨听材料。

研究初期在材料的选择上，鉴于语音的演变性，我们尝试运用语音构拟系统对鸟类名称的古代读音进行还原。但是，后续我们发现，语音和文字都在发生改变。有关鸟类名称历史演变查找起来非常不容易，我们退而求其次，选用了绝大部分鸟类的现代名称、现代读音，该研究仍具有一定的价值。鉴于古今鸟名用字没有变化，但读音有较大变化，我们辅之以王力（1999）构拟的上古音和中古音与鸟鸣声进行对比。

6.2.2 三次语音象似的实验

6.2.2.1 第一次调查

《中国鸟类鸣声》一书中罗列的我国常见的199种鸟类名称，除去部分以外形命名的鸟类，如翠鸟、卷尾；部分以生活习性命名的鸟类，如啄木鸟、蜂鸟，抽取其中心词共分出33大类鸟名，并将象似性程度由高到低分为非常像、比较像、一般像、不太像和完全不像五个层级。实验要求被测试者依次聆听鸟叫音频，判断某一种鸟叫声与该鸟名的象似性程度，并在对应方框内填写相应的数字。在研究之初，鉴于布谷鸟等鸟名和鸟叫声之间存在明显的对应关系，我们预判鸟类名称的读音与其鸣声之间存在对应关系的现象应该比较普遍。测试进行了 6 次，但实验结果与预期相去甚远。鸟名与鸣声存在明显对应关系（即"非常像"）的有第十组和第十三组 2 组，仅占 6.25%；比较像的有第一组和第四组，同样占 6.25%；一般像的有 4 组，占 12.5%；不太像的有 18 组，占 56.25%，完全不像的有 6 组，占 18.75%。由此可知，除了少部分鸟类名称与鸣声之间具备显著的对应关系，绝大部分鸟类名称语音象似程度不高；而且针对同一种鸟类，不同的人对象似度高低也有截然不同的判断。

我们认为造成这样结果的原因主要有三：第一，实验设计者对材料的熟悉程度远大于被测试者，在已有的心理预期中容易产生认知偏差；第二，缺乏对鸟类名称与其叫声的象似度的判断标准；第三，个体由于认知水平和环境因素的不同，产生不同的判断结果。为了进一步探索鸟名和其叫声之间的关联，我们改进方法，进行了第二次调查。

6.2.2.2　第二次调查

为了使实验更具有信度和效度，我们广泛搜集资料，尽可能地补齐了部分鸟类的古代名称，并根据王力（1999）中古音构拟音对比鸟名的古代读音和现代读音的异同。我们发现鸟名和叫声之间的关联存在程度的差异。部分鸟类名称与叫声之间存在显著的对应关系，部分鸟类名称与其鸣叫之间则存在一定的象似关系，如音色、音高和音长。因此，我们重新设计了调查问卷，如表 6-1 所示。

表 6-1　第二次调查设计一览

顺 A/ 逆 B	序号	鸟名 1	鸟名 2
	1	鸠	鹅
	2	鹝	鸸
	3	鹘鸼	倜鹇
	4	鸲	鸦

续表

顺 A/ 逆 B	序号	鸟名 1	鸟名 2
	5	布谷	鸲鹆
	6	鹋鹍	鸋鹪
	7	鹭	鹰
	8	鸭	隼
	9	鸀鸼	鸥
	10	鹍	鹂
	11	鹊	鹦
	12	鸡	鹤
	13	鸐	鸢
	14	莺	鸦

下面对调查问卷进行简要的说明。

首先，对鸟类名称的选择做了改进，换用了部分鸟类的名称。其一，"雉"的古代名称是"鸐"，对比发现"鸐"比"雉"更具语音象似性，所以保留"鸐"。其二，改八哥为鸲鹆。"八哥"名字得自其毛色黑亮，翼羽有白斑，飞时显露，呈"八"字形。宋人顾文荐《负暄杂录》中"物以讳易"条说："南唐李主讳煜，改鸲鹆为'八哥'，亦曰'八八儿'。"鸲鹆之所以称为八哥，是因为"鹆"与"煜"同音而避李煜之讳的缘故，可见鸲鹆为八哥的古代名称。

其次，对部分鸟类名称做了标记。如鸡，中古是音 kei；鹦，中古音是 miu；鸐，中古音是 dei [参照王力（1999）构拟的中古音]。

最后，对象似度高低进行初步判断，设计对比组来验证鸟类名称的语音象似性。比如，高音"鸲"对低音"鸦"。由于低沉的鸟叫声比较少，所以调查问卷中使用了两次"鸦"。调查规则如下：每一组依次播放两段鸟叫音频，根据鸟鸣叫声联想鸟名。如果你认为是顺向匹配则记为 A（即第一段音频对应第一个鸟名，第二段音频对应第二个鸟名），逆向匹配则记为 B。部分鸟名后的小括号里标注了该鸟名的中古音或其他附加信息。

第一组"鸠"和"鹅"分别采用鹰鹃和家鹅的叫声。鹰鹃鸣声特点为重复几个音节组成的"短句"，每个短句由 2~3 个不同音节组成；而家鹅是单音节重复的粗犷叫声，频率低。

第二组"鹬"和"鸭"分别采用黑翅长脚鹬和白脸鸭的叫声。黑翅长脚鹬叫声通常比较急促，谐波明显且丰富，最高频率可达 10kHz。白脸鸭的典型鸣声由一连串相同单音节重复组成，鸣声快速而有力，频率范围为 2~3kHz。

第三组"鹡鸰"和"鸺鹠"分别采用白鹡鸰和斑头鸺鹠的叫声。白鹡鸰叫声尖锐清脆、急促，音调婉转多变。斑头鸺鹠叫声响亮，为单音节重复的急促叫声，频率较低，一般为 2kHz 以下。

第四组"鸲"和"鸦"分别采用鸲鸲和乌鸦的叫声。鸲鸲鸣声悦耳且复杂多变，音节类型组成和排列以及音调均富于变化。乌鸦是单音节重复的嘶哑叫声，频率低。

第五组"布谷"和"鸲鸲"分别采用布谷鸟和野八哥的叫声。布谷鸟叫声明快响亮，两声一度，似"bu—gu"，叫声频率低，通常为 2kHz 以下，为单音节重复。

第六组"鹨鹨"和"鸫鹩"分别采用黑颈鹨鹨和鸫鹩的叫声。黑颈鹨鹨叫声响亮而沙哑，两声一度。鸫鹩鸣声婉转动听，似金属般尖锐，音节结构及排列复杂多变，有颤音。

第七组"鹭"和"鹰"分别采用草鹭和苍鹰的叫声。草鹭叫声响亮而沙哑，有谐波，主频率分布在 2~4kHz。苍鹰是单音节重复的尖锐叫声，频率低。

第八组"鸭"和"隼"分别采用红头潜鸭和红隼的叫声。红头潜鸭叫声嘶哑，主要为单音节重复，频率较低，主频率在 2 kHz 左右。红隼是单音节重复的鸣声，谐波丰富，主频率在 4 kHz 左右。

第九组"鹬鸠"和"鸥"分别采用四声杜鹃和黑尾鸥的叫声。四声杜鹃鸣声轻快洪亮，由 4 个音节组成鸣声重复单元，每度相隔 2~3 秒，鸣声似"gue—gue—gue—gue"，频率较低，在 4kHz 以下，音节平缓，通常最后一个音节频率比前 3 个音节低。黑尾鸥鸣声较为简单，集群的飞行鸣叫为单音节的重复，谐波丰富，频率一般在 8kHz 以下。

第十组"鸮"和"鹂"分别采用纵纹腹小鸮和黑鹂的叫声。纵纹腹小鸮为单音节重复叫声，似"声嘶力竭"的"嘶嘶"声，主频率一般集中在 5kHz 左右。黑鹂叫声较为悦耳，通常为纯音和哨音。

第十一组"鹊"和"鹨"分别采用喜鹊和草地鹨的叫声。喜鹊典型的叫声为两音节的重复，频率通常在 4kHz 以下，较为急促。草地鹨叫声尖细，频率为 4~6kHz，由三个音节组成一个短句，快速连续发出。

第十二组"鸡"和"鹤"分别采用白腹颈鸡和白枕鹤的叫声。白腹颈鸡叫声单调，谐波明显，频率较低，为 2kHz 左右。白枕鹤叫声低沉，谐波明显且丰富。

第十三组"鹨"和"鸢"分别采用环颈雉和黑翅鸢的叫声。环颈雉典型叫声高亢洪亮，由 2 个音节组成。音节形态较平缓，频率较低，主要集中在 1kHz 左右。黑翅鸢叫声为单音节重复，有谐波，能量主要集中在基频。

第十四组"莺"和"鸦"分别采用暗绿柳莺和乌鸦的叫声。暗绿柳莺鸣声复杂，组成音节多变，转调丰富，频率多集中在 2~8kHz。乌鸦是单音节重复的嘶哑叫声，频率低。

第二次调查统计结果如表 6-2 所示。

表 6-2 第二次调查统计结果一览

序号	正确人数	错误人数
1	20	0
2	16	4
3	15	5
4	20	0
5	20	0
6	16	4
7	20	0
8	17	3
9	18	2
10	16	4
11	18	2
12	19	1
13	18	2
14	20	0

此次共有 20 名测试者参与实验。实验结果显示，各组的准确率都大于等于 75%。第一次和第二次的调查结果差别很大，主要原因，一方面，组别设计差异较明显；另一方面，鸟类名称确实存在语音象似。一部分鸟类名称与其鸣声之间存在显著的对应关系，如布谷乌。一部分鸟类名称在音高上存在象似性，鸣声尖脆的鸟名多采用高元音，如莺；鸣声低沉的鸟名多采用低元音，如鸦。一部分鸟类名称在音节长短上存在象似性，如鸤鸪。还有一部分鸟类名称和叫声之间的象似性不强。不过，高准确率引起了我们的警惕，我们反思鸟类名称在某一程度上确实存在象似性，但我们在第二次调查中对组别的设置是否过于刻意。为了减少人为干预，我们在第二次调查的基础上又设计了一次调查。

6.2.2.3 第三次调查

调查如表 6-3 所示。

表 6-3　第三次调查设计一览

共时							
一级	◯ 1 鹁鸪	◯ 2 鹀	◯ 3 鹧鸪	◯ 4 鸦	◯ 5 布谷	◯ 6 鹰	◯ 7 鸥 ◯ 8 鸠

二级	◯ 1 鸰 提示：关注韵母 iŋ	◯ 2 鹏 提示：关注音高	◯ 3 鹅 提示：关注韵母 e	◯ 4 鸭 提示：关注韵母

三级	◯ 1 鸮 提示 1：关注韵母 ao 提示 2：关注音高	◯ 2 鹤 提示 1：关注韵母 e 提示 2：关注音高

历时	◯ 鸼 提示 1：中古音 gĭu 提示 2：上古音 gĭwə	◯ 鹦 提示 1：中古音 mĭuen 提示 2：上古音 jəgw①	◯ 鸡 提示 1：中古音 kiei 提示 2：上古音 kie	◯ 鹳 提示 1：中古音 dɔk 提示 2：上古音 dɐk②

在此次实验中，我们事先找了三名调查者对第二次调查中的鸟名一一做了分辨，再结合数据和初步判断，剔除了部分象似性不明显的例子。将部分剩余的例子按照象似性程度的高低，从共时角度分为一级、二级和三级。一级即鸟名与其鸣叫之间存在显著的对应关系。二级即鸟名与其鸣叫之间存在一定程度的关联，象似性偏低，在测试的时候，给予被测试者一个提示。三级是鸟名与其鸣叫之间关联度弱，即象似性低，

---

① 此表拟构的中古音、上古音没有特别说明，采用的是王力（1999）的拟音，"鹦"的上古音在王力（1999）处没有查到，采用了李方桂（1980）的拟音。

② "鹳"的上古音在李方桂（1980）、王力（1999）处都没有找到，此处提示的是"鹳"的声符"瞿"的上古拟音。

在测试的时候，需要依次给予被测试者两个提示。一级、二级象似的只做一次测试，三级象似的先提供提示 1，然后测试，接着给出提示 2 进行测试，对比两者的差异。三级象似的分为两组：一组是提示鸟名用字的语音特征和鸟叫声的特征，另一组主要提示鸟名用字的中古音和上古音。此次测试共有 16 位被测试者，统计结果如表 6-4 至表 6-7 所示。

表 6-4　一级统计结果一览

	鹁鸪	鹒	鹏鹏	鸦	布谷	鹰	鸥	鸠	总数	准确率
一级准确数	16	16	5	15	6	4	8	6	76	59.375%

　　一级象似度的准确率为 59.375%，比预期的低。我们推测是因为被测试者初次接触比较陌生，但总体来看还是可以证实鸟类名称的确存在象似性。

表 6-5　二级统计结果一览

	鸱	鹏	鹅	鸭	总数	准确率
二级准确数	12	12	14	14	52	81.25%

　　在一个提示下，二级准确率达到 81.25%，远超一级象似度的准确率，由此可见，一级、二级象似度的鸟名差异没有那么大，关键在于能否把鸟名和叫声关联起来，提示之后，强化了这种联想。

表 6-6　三级统计结果一览

	次数	鸮	鹤	总数	准确率
三级准确数	第一次	6	6	12	37.5%
	第二次	14	14	28	87.5%

　　从一个提示到两个提示，三级的准确率从 37.5% 提高到 87.5%，这说明三级的语音象似度不高，第二次提示后准确率明显提高，说明提示越多，越容易产生音义之间的联想。

表 6-7　历时统计结果一览

	判断标准	次数	鸰	鹦	鸡	鹳
历时	相似	第一次	14	0	12	8
		第二次	14	8	6	12
	波动		0	+8	−6	4

"鸰"，第一次测试和第二次测试象似度都高。"鹦"给出第二次提示后，鸟名和叫声的关联度明显提高。对于"鸡"的例外，我们认为是因为鸡和人类日常生活很密切，人们普遍认可其叫声和名称的关联，提示古音后反而有干扰。"鹳"提示古音后，象似判断数据有所提高。

6.3　鸟类名称语音象似的三大原则

三次实验的结果表明，鸟名和鸟鸣叫声之间具有一定程度的关联。具体分析发现，鸟名用字的元音、辅音等构成的音色面貌象征着鸟鸣叫声的某些突出特征。很多鸟名的命名是基于这类鸟鸣叫声的拟声，史有为（1994）就曾提出过"鸭、鸡、牛、蛙"这样的动物名称来源于拟声。除了音色等音质音位影响鸟名的命名外，一些非音质音位因素也对鸟名的命名有影响，如音长、音高。但总的来说，音色是主要的，音长、音高是依托于音色的。

6.3.1　音色象似

音色象似主要是指鸟名用字的声母、韵母的读音象似鸟的叫声。鹎鹨 [pʰi⁵⁵ ti⁵⁵]、鹬 [y⁵¹]、鸥 [ou⁵⁵]、布谷 [pu⁵¹ ku⁵⁵]、鹡鸰 [tɕi³⁵liŋ³⁵]、鸲鹆 [tɕy³⁵ y⁵¹]、鹊 [tɕʰyɛ⁵¹] 等鸟的名称与其叫声之间存在显著的对应关系。鹎鹂、布谷、鹡鸰、鸤鸠的叫声很长，对应的鸟名都用了两个音节。这种鸟的鸟名和叫声不仅音色相似，音长也具有明显的对应性，音质音位的音色和非音质音位的音长都具有高度象似性，因而这几个鸟名语音象似性很高。"鹦"的中古音为 [mǐeu]，上古音为 [jəgw]，其中上古音与叫声关联度较大。"鹳"的中古音为 [dɔk]，叫声与中古读音关联度大。鸢 [yɛn⁵⁵] 字介音 [y] 的语音特征和它的叫声具有明显的对应关系。

6.3.2　音高象似

音高象似主要体现为高低元音象似和声调象似。叫声高亢的鸟的名称用字的韵腹为前、高元音，叫声低沉的鸟的名称用字的韵腹为低元音，我们称这类象似为高低元音象似。例如，鹅的叫声低沉，"鹅 [ɤ³⁵]"字韵腹为后元音 [ɤ]。鹬的叫声高亢，"鹬 [y⁵¹]"字的韵腹为前高元音 [y]。鸦的叫声低沉，"鸦 [ia⁵⁵]"字的韵腹为前低元音 [a]。鸲的叫声高亢，"鸲 [tɕy³⁵]"字的韵腹为高元音 [y]。莺的叫声高亢，"莺 [iŋ⁵⁵]"字的韵腹为高元音 [i]。鹂的叫声高亢，"鹂 [li³⁵]"字的韵腹是高元音 [i]。鹰的叫声高亢，"鹰 [iŋ⁵⁵]"字的韵腹为高元音。高低元音象似其实可以看作音色象似，是音色描摹的表现。

声调象似也是一种音高象似，不宜看作音色象似的次类。鸟叫声高而平的，鸟名用字的声调为阴平；鸟叫声高平带有上升，鸟名用字为阳平；鸟叫声短促的，鸟名用字为去声，这种就是声调的音高象似。斑鸠的叫声轻缓，高音收尾，"鸠 [tɕiou³⁵]"字的声调为阳平。乌鸦的叫声高平、不急促，"鸦 [ia⁵⁵]"字的声调为阴平。鸭的叫声高平、轻缓，"鸭 [ʅ⁵⁵]"的声调为阴平。鹬的叫声急促，"鹬 [y⁵¹]"字的声调为短促的去声。

声调象似也只是一种倾向，有一些从现在语音看是反例，比如，鸭子的叫声短促低沉，"鸭 [ia⁵⁵]"的声调却用了阴平。但中古时期，"鸭"

的声母是鼻韵母,"鸭"字的韵腹是低元音 [a],中古声调是短促的入声,这样看来,"鸭"也具有语音象似性。

6.3.3　音长象似

鹧鸪、布谷、鹡鸰、鸹鸹的叫声很长,而且前后两部分音色不同,对应的鸟名都用了两个音节,这是典型的语音象似性的表现。

音色、音高和音长三种象似,音色象似是主要的,音高、音长象似也可以从音色象似解读,或者不区分三者,三者都可以看作音节象似。"声母、韵母、声调三部分都是作为区别意义的要素加入音节结构之中",其中"声调恰是音节中最有意义的部分"(史有为,1992)。在鸟名语音象似中,鸟名用字的声调也有非常强的表意作用。我们关注到,鸟名用字很少用上声,这是因为鸟的叫声如果曲折,就会用两个音节命名,因而很少用上声。总之,鸟名整个音节的语音面貌和它的叫声象似,音色、声调和音节长度都象似的鸟名语音象似程度较高。

6.3.4　例外解释

调查发现,也有部分例外情况的存在。部分鸟类名称语音象似性较弱,如鹊、鸫、鹡鸰、鹌、鸫等。

不过,部分鸟类名称看似语音象似性弱,但其实是理据随时间的流逝变得难以察觉而已。例如,伯劳,常见于我国的红尾伯劳,叫声急促,单音节重复,有谐波,鸣声与"伯劳"象似性程度极低。后期经过深入调查,我们发现它可能是一个 2500 年前的外来词。"伯劳",又名"鸡""伯奇""伯赵",有些地方叫"虎不拉"(虎纹伯劳,Tiger Shrike)。英文名 Brown Shirk,"伯劳"的英文名称"Shirk"与鸣叫声具有象似性。由此可见,作为外来词的"伯劳、伯奇、伯赵"音义关联较弱，但其原英语名称的音义象似还是很明显的。

6.4　小结

　　根据三次鸟类名称语音象似性的统计结果，发现部分鸟类名称与其鸣声之间存在某种程度的对应关系，大部分鸟类名称在音色、音高、音长等某方面存在一定的象似性，三种象似都具备的鸟名象似程度较高。鸟类作为一种历史悠久的物种，一直以来与我们的生活密切相关，而且它们的鸣叫声独具特色，利用它们独特的声音特征进行命名是最方便有效的手段。研究表明，鸟名用字的语音与鸟的叫声之间存在一定的关联，有的关联度高，有的需要借助提示，这说明在现代汉语中鸟名用字的语音和叫声之间既具有象似性的一面，也具有任意性的一面。首先，汉字的读音在不断演变；其次，当时命名的时候，利用叫声命名虽然是重要的手段，但不是唯一的手段，也可以通过外形命名。随着汉语的词语从单音节过渡到双音节，很多双音节鸟名的修饰语与鸟的外形，尤其是颜色有关，如麻雀、翠鸟等。通过对鸟名的象似性的探讨，发现鸟名命名是有一定理据的，不少鸟名的命名与它们的鸣叫声密切相关，但同时也发现，鸟名音义之间的象似度没有设想的那么高。由此可见，语音象似性只是鸟类名称中较为突出的一种，但并非所有的鸟名都符合。

第七章 叹词的声调象似

7.1 引言

汉语中的叹词主要有两类：表示强烈感情的叹词和用于招呼应答的叹词。叹词的写法不十分固定，同一个声音往往有多种写法。同一个叹词，在不同的场合，口语中读音和声调也可能不同。以叹词"喂"为例，虽然字典中只标注了一种读音，但现实中却有多种读法。

据《现代汉语词典》（第7版）（2016：1369），作为叹词的"喂"的读音只标注为第四声。叹词"喂"用于见面打招呼时多读作第四声，与词典标注的声调相同，用于电话交际的招呼语"喂"的声调却有多种，阳平调"喂"更是"喧宾夺主"，使用的频率高于去声调。此外，电话交际中，"喂"也有读作上声的情况。叹词读作多个声调并不特别，不同的声调具有不同的语义。电话交际中招呼词"喂"的音义关联在叹词中具有一定的代表性，本章拟对电话交际中叹词"喂"的声调与表达的语义的象似关系展开讨论。

叹词"喂"在电话交际中产生了许多变体，而我们对其变调的研究主要是限于音高的变化，赵元任（1979：368）指出，引起对方注意的"喂"有三种读音，分别是"uê""uai""uei"。我们主要关注声调变化和表意之间的关联，把"wài""wái"等音位变体和"wèi""wéi"合并为一类。

赵元任（1979：368）指出，叹词没有固定的字调，但有一定的语调。胡明扬（1981）提出，叹词的语音有诸多特点，例如，超系统的调型、声调的表意性、音长的辨义作用等。刘宁生（1987）指出："叹词的音高在本质上不是声调，而是一种具有超语言性质的特殊的音高类型。"

关于电话交际中用于打招呼的叹词"喂"的音变现象的研究不多，方清明（2007）举例讨论了语用场合与声调变化的关系，但并未进行论证说明。钟劲松、田华（2007）讨论了"喂"的语用功能，但没有涉及语音变化。张如梅、周锦国（2011）提出，"喂"的变调具有表意作用，但没有具体论述。

7.2　电话交际中叹词"喂"变调现象的社会调查

7.2.1　调查说明

为了更好地了解电话交际中不同人群对于"喂"字声调选择的实际情况，我们采取了网络问卷发放和实地询问两种方式，以期获得一手资料，对"喂"字变调的规律进行探究。调查分为地域方言和社会方言，社会方言以性别、年龄、文化程度、职业四项因素为调查内容，调查不同（地域）方言和言语社团的人员在电话交际中对于"喂"字声调的选择情况。此次调查共回收网络问卷 60 份，其中有效问卷 58 份，实地询问 24 人，共计 82 份有效问卷。

7.2.2　结果分析

7.2.2.1　"喂"声调选择的地域影响

调查对象分别来自安徽、重庆、福建、广东、广西、贵州、河北、河南、湖北、湖南、吉林、江苏、江西、山东、山西、陕西、四川、天津、云南、浙江等地，基本涵盖了我国的七大方言区。来自官话区的32人中，有22人表示会在电话交际中使用阳平调"喂"；来自非官话区的有50人，其中37人表示会在电话交际中使用阳平调"喂"或上声调"喂"。

官话区和非官话区的人在电话交际中"喂"字变调率如表7–1所示。

表7–1　官话区和非官话区人电话交际中使用"喂"字变调率对比

单位：人，%

地区	总人数	使用阳平调人数	变调率
官话区	32	22	69
非官话区	50	37	74

接受调查的82名对象中，共有59人表示通常情况下在电话交际中选择阳平调的"喂"，约占总调查人数的72%，这些人来自全国很多省市，分布很广。有4人使用上声调，约占总调查人数的5%，分别来自安徽、福建、浙江等地。选择去声调"喂"的23名调查对象约占总人数的28%，其中有1名福建人、1名广东人、1名贵州人、2名江西人、2名山西人、1名陕西（陕南）人、4名四川人、1名天津人、1名云南人、2名重庆人、7名浙江人。

从以上的数据分析可得出以下几点结论。

1. 大约2/3的人在电话交际中选择阳平调"喂"，占到了总调查人数的大多数。这说明电话交际中"喂"的变调现象普遍存在。

2. 官话区的人在电话交际中读作阳平调的比例约为69%，非官话区的人读作阳平调的比例为74%，二者存在一定的差异，但差值较小，说明普通话的基础方言——北方方言对电话交际中"喂"字是否读作去声调有一定的影响，但作用较小。

3. 所有接受调查的四川人、重庆人、贵州人、云南人以及陕南人都表示在电话交际中选择使用去声调"喂",占比达100%;并且以上各个地区的人们使用的方言均为西南官话,因此可以认为西南官话区的人一般倾向于使用去声调。不过,调查对象中有1人是武汉人,武汉话同属于西南官话,但该人表示在电话交际中使用阳平调"喂",结合她的身份特点,可能是其他因素影响了变调。

4. 接受调查的2名山西人都选择了去声调"喂",这两个人都来自晋中,因而可以认为晋语区的人倾向于使用去声调"喂"。

5. 由于受访的广东人只有1人,虽然他选择了去声调"喂",但难以下定论。

6. 天津、福建、江西、浙江等地既有选择阳平调"喂"的,也有选择去声调"喂"的,可以考虑除地域外的其他因素影响变调,这放在下文讨论。

7. 7名在电话交际中使用去声调"喂"的浙江人约占所有接受调查的浙江人的20%,分别来自台州、宁波(慈溪、宁海)、丽水、杭州等地。其中台州、宁海属于台州片,杭州、慈溪属于太湖片,丽水属于丽衢片。除这些吴语片有多种情况外,浙江其他地区一般情况下使用阳平调"喂"。

综上所述,除西南官话区、晋语区的人使用的是去声调"喂",与词典标注的本音一致以外,其余各省市的人在电话交际中有使用阳平调或上声调的"喂"的情况,存在变调现象。由此基本可以推断地域因素对于电话交际中"喂"字变调的影响较小。

7.2.2.2　"喂"声调选择的社会背景影响

在探究电话交际中"喂"变调现象的影响因素时,除了考虑地域方言外,还应该考虑年龄、性别、文化程度、职业等影响因素。

7.2.2.2.1　年龄因素

从年龄来看,接受调查的人年龄下至12岁,上至83岁。以50岁为界，将其分为两个年龄段，其中 12~49 岁年龄段中，使用阳平调或上声调"喂"的达 80％；50~83 岁年龄段中，使用阳平调"喂"的占 25％。再以 60 岁为界进一步细分，发现 60~83 岁的老人在打电话时使用阳平调"喂"的比例为 20％。

关于电话交际中"喂"的变调不同年龄段人群所占比例如表 7-2 所示。

表 7-2　不同年龄段人群电话交际中使用"喂"字变调率对比

单位：％

年龄	变调率
12~49 岁	80
50~59 岁	29
60~83 岁	20

据此，可以认为年龄对电话交际中人们对于"喂"字声调的选择有影响：年轻群体在电话交际中更加倾向于使用阳平调"喂"，变调比例高；年龄越大，越倾向于选择去声调"喂"。这既可以从老年人的生理特点去解释，也可以从他们所处社会环境特点去解释。从生理上来看，年纪越大，听力衰退，因此老年人常常听不清声音，认为声音小。而一般人对于声音大小的判断是通过听到的自己的说话声音来做出的。简单来说，就是老年人听到的声音小了，听不清了，在人脑系统地控制、调节人体行为之下，就会不自觉地放大说话的音量直至自己能听清楚为止。从他们的生活经历来看，60 岁及以上的老人成长生活在充满激情的革命和建设年代，人容易激动，说话声音自然也就大；加之从前人口少，居住分散，通信设备落后，加大音量有助于更好地交流沟通。以上几点因素造成了老年群体说话时音量大，也就是音强强，哪怕是如今人口密度大了，通信设备发达了，他们的习惯也保留了下来，在电话交际中也不例外。而音强与声波的振幅有关，一般来说，语音的强弱与发音时的用

力程度和呼出气流大小有关，说话时越用力，呼出气流量越大，振幅就越大，发出的声音也就越强。而发阳平调"喂"与发去声调"喂"相比，可以明显感知到发去声调"喂"时更加容易用力。如此一来，老年人在电话交际中倾向于使用去声调"喂"也就不难理解了。

7.2.2.2.2　性别因素

在接受调查的 82 名对象中，共有男性 40 名，女性 42 名。其中男性使用阳平调"喂"的比例约为 68%，女性变调比例约为 76%。

关于电话交际中"喂"的变调不同性别人群所占比例如表 7-3 所示。

表 7-3　不同性别人群电话交际中使用"喂"字变调率对比

单位：人，%

性别	总人数	使用阳平调人数	变调率
男	40	27	68
女	42	32	76

据此发现，女性在电话交际中使用阳平调"喂"的比例高于男性，性别因素影响了人们在电话交际中对"喂"字声调的选择。

此外，还有一点引起了我们的注意。在 82 名受访者中，有 4 位表示打电话时会使用上声调。这 4 位受访者均为年龄在 30 岁以下的年轻女性，可见电话交际中"喂"字变为上声调应是年轻女性这一言语社团中较为常见的现象。事实上，生活中小孩有时也会使用，但老人和男性中则很少读作上声。更为有意思的是，当要求受访的几位年轻女性模拟打电话所使用的上声调"喂"时，笔者发现她们均拖长了声音，也即音长要长于普通的上声调。这事实上类似于"女国音"现象——年轻女性发舌面前音"j""q""x"时，带有明显的舌尖色彩，发音接近"z""c""s"。这种"女国音"听起来温婉娇柔，是年轻女性为了凸显其女性特征而为之。同理，部分年轻女性在电话交际中使用音长较长的上声调"喂"，听起来嗲声嗲气，富有十足的女性特征。

7.2.2.2.3 文化程度因素

在接受调查的人群中，有 1 人是文盲，4 人是小学学历，中学及大专学历 31 人，本科及以上学历 46 人。

关于电话交际中"喂"的变调不同文化程度人群所占比例如表 7-4 所示。

表 7-4   不同文化程度人群电话交际中使用"喂"字变调率对比

单位：%

文化程度	变调率
文盲	0
小学	25
中学及大专	58
本科及以上	81

如表 7-4 所示，该文盲表示在打电话时会使用去声调"喂"，不发生变调；小学学历的受访者使用阳平调"喂"，即发生变调的比例为 25%；中学及大专学历的受访人群使用阳平调"喂"的比例为 58%；本科及以上学历的人使用阳平调"喂"的比例最高，为 81%。显然，文化程度影响人们在电话交际中的"喂"字变调，并且文化程度越高的人群越倾向于变调，使用阳平调"喂"。

7.2.2.2.4 职业因素

一般而言，职业类型可以分为六类，分别是技能型、研究型、艺术型、经管型、社交型、事务型。不同的人适合从事不同的职业，并且从事一项特定职业后，该职业的特点会在方方面面影响一个人。

结合调查发现以下 4 个规律。

第一，除技能型、经管型职业外的四种职业类型的人群较多地在电话交际中使用阳平调"喂"。而技能型、经管型职业的人群由于内部职业种类复杂，既有使用去声调"喂"的，也有使用阳平调"喂"的。

第二，结合文化程度来看，文化程度较低的人从事体力性质的技能性劳动，他们在电话交际中更多地使用去声调"喂"。

第三，社交型职业的人群普遍表示在电话交际中会使用阳平调"喂"。

第四，服务行业的人群普遍在电话交际中选择使用阳平调"喂"。

总体而言，除了以上四个规律外，职业因素本身对于电话交际中"喂"变调现象的影响不是很大，多是和其他因素相互结合发生作用。

上文阐述了地域方言和社会方言内部各种因素对于电话交际中"喂"变调的影响结果，在这里简单做一小结。

1. 从地域方言来看，官话区的变调比例稍低于非官话区，地域方言对于"喂"字变调有一定影响。然而，除了发现西南官话区人们普遍使用去声调"喂"，晋语和广东话（均为非官话区）可能读作去声调外，其余地区都存在阳平调和去声调并用情况，而且多数地区更多地使用阳平调。可见，地域方言因素对于人们在电话交际中"喂"字声调的选择影响很小，应该从其他方面考虑变调原因。

2. 年龄方面，电话交际中"喂"字的变调，年轻人比老年人更加倾向于使用阳平调"喂"。

3. 性别方面，女性比男性更多地使用阳平调"喂"，但同性别内部差别不是很大。

4. 文化程度方面，文化程度较高的人群变调比例更高，更加倾向于使用阳平调"喂"。

5. 职业方面，社交型、服务行业的人员更多地使用阳平调"喂"；从事体力性质的技能型职业的人群则更多地使用去声调"喂"。

这里仅仅是归纳了影响的结果，至于其原因则放在下文具体探究。

7.3　电话交际中叹词"喂"的音义关联

"喂"是表示招呼应答典型的叹词，在《现代汉语词典》（第 7 版）

（2016：1369）中的例句有：

（1）喂，你上哪儿去？

（2）喂，你的围巾掉了。

检索北京语言大学 BCC 语料库发现，它更多地用于表示命令、责备、着急、喝止甚至辱骂等场合，例如：

（3）喂！你进来，我有话对你说。

（4）喂！你听见没，还不快往那个方向去看看！

（5）喂！你做什么扇忽耳朵？你这个混蛋，人家跟你说话，好好听着！

（6）喂！你们两个没有听到我的话吗？

（7）喂！不要过来！……你放手！

（8）你们要干什么？喂！妈的，混蛋！

非电话交际中的叹词"喂"读作去声，表示打招呼、提醒。但前文调查发现，在电话交际中，招呼语"喂"很多时候需要读作阳平才礼貌，读作去声往往带有命令、不耐烦的语气。为什么读作阳平可以表示礼貌，读作去声表示不礼貌，非电话交谈中又多读作去声呢？我们认为，这是一种语音象征、音义象似。

面对面交流时，"喂"读作去声，表示打招呼、提醒。然而在电话交际中，叹词"喂"虽然也可以表示打招呼，但更多的是表示"在吗？"的询问，语义的重点不在打招呼、提醒，而是询问，而升调是表示疑问的最佳方式，因此，在电话交际中"喂"多读作阳平是恰当的，是一种典型的音义象似。读作阳平的"喂"的客气、礼貌、亲切的语气是依附于"喂"的询问语义上的。询问的语义表示可以商量，进而表示客气、亲切和礼貌。电话交谈中叹词"喂"读作去声是有条件的，往往表示急切、命令、不耐烦或其他。比如，有身份等级差异的，上级对下级，家长对小孩，或者事情紧急、急迫，又或者环境嘈杂，听者听不清楚等。上文调查显示，区域方言背景对电话交际中"喂"的声调变化影响不大，但社会方言背景却有影响，如文化水平低的人往往读作去声的多。从事体力性质的技能型职业的人群对于礼貌原则的遵守度较低，可以从文化程度方面去解释，其实还与他们经常处于嘈杂的环境，需要大声说话有关。而社交型、服务行业的人群使用阳平调"喂"，注意遵守礼貌原则，在很大程度上是出于工作的需要——所谓"顾客即上帝"。许多从事该类职业的受访者表示，他们在工作中接打电话时不使用"喂"，而是"你好"，职业所要求的对于礼貌原则的遵守可见一斑。

叹词没有固定的声调，而是通过变化的语调来表现不同的情感态度和意义。我们的研究对象——电话交际场景下的叹词"喂"的变调现象正是该结论的典型表现，也就是说，电话交际中叹词"喂"的变调，变的不是声调，而是具有传情达意功能的语调。那么，与其说调查中发现多数人在电话交际中使用阳平调"喂"，不如说是使用表示疑问的升调"喂"，询问是否有人在的意思。

在不同场景下，升调"喂"可以表示不同的疑问内容。在电话交际中，通常使用"喂"的是接电话方。

疑问内容一：你是谁？在不知对方身份的情况下，需要确定对方的身份，向对方发出"你是谁？"的疑问，例如：

（未知来电号码）响铃。

接电话方：喂？（你是谁？）

打电话方：你好，我是XXX，请问是XXX吗？

对话继续。

疑问内容二：有什么事情？在已知对方身份的情况下，向对方发出"有什么事情？"的疑问，例如：

（已知机主身份）响铃。
接电话方：喂？（有什么事情？）
打电话方：妈妈，我晚上回家吃饭。
对话继续。

疑问内容三：有人在听吗？在少数情况下，打电话方会成为一次电话对话中的首次发声者。如在电话接通后许久没有接电话方的回应，或是因为信号问题，或是因为接电话方刻意等待打电话方先发声，或是因为接电话方临时有事，接起电话后无暇顾及，或是接电话方无意间接起了电话等。在发生以上几种情形时，打电话方会首先发声，这里的"喂？"，多用于询问"有人在听吗？"。

结合上述三个场景的举例，我们认为表达疑问语气是"喂"在电话交际中变调的最重要原因，疑问和升调之间有天然的关联。

7.4　不同语境下电话交际中"喂"的声调和语义

上文提及的电话交际中"喂"的变调是由不同的地域方言和社会方言等因素引起的，这是叹词"喂"在用于交际、进入语境前就确定的。事实上，现实生活中，叹词"喂"进入语境之后的变调现象复杂得多。原本使用升调"喂"的人群，可能在不同语境的触发下，发生变调，变为降调的"喂"。

7.4.1　语境一：心情烦躁或生气情况下的电话交际

（电话铃响）

女：喂（wèi）。

男：还在生气吗？

女：你还打给我干什么？

对话继续。

上述场景发生在男女朋友吵架时，女方接起男方的电话。笔者所调查的人群中就有几名年轻女性，她们均表示在心情平静或愉悦时，使用升调"喂"；但在心情不佳时，若接起关系亲密之人或致使她们心情烦躁的对象的电话，会使用降调"喂"。这是一种语音象似性，全降调去声的"喂"具有命令性、不可商量的意味。阳平、上声的"喂"表示疑问、可商量的意思。所以，在一般的电话中，打招呼多用阳平、上声的"喂"，表示"有人吗？"的意思。在生气的时候，才用去声的"喂"开头，表达质问、气势汹汹的语气。

7.4.2　语境二：紧急情况下的电话交际

（电话铃响）

某急救医生：喂（wèi）！我这里刚送来一个车祸病人等着抢救，回头打给你。

电话挂断。

该场景发生在医院的急诊室，某急诊医生正要去抢救生命垂危的病人。上文中分析过文化水平和职业对于"喂"变调的影响，医生属于高文化水平人群，在一般情况下使用升调"喂"。情急场合下多用降调的"喂",与情况紧急、刻不容缓、不容商量的境况匹配,也是一种语音象似性。

7.4.3 语境三:嘈杂环境中的电话交际

(电话铃响)

接电话方:喂(wèi),我在超市里,周围很吵听不清,等我出去了打给你。

打电话方:好的,再见。

接电话方由于身处环境嘈杂的超市,因此不得不使用更容易用力的降调"喂",使自己的声音大一些。这类似于老年人在电话交际中喜欢用降调"喂"的情况,降调"喂"发音时更容易用力,发出的音更响亮,老年人听力衰退,会不自觉地放大说话的音量直至自己能听清楚为止。

7.4.4 语境四:信号异常时的电话交际

(电话交际进行中)

甲:喂(wéi)?你在听吗?喂(wéi)?喂(wéi)?喂(wèi)!

乙:在听。抱歉,刚才信号出问题了。

对话继续。

该场景不同于上述三个场景,"喂"使用于电话交际进行中而非交际的开场。甲、乙两人原本在正常交流,但由于乙方手机信号不好,交际发生了中断。甲方先是使用了表示疑问的升调"喂",事实上等同于"你在听吗?"。在仍未得到回应的情况下,使用了降调"喂"——一是降调"喂"发音时更容易用力,发出的"喂"音更响亮,声音更大,用以唤起对方注意；二是连续发声却得不到回应的情况下变得焦急，言语颇有失态，这也是音义关联。

7.5　小结

　　本章在社会调查的基础上，探究了地域方言和社会方言中年龄、性别、文化程度、职业等因素对于电话交际中叹词"喂"的变调的影响。结果发现，社会方言等因素对"喂"的变调有一定影响。进一步探究发现，"喂"的变调是一种语义、功能和语音的关联，是一种象似关系。电话交际中叹词"喂"变的不是简单的声调，而是具有疑问功能的语调。电话交际中叹词"喂"读作去声多表示命令、不耐烦、不礼貌的语义；读作阳平多表示询问，具有亲切、客气、可商量的语义。对不同语境下"喂"的特殊变调研究进一步证实了这种音义之间的象似关系。

第八章　拟声词的松紧象似

8.1　引言

关于拟声词的研究多集中在拟声词的语音特点、语言地位和词性归类上，专门考察现代汉语拟声词语音结构的主要有竺家宁（1995）、石毓智（1995）、王洪君（1996）和冉启斌（2009）等。

拟声词音节结构很有特点，不少研究者指出，以北京话为主的拟声词往往前一音节的韵母倾向于用 [i] 类元音，后一音节韵母用 [a]、[u] 类元音（孟琮，1983；马庆株，1987；竺家宁，1995）。

竺家宁（1995）通过对《诗经》、元曲以及现代汉语中的拟声词的研究，发现从先秦至今，汉语与世界其他语言的拟声词在语音结构上呈现很大的共性，即后字总是带舌尖边音 [l]，而前字多为 [k]。竺家宁主要从省力原则进行解释。他认为从发音性质看，[l]（[r] 可以看作 [l] 的变体）的发音动作比气流爆发的塞音、气流挤出的摩擦音要轻松自然得多，与基本元音 [a]、[i]、[u] 结合，构成力度最小、复杂性最低的音节。因此，表达自然声音的拟声词顺理成章就会选择这些音节。

利用省力原则不能系统全面地解释拟声词的语音规律。利用语音音响度等级理论[①]，不但合理地解释了后一音节多用 [l] 的现象，还能对拟声词的音首（声母）和音核（韵腹）的排列顺序做出合理的解释，能较全面地解释拟声词语音规律，具有较强的说服力（石毓智，1995）。石毓智以拟声词、联绵词和分音词为材料，认为这是一种新的韵律单位——大音节结构，在此基础上提出"压模假说"，并根据该假说认为上古汉语不存在辅音丛。王洪君（1996）通过分析拟声词、联绵词和分音词等语音词的韵律特点，认为汉语不存在所谓的大音节结构，她还对压模假说和上古不存在复辅音（辅音丛）的观点一一进行了批驳。她认为，拟声词和联绵词与普通单音节结构不存在同构性，汉语这种拟声词音节是对汉语简单音节结构的一种补充，"音节结构简单的语言倾向于用较多的音节构造特殊的语音词，音节结构复杂的语言倾向于用较少的音节构造特殊的语音词的趋势则比较明显"（王洪君，1996）。

另外，石毓智（1995）针对拟声词声母规律提出的几条原则，表述过于绝对化，有把倾向性的共性概括成绝对共性的倾向，比如，[原则 1] 是这样描述的：

> 每一个双音节象声词的第二个音节的音首的音响度，必须等于或高于第一个音节的音首的音响度。

他认为只有少数例外，如"哼哧""哼唧""哼哈"，这些例外是表示费力或不愉快的声音。但我们通过重新检视《现代汉语词典》（第 5 版）中的拟声词发现，例外虽然不是很多，但并不是都表示费力或不愉快的

---

① 语音音响度等级为元音 > 介音 > 边音 > 鼻音 > 阻塞音。具体说来，元音 > 辅音；开口度大的元音 > 开口度小的元音；非前高元音 > 前高元音；边音 > 鼻音 > 擦音 > 塞擦音 > 塞音。（参看 Kenstowicz, Michael, 1994；石毓智，2000：164，2004：275、278）元音、辅音的具体等级见本书 3.1 节。

声音，例如：

（1）珑璁（lóngcōng）:〈书〉拟声　金属、玉石等撞击的声音。

（2）吧唧（bājī）：拟声　形容脚掌拍打泥泞地面等的声音。

（3）剥啄（bōzhuó）:〈书〉拟声　形容轻轻敲门等的声音。

（4）唼喋（shàzhá）:〈书〉拟声　形容成群的鱼、水鸟等吃东西的声音。

在谈到双音节拟声词的扩展形式时，他的表述也过于绝对化，如[原则5]:

双音节象声词的扩展要遵循一定的格式。正确的为 XYY 或 XXYY、*XXY、*XXXY 和 *XYYY 都是不合法的。

虽然拟声词重叠倾向于 XYY 或 XXYY，但 XXY 和 XYYY 也存在，尽管数量很少，比如，XXY 格式的例子有：

（5）滴哒——滴滴哒（喇叭声）

（6）噗登——噗噗登儿（北京旧时一种玻璃玩具，用口吹吸出声）（孟琮，1983：123）

XYYY 格式也有这样的例子：

（7）呼隆隆隆　轰隆隆隆　当啷啷啷　唰啦啦啦　（马庆株，1987：143）

邵敬敏（1981）把双音节拟声词（AB式）分为五式，他指出一到四式都可以重叠为 ABB 或 ABBB 式，第五式可以重叠为 AAB 式。

（8）AB 五式：　滴答　　叽喳　　噼啪　　乒乓　　丁冬

　　　　　　　丁当　　哔剥　　悉索

在以往相关研究的基础上，本章拟全面统计分析《现代汉语词典》（第 5 版）中的拟声词的声母、韵腹的响度顺序，考察声母和韵腹的响度对拟声词整体音节响度的贡献。在此基础上，提出现代汉语拟声词音节是一种抑扬节奏、松散模式，符合松紧象似原则，并进行认知解释。

8.2　现代汉语拟声词语音结构规律考察

8.2.1　三条原则

现代汉语拟声词单音节、双音节、三音节和四音节都有，但三音节和四音节多由双音节构成。本书的目的主要是考察拟声词的音节结构规律，单音节不符合要求，因此，本章主要考察双音节拟声词，另外简要分析三音节和四音节拟声词的语音规律。

除了上文提到的专门探讨拟声词音节结构的文献外，关于拟声词研究的文献中，有不少对拟声词的语音面貌做了细致的描写，通过分析这些关于拟声词语音的描写，我们可以看出拟声词音节规律与响度顺序原则、重度顺序原则和背景原则这三条原则密切相关。

8.2.1.1　响度顺序原则

就声母而言，大多认为拟声词后一音节倾向于边音 [l]（邵敬敏，1981），音响度高的 [l]、[m]、[n] 拟声词前一音节很少用或不用（孟琮，

1983：121）。对于双音节拟声词声母，马庆株（1987：131 ~ 134）做了非常细致的描写。简述如下：

AB 式非双声单纯拟声词第一个音节的声母多为塞音 [kʰ]、[k]、[pʰ]、[p]、[t]、[tʰ] 和擦音 [x]。

他分类别介绍了声母的搭配问题：

1. 第一个音节声母是塞音的有四种模式：塞音＋塞音、塞音＋塞擦音、塞音＋擦音、塞音＋边音。他特别指出"塞音＋边音"的这类拟声词数量很大。

2. 第一个音节声母是塞擦音的，第二个音节的声母80%以上是边音。

3. 第一个音节声母是擦音的，以 h[x] 居多，占80%，第一个音节声母为 h[x] 的，第二个音节声母是边音 l[l] 的占 2/3，第二个音节其他声母多为塞擦音。

4. 第一个音节是鼻音和零声母的很少。

总的语音面貌是，第一个音节是塞音的占 78%，塞擦音和擦音各占 10%，鼻音和零声母的仅占 2%；第二个音节是边音的占 42%，塞音的占 35%，塞擦音的占 20%，其他声母的很少。

对于上面的拟声词声母搭配规律，我们可以用语音音响度等级理论做出解释。辅音的音响度顺序为（从高到低）边音＞鼻音＞擦音＞塞擦音＞塞音。拟声词声母比较严格地遵循着响度由低到高的顺序，也就是前一音节声母的响度往往不高于后一音节声母，因而前一音节多为响度最低的塞音。前一音节声母为塞音的四种模式里，马庆株（1987）特别强调"塞音＋边音"这类拟声词数量特别大。这是因为作为响度对立最明显的两类辅音，前一音节使用响度最低的塞音、后一音节使用响度最高的边音是最理想的符合拟声词音节响度顺序的模式。这就不难解释前一音节声母为塞擦音的，后一音节声母 80% 以上是边音的情况，也不难解释前一音节声母为 h[x] 的，第二音节边音占 2/3 的现象。

拟声词的韵母也很有特点。孟琮（1983：123）指出，双声双音节拟声词，前一音节韵母由高元音 i 等构成，后一音节由低元音 a 等构成，如果有韵尾的话，前后音节韵尾一般也相同。根据孟先生的描写，可见拟声词音节是严格遵循着音响度顺序原则的。

以上语言事实反映了拟声词语音顺序排列的一条重要原则——响度顺序原则[①]。除了响度顺序原则外，还有其他两条原则起着辅助作用，其中之一就是重度顺序原则[②]。

8.2.1.2　重度顺序原则

拟声词的重度顺序原则主要表现为拟声词后一音节长度长于前一音节，重读一般落在后一音节。马庆株（1987：136、137）曾经提到如下现象："（有些非叠韵）拟声词的第一个音节的韵母是单元音"，"第二个音节韵母是由这个元音加韵尾 -ng 构成的"。如果双音节拟声词"第一音节是 -ng 尾韵，那么第二音节也一定是 -ng 尾韵"。冉启斌（2009）以马庆株（1987）所收拟声词为例进行了统计，得出了"拟声词前一音节往往不能独有鼻音韵尾"的结论，也就是逻辑上可能的四种配对组合，但第二种配对组合却不成立：

1. 前音节有鼻音韵尾，后一音节也有鼻音韵尾。

[①] 指示代词的近指和远指、现代汉语单音节反义词的正反义字的语音选择也与音响度顺序原则密切相关。（应学凤，2009、2010）

[②] 应学凤、张丽萍（2008b），应学凤（2010）把这类象似性称为复杂性象似。

2. * 前音节有鼻音韵尾，后一音节没有鼻音韵尾。

3. 前音节没有鼻音韵尾，后一音节也没有鼻音韵尾。

4. 前音节没有鼻音韵尾，后一音节有鼻音韵尾。

另外，重读也是重度顺序原则的表现之一。孟琮（1983：122）曾提到拟声词第二个音节经常重读的现象："AB 都读阴平，重音落在 B 上。"马庆株（1987：129）也有类似描述：有一些双音节拟声词语素可转成动词，作为拟声词，第二音节重读，作为动词第二音节轻读。拟声词的重度顺序原则和响度顺序原则关系密切，重度顺序原则本质上也可以看作响度象似的表现。重读的音节由于力度和强度的增大，响度自然也会增大。韵腹相同，有没有鼻音韵尾差别很大，有鼻音韵尾的不但发音时长延长了，而且由于有鼻音共鸣，响度自然也会增大。

8.2.1.3　背景原则

拟声词语音排序还有一条辅助原则——背景原则，该原则主要提供背景信息和对比框架。声调在拟声词语音结构中往往充当背景，前一音节和后一音节的声调往往都相同。"一般拟声语素基本是高平调"（马庆株，1987：128），"几乎所有的双音节象声词都是阴平调"（石毓智，1995）。另据杨树森（2006）的观点，《现代汉语词典》（第 5 版）中拟声词97.7% 为平声（绝大多数为阴平）。吴校华（2009：52）的统计结果显示，《现代汉语词典》（第 5 版）AB 式拟声词中，两个音节都是阴平的有 51 个，皆为阳平的有 3 个，皆为上声和去声的各 1 个，两个音节不一致的有 16 个。

从以上描写和统计结果可以看出，拟声词的声调往往相同，不起区别作用，主要起着背景（ground）作用，是拟声词声母、韵母的响度差异的对比框架。

声调作为一个"常设"对比框架、最小对比对，来凸显语音对立的部分。除了这个"常设机构"，还有"非常设"对比框架、最小对比对，如双声、叠韵拟声词的双声和叠韵就进一步凸显了对立的语音，如果双声拟声词的韵母都有相同的韵尾的话，那就更衬托了主要元音的对立。此外，韵母的主要元音和声母也充当临时对比框架，来衬托韵尾的有无的对立。某些双声拟声词的韵母只是前一音节没有韵尾，后一音节有韵尾（马庆株，1987：136、137），这是因为重度顺序原则和背景原则在起作用。

8.2.1.4 三原则之间的关系

响度顺序原则、重度顺序原则和背景原则的重要性是不对等的，关系也是不对等的。关于三者的关系，刘丹青、陈玉洁（2008）曾经做过讨论，应学凤（2010）也对响度顺序原则和重度顺序原则有过讨论。响度顺序原则起主要作用，适用范围也最广。重度顺序原则起辅助作用，适用范围有限制，本质上是响度顺序原则的特殊体现。重度顺序原则与响度顺序原则有时会产生竞争。背景原则与前两者是平行的，不矛盾，不互补，更不竞争，可共存。

8.2.2 双音节拟声词音节规律考察

《现代汉语词典》（第5版，下同）共收录拟声词226个，其中单音节拟声词80个，双音节拟声词137个，三音节拟声词1个，四音节拟声词8个。双音节拟声词中，叠音词65个，非叠音词72个。非叠音拟声词中，明确标注为书面语的有12个[①]，非书面语的有60个。72个非叠音

---

① "呢喃"这个拟声词有2个义项，但只有第二个义项标注为书面语，因此，我们没有把该词归入书面语拟声词。下文所提及的书面语拟声词都是指《现代汉语词典》（第5版）明确标示为书面语的。

拟声词中，同声异韵的有 11 个（书面语的 2 个），同韵异声的有 22 个（书面语的 4 个），声韵皆异的有 39 个（书面语的 6 个）。

8.2.2.1　关于声韵响度计算

由于声调主要作为背景原则，因此想要对比前后音节响度的大小，应主要对比声母和韵母对整体音节响度的贡献。背景原则越是发挥作用，越能凸显对立的语音。如果拟声词的声母、韵母和声调三者中有两者提供背景信息，那么我们就可实现最小对比，排除其他干扰因素，避免因为声母、韵母响度不一致而要进行音节整体响度的计算，也就是说，同声和同韵拟声词语音规律是排除了其他干扰的，更能展现拟声词的语音结构规律。因此，我们下面把拟声词分为同声和同韵拟声词与声韵不同拟声词，然后分别考察。

在对比声母和韵母响度高低时，声母主要根据音响度等级来判断。而韵母判断稍微复杂些，对于没有韵尾的单韵母，可以按照音响度等级来判断；如果涉及声母有无的对比，这时可以结合重度顺序原则综合考虑。对于有韵尾的复韵母，主要比较单韵母的响度高低，如果前后音节一个有韵尾，一个没有，这时除了根据单韵母的响度等级外，还要结合重度顺序原则综合考虑。我们在比较复韵母响度高低时，主要比较复韵母主要元音响度的高低。在响度顺序原则和重度顺序原则出现竞争时，以主要元音响度为主。

8.2.2.2　同声异韵、同韵异声双音节拟声词

本节我们重点分析《现代汉语词典》收录的 11 个同声异韵和 22 个同韵异声双音节拟声词音节的响度顺序。

先看 11 个同声异韵双音节拟声词的例子及韵母响度统计情况：

（9）同声异韵（11 个）：

绰缞（cuìcài）〈书〉　　　　珑玲（lónglíng）〈书〉

滴答（嘀嗒）（dīdā）　　　　哼儿哈儿（hēngrhār）

呢喃（nínán）　　　　　　　噼啪（劈啪）（pīpā）

乒乓（pīngpāng）　　　　　咿呀（yīyā）

咿唔（yīwú）　　　　　　　叮当（丁当、玎珰）（dīngdāng）

叮咚（丁冬、丁东）（dīngdōng）

表8-1　同声异韵双音节拟声词韵母响度统计

	前＜后	前＝后	前＞后
数目	10	0	1
合计	10		1
所占比例	91.0%		9.0%

再来比较22个同韵异声双音节拟声词的例子及相关统计情况：

（10）同韵异声（22个）：

欸乃（ǎinǎi）〈书〉　　　　玓瑢（cōngróng）〈书〉

珑璁（lóngcōng）〈书〉　　喥喋（shàzhá）〈书〉

吧嗒（bādā）　　　　　　　嘣啷（bānglāng）

当啷（dānglāng）　　　　　滴沥（dīlì）

玎玲（dīnglíng）　　　　　丁零（dīnglíng）

嘎巴（gābā）　　　　　　　咕嘟（gūdū）

咕噜（gūlū）　　　　　　　轰隆（hōnglōng）

呼噜（hūlū）　　　　　　　咔吧（喀吧）（kābā）

咔嚓（喀嚓）（kāchā）　　咔嗒（咔哒、喀哒）（kādā）

锒铛（lángdáng）　　　　　啪嚓（pāchā）

嘡啷（tānglāng）　　　　　淅沥（xīlì）

表 8-2 同韵异声双音节拟声词声母响度统计

	前＜后	前＝后	前＞后
数目	14	5	3[①]
合计	19		3
所占比例	86.4%		13.6%

《现代汉语词典》11 个同声异韵的双音节拟声词中，韵母响度不符合响度顺序的只有"珑玲"1 例，22 个同韵异声中的声母不符合响度顺序的有"珑璁""嗳喋""银铛"3 例，这 3 例中的"珑璁""嗳喋"都是书面语中的拟声词，真正的例外只有"银铛"1 例。33 个同声异韵、同韵异声双音节拟声词，去掉 6 个书面语的，27 个同声异韵、同韵异声双音节拟声词中，只有一个例外，符合音响度等级的占 96.3%。

8.2.2.3 声韵均不同的双音节拟声词

《现代汉语词典》共收录 39 个声韵均不同的双音节拟声词，其中书面语的有 6 个，非书面语的有 33 个。

（11）声韵均不同（39 个）：

剥啄（bōzhuó）〈书〉　　　珵琮（chēngcōng）〈书〉

噌吰（chēnghóng）〈书〉　　飕飗（sōuliú）〈书〉

铮鏦（zhēngcōng）〈书〉　　啁啾（zhōujiū）〈书〉

阿嚏（ātì）　　　　　　　　吧唧（bājī）

哧溜（chīliū）　　　　　　　欻啦（chuālā）

刺啦（cīlā）　　　　　　　　刺棱（cīlēng）

---

① 3 个例外中，2 个是书面语的拟声词。

刺溜（cīliū）　　　　　　　　嘎吱（gāzhī）①

咯噔（格登）（gēdēng）　　　咯吱（gēzhī）

咕咚（gūdōng）　　　　　　　咕叽（咕叽）（gūjī）

咕隆（gūlōng）　　　　　　　呱嗒（呱哒）（guādā）

呱唧（guā·ji）　　　　　　　咣当（guāngdāng）

哼哧（hēngchī）　　　　　　　呼哧（呼蚩）（hūchī）

呼啦（呼喇、呼啦啦）（hūlā）　哗啦（哗啦啦）（huālā）

啾唧（jiūjī）　　　　　　　　吭哧（kēng·chi）

哐当（kuāngdāng）　　　　　　哐啷（kuānglāng）

泼剌（pōlà）　　　　　　　　扑哧（噗嗤）（pūchī）

扑棱（pūlēng）　　　　　　　扑腾（pūtēng）

扑通（噗通）（pūtōng）　　　　刷拉（shuālā）

哇啦（哇喇）（wālā）　　　　　窸窣（xīsū）

萧瑟（xiāosè）

表8-3　声韵均不同的双音节拟声词响度统计

	声韵均前<后	声前=后韵前=后	声前<后韵前=后	声前<后韵前>后	声韵均前=后	声前>后韵前<后	声前>后韵前=后	声前=后韵前>后	声韵均前>后
数目	14	0	10	11	0	0	0	2	2
合计	24			11				2	2
所占比例	61.5%			28.2%				5.1%	5.1%

　　39个拟声词中，声韵都符合音响度象似顺序原则的有24个，占61.5%。33个非书面语拟声词中符合音响度象似顺序原则的有21个，占

---

① 冉启斌（2009）认为"嘎吱""扑哧"的元音违反亮度顺序，是由于这2个拟声词的发音有先后顺序。

63.6%。39 个拟声词中，声母、韵母都违反音响度顺序原则的只有"哼哧""呼哧"[1]2 例，它们都是表示费力的声音。

前一音节没有声母、后一音节有声母的有 2 例，"阿嚏"虽然元音违反音响度象似动因，但符合重度象似动因，后一音节长于前一音节。"哇啦"，前一音节没有声母，后一音节的声母是辅音里响度最高的边音，而元音也符合响度象似，因此该类似乎可以归入声韵都符合象似的情况。

39 个拟声词中，辅音符合音响度顺序，元音违反的有 13 个。33 个非书面语拟声词中，辅音符合音响度顺序、元音违反的有 10 个。其中"吧唧"元音的响度差别比较大，辅音的响度也是一个为响度最低的塞音，一个为响度最高的半元音。"咯吱"，元音之间响度差别非常接近。违反响度顺序原则的"咕唧"元音响度差别很小，而辅音前一音节是响度最低的塞音，后一个是响度较高的塞擦音。"嘎吱""扑哧"的韵母违反音响度顺序原则，因为它们直接描摹了外界的声音[2]。

8.2.3　三音节和四音节拟声词的音节特点

《现代汉语词典》只收录了一个 ABB 式三音节拟声词——"噗噜噜（噗碌碌）（pūlūlū）"，该词元音响度相同，后两个音节的辅音高于前一音节。

从逻辑上看，三音节拟声词可能有 ABC、ABB、ABA、AAB 几种，但实际例子中，ABC、ABA、AAB 三种三音节拟声词很少，多为 ABB

---

① 石毓智（1995）认为，它们不符合响度顺序"是汉语有意违反上述原则以取得特殊表达效果"。

② 据冉启斌（2009）观点，这是由于"拟声词描摹外界声音的先后顺序，不能颠倒"。

式。ABB 式由 AB 式重叠而成，AB 式拟声词符合响度顺序原则，ABB 式拟声词绝大多数也符合。

四音节拟声词 8 个，例如：

（12）丁零当啷（dīng·lingdānglāng）

叽叽嘎嘎（唧唧嘎嘎）（jī·jigāgā）

叽里呱啦（ji·liguālā）

唧唧喳喳（叽叽喳喳）（jī·jizhāzhā）

唧唧嘈嘈（jì·jicáocáo）

噼里啪啦（劈里啪啦）（pī·lipālā）

喊喊喳喳（喊喊嚓嚓）（qīqīchāchā）

稀里哗啦（xī·lihuālā）

这 8 个四音节拟声词有 ABCD、AABB 两种类型。比较四音节拟声词的韵母可以发现，前后音节的响度差别很大。前两个音节的主元音都是响度最低的前高元音 [i]，后两个音节的主元音都是响度最高的低后元音 [a]，没有例外。

AABB 式拟声词多由 AB 式拟声词重叠而成，AB 式拟声词符合响度顺序原则，AABB 式拟声词也应符合。

我们无法根据 AB 式拟声词符合响度顺序原则推导出 ABCD 式拟声词也符合，但《现代汉语词典》的 ABCD 式拟声词的元音完全符合响度顺序原则。从孟琮（1983）和马庆株（1987）关于 ABCD 式拟声词语音的描写中也可以看出，它们是符合响度顺序原则的。比如，ABCD 式拟声词 "CD 的韵母如为单元音，AB 韵母一般是 i"，"CD 的韵母如为鼻音韵母，AB 的韵母也应是鼻音韵母，但主要元音的舌位变高"（孟琮，1983：124）。马庆株（1987：139）认为 A'B'AB 式拟声词是 AB 式的逆向重叠，是"把 AB 由开口呼或合口呼变为齐齿呼"①。由此可见，ABCD 式拟声词的 AB 的韵母倾向于前高元音，CD 的韵母倾向于非前高元音。

综上所述，三音节、四音节拟声词也遵循着响度顺序原则。

8.2.4 统计结果的进一步讨论

通过统计分析《现代汉语词典》中双音节、三音节和四音节拟声词的音节结构，我们可以得出这样的规律：拟声词后音节的音响度具有高于（或等于）前音节的总倾向。虽然有少数例外，一般是书面语中的拟声词或表示费力的不愉悦的声音，或表示的音有明显的先后顺序。也许可以这么表述：现代汉语口语中拟声词的音节都符合响度顺序原则，除非是为了"取得特殊表达效果"而有意违反响度顺序原则。

双音节拟声词中的同声异韵双音节拟声词只有一个不符合响度顺序原则，并且是书面语拟声词，同韵异声双音节拟声词有 3 个例外，但其中 2 个是书面语拟声词。声韵均不同的双音节拟声词声韵都符合响度顺序原则的有 24 个，都不符合的有 2 个，并且这 2 个都是表示费力的不愉悦的声音的。剩下的 11 个声母符合响度顺序原则，韵母违反响度顺序原则。

《现代汉语词典》中三音节和四音节拟声词的元音大都符合响度顺序原则。另外，通过分析孟琮（1983）所收录的 101 个 ABCD 式拟声词的音节，发现元音都符合响度顺序原则，没有例外，辅音大多符合响度顺序原则，只有少数例外。

---

① 非常有意思的是变韵后，韵母的主要元音为何变为前高元音，为何选择逆向重叠？是不是响度顺序原则促发的？因为如果顺向重叠变韵为前高元音，必然造成后两个音节响度低于前两个音节。

8.3 现代汉语拟声词音节的抑扬格局

世界万物纷繁复杂，各种因素交织在一起，相互作用。在科学研究中，排除干扰因素和强化对比项，都是重要的研究方法。如自然科学的实验研究，有的需要在无菌室操作，排除细菌对结果的干扰；有的则需要培育需要观察的细菌，以便看得更清楚。语言研究也需要排除其干扰因素。对于指示代词、反义词的语音规律，我们是在它们语义对比明显的基础上考察的，而考察拟声词的语音规律，我们是在排除语义干扰的基础上进行的。如果说考察指示代词、反义词的语音规律时我们是拿着放大镜寻找规律的话，那么考察拟声词则是在无菌室看拟声词的音节特点，因此，分析拟声词音节的语音规律有重要的意义。

我们对拟声词语音结构统计分析的结果表明，拟声词都是后一音节响度高于（或等于）前一音节，是一种响度从低到高的顺序。另外，拟声词音节的延长一般多为后一音节的延长，很少有前面的一个音节延长而后面的一个音节不延长的情况。

王洪君（1996）通过考察拟声词、表音词头词、嵌 L 词、古汉语双声叠韵联绵词等"语音词"，提出了双音语音词的六类韵律形式。她认为六类韵律形式最重要的两个是回旋和前冠。观察这六类韵律形式，前冠式的响度明显是前低后高，回旋式要具体分析。根据王洪君（1996）的说明，回旋式的共同特点是声韵调三个直接组成成分中至少有两个成分是相同的。抑扬变韵回旋式是基于声母和声调相同，韵母的响度前低后高。后衍变声回旋式是声调和韵母相同，声母后一音节换为响度最大的边音 [l]。也就是说，抑扬变韵回旋式、后衍变声回旋式、前冠衍接式、前冠跌接式这四类都是响度前低后高。只有完全回旋式、等响变声回旋式前后响度相同或差别不大。等响变声回旋式拟声词就是指前后音节声母和韵母响度相等或差别不大的 AB 式拟声词。据我们对《现代汉语词典》中的 AB 式拟声词的统计，声母和韵母响度相同的非常少，二者响度差别不大，但以后一音节响度更高较为常见。完全回旋式也就是 AA 式拟声词，该类拟声词确实不少，但很多是书面语，如《现代汉语词典》65 个 AA 式拟声词中，33 个是书面语。该类拟声词有不少是由于语用需要而由单音节拟声词临时重叠而成的，袁明军（2007）把这种 AA 式拟声词称作叠用式，《现代汉语词典》就收录了很多这类叠用式拟声词，袁明军认为把这些具有临时重叠性质的拟声词收入进来是值得商榷的。

王洪君（1996）所提到的六类韵律形式的双音节语音词，绝大多数是符合响度顺序原则即前低后高的。由此可见，不管是基于《现代汉语词典》中 AB 式拟声词的统计分析，还是王洪君（1996）的判断，现代汉语 AB 式拟声词后一音节响度更高，它是一种典型的前抑后扬的抑扬格局。

8.4 抑扬节奏、右重模式与松紧象似

现代汉语 AB 式拟声词是典型的抑扬格局，抑扬型的音步都是右重模式，现代汉语 AB 式拟声词是右重模式。

Hayes（1995：75）指出了两条对应关系：

抑扬型 = 音节重量敏感型右重 =（L'L）或（L'H）

音节型扬抑型 = 音节重量不敏感型左重 =（'σσ）

Hayes（1995：71）考察了各种语言的音步类型，对于有界音步的类型考察结果如表 8-4 所示 [据周韧（2021）介绍]。

表 8-4 Hayes（1995）考察的有界音步类型

QS 型音步		QI 型音步，音节型
抑扬型（iamb），即右重型	扬抑型（trochee），即左重型	
（L'H）、（L'L）、（H）	（'LL）、（H）	（'σ σ）

注：L= 瘦音节；H= 肥音节；σ= 音节 'H= 承载重音的肥音节；'L= 承载重音的瘦音节。

Hayes（1995：80）提出了"抑扬律"（Iambic Law）和"扬抑律"（Trochaic Law）：

扬抑律：以强弱对立形成的一串成分经自然组并后，形成的节奏单位一般为首部显著。

抑扬律：以长短对立形成的一串成分经自然组并后，形成的节奏单位一般为尾部显著。

Hayes（1995：82）指出，抑扬型音步内部组成成分注重长短对立，因此抑扬型音步的典型格式为（L'H）。

抑扬型音步是典型的右重模式，前后音节存在长短对立。现代汉语 AB 式拟声词后一音节开口度大、更响亮，同时意味着后一音节发音所占时长更长。

汉语中音节的长短对立与重轻节奏有关，重音往往落在双音节而不是单音节上（Lu & Duanmu，1991、2002），因而 ABB 式拟声词是明显的右重格局。端木三（1997）指出，重音的表现方式的确是多样的，有时是音强，有时是音长，有时是高调出现的位置，有时是元音的变化等。只要能体现重音的位置，各种方式都可以达到同样的目的。现代汉语拟声词的重音也表现为多种形式。总的来说，现代汉语拟声词具有明显的右重节奏倾向。

从实际读音看，现代汉语 AB 式双音节拟声词，重音一般在后一音节，如果 AB 式读作阴平的话，重音都落在 B 上（孟琮，1983：122）。

另外，三音节拟声词中，AAA 式多为因临时语用需要而由单音节拟声词重叠而成，ABC 式、AAB 式和 ABA 式较少，大多是 ABB 式。

其他语言的 AB 式拟声词，基本上都呈现右重模式。西班牙语尤为明显，例如：

（13）chuplús　　fluflú　　gluglú　　tilín　　　frufrú　　tilín
　　　dilín　　　tachán　　cricrí　　chinchín　rurrú

西班牙 AB 式拟声词前后两个音节的元音和辅音均相同，但重音落在后一个音节上，更多的例子见 8.6 节的讨论。

除了拟声词外，很多抑扬节奏的词整体性不强。如赵元任（1979：203）提出的复合词的离子化现象。一个单纯的双音词，如"慷慨""幽默"，在汉语里可以切分开来，分别离化成短语"慷他人之慨""还幽了他一默"。赵元任先生解释说，这种离子化现象总是发生在一个"抑扬"结构的词语上。抑扬、右重的结构相对松散，这才为前后两部分切分开来提供了可能[①]。此外，英文中也有这种前后两部分切分开来的现象，Pink（1994：175）举例说地名 Philadephia（费城）切分开来插入一个修饰语，只能是 Phila-bloody-dephia，不能是 Philade-fuckin-phia，也就是说，必须在一个前轻右重的位置插入修饰语。冯胜利（2009：85）进一步指出，如果用中文说"费拉德尔菲—该死的—亚"，也是十分蹩脚的。Yule（2000：69）提到不少类似的插入一个词中间，表达愤懑的中缀。例如：

（14）fantastic——fan**fucking**tastic

---

① 　冯胜利（2009：84~85）认为，之所以能发生离子化，主要是因为普通重音在发挥作用。

absolutely——abso**goddam**lutely

propaganda——propa**fucking**ganda

unbelievable——un**fucking**believable

影片 *Wish You Were Here* 中，女主角就用 "Tell him I've gone to Singa**bloody**pore!" 来表达极度的愤怒。如果不仔细分析这些中缀插入的位置，似乎找不出什么规律，但如果仔细对比，我们会发现，中缀一般插在重音前面，也就是说，这些词能插入中缀，是因为重音不在第一个音节，这个音节是右重、抑扬节奏，从中可以看出，右重、抑扬节奏的整体性较弱。

抑扬节奏在韵律上表现为右重，整体性较弱，下面的例子还可以进一步证明。陆丙甫（2012）关注到英语中如果动、名因为重音位置而分化，那么重音在前是名词，重音在后是动词。例如：

（15）'record（*名词*）——re'cord（*动词*）

'import（*名词*）——im'port（*动词*）

'project（*名词*）——pro'ject（*动词*）

'construct（*名词*）——con'struct（*动词*）

萨丕尔（1921/1985）列举过很多类似的重音位置不同、词性有别的例子。例如：

（16）'refund（*名词*）——re'fund（*动词*）

'extract（*名词*）——ex'tract（*动词*）

Langacker（1991：21）指出，作谓语的动词是"次第扫描"（sequential scanning）的结果，而名词是"综合扫描"（summary scanning）的结果。

由此可见，名词在大脑意象中的整体性比动词更强。整体性强的节律结构倾向于表达整体性强的名词，整体性弱的节律结构倾向于表达整体性弱的动词。这是一种比较抽象的"声音象征"现象。（陆丙甫，2012）因此，抑扬节奏的 AB 式拟声词是一种松散的结构，可以当作动词使用[①]，但不能当作名词使用，这是 AB 式拟声词松紧象似的表现。

8.5　拟声词松散模式的认知解释

语音对语义具有一定的象征作用。我们曾统计考察了指示代词、现代汉语单音节反义词的音义关系，结果表明它们的音义之间有某种关联（应学凤、张丽萍，2008b；应学凤，2009、2010）。

拟声词的语音和语义也有一定象似性。孟琮（1983：128）指出，拟声词可以通过改变声调来象征意义，比如，可以通过"读降调或低平调，表示声音大"。现举一例：

（17）汽车一拐弯儿，光（guang[22]）跟墙撞上了。

冉启斌（2009）进一步指出，倘若读为"光（guang[55]）"就显得撞得并不重。

拟声词的抑扬节奏、右重格局与拟声词结构相对松散、整体性不强是相关联的。正如我们前面论述的，现代汉语双音节、三音节及四音节拟声词音节结构的顺序不是任意的，受响度顺序原则、重度顺序原则和背景原则支配。统计表明，响度顺序原则起主要作用，《现代汉语词典》

---

① 马庆株（1987：129）指出，有一些双音节拟声词语素可转成动词。

中拟声词的后一音节响度几乎都高于或等于前一音节，现代汉语拟声词音节是一种典型抑扬节奏。

相对抑扬、右重结构而言，扬抑、"重—轻"结构语义整合度较高。朱德熙（1982：33~34）提出了几种区别复合词和句法结构的方法，其中之一是"后一个音节是轻读的格式是复合词"。凡是前重的是复合词，"中重"的是句法结构，下面转录朱先生的4个例子：

（18）买·卖——买卖（买和卖）
　　　东·西——东西（东边和西边）
　　　火·烧（一种烧饼）——火烧（用火烧）
　　　打·手——打手

吴为善（1986，1989）认为1+2式和2+1式的音节组合有松紧之分，结构松紧和节律松紧存在匹配关系。节律层面的"松""紧"与句法层面的"松""紧"相匹配，而且节律层面的"松""紧"在句法层面的投射结果是对不同等级的语言单位的选择：右重的1+2式韵律模式对应的语言单位多半是短语，"重—轻"的2+1式韵律模式对应的多半是词。冯胜利（1998）也认为，"为什么[2+1]比[1+2]给人以'结合得紧'的感觉"，是因为"一般而言，[2+1]是构词形式，[1+2]是造句（或加缀构词）形式"。柯航（2007）根据音乐的轻重节拍进一步论证了"重—轻"结构比"轻—重"结构结合得更紧密，整体性更强，也就是说，假如一个词具有名词和动词两种词性，那么重音在前多为名词，重音在后多为动词。右重的动词的整体性要低于前重的名词。

汉语中如果动词、拟声词因为重音位置而分化，那么情况会怎样呢？马庆株（1987：129）曾指出，有一些双音节拟声词语素可转成动词，其作为拟声词，第二音节重读；作为动词，第二音节轻读，例如，吧唧、吧嗒、扑腾、扑棱、嘀嗒、嘟噜、咕噜、咕嘟、呱嗒、哗啦、吧呲、出溜、哼唧、呼哧、呼嗒。他还举了 4 个例子，现转录如下：

（19）听他吧唧的那个响，抽得还挺香呢。（《北京短篇小说选》）

（20）在这个穷年月，常有哗啦了的时候！（《骆驼祥子》）

（21）突然野兔弹出后腿，重重地踢老鹰的肚子，一连几下，踢得老鹰扑棱着翅膀，一头栽倒在地上。（小学《语文》课本）

（22）他在他妈耳边喳喳了两句。

也就是说，假如一个词具有拟声词和动词两种词性，那么重音在前是动词，重音在后是拟声词。在最小对比中，与名词相比，动词更倾向于右重，名词整体性更强。而动词与拟声词相比，拟声词更倾向于右重。如果类推，对比之下，在等级序列里拟声词的整体性要弱于动词的。

总之，现代汉语拟声词的抑扬节奏、右重模式与拟声词结构相对松散、整体性不强密切相关。拟声词整体性不强还有一个表现就是有些双音节拟声词前后音节容易分开并插入其他成分，比如，叽咕——叽里咕噜、噼啪——噼里啪啦、丁当——丁零当啷等。另外，还有一个很有意思的现象，拟声词可以用作动词、形容词、副词等，却很少用作名词（孟琮，1983：130~133），这大概与它的右重模式是相匹配的。

8.6 拟声词抑扬节奏、松散模式的跨语言比较

拟声词的这种抑扬节奏、松散模式不是汉语独有的现象，而是具有跨语言的普遍性。英语类似的 AB 式拟声词不少，例如：

（23）ding-dong   ping-pang   pit-a-pat

         tick-tack   pitter-patter   cling-clang

tittle-tattle	clip-clop	tik-tok	zig-zag

只不过英语等印欧语是辅音相同，元音严格遵循语音音响度等级。法语也有许多这样的例子[①]，例如：

（24）bric-a-brac：旧货；陈词滥调

　　　bric et de broc（de）：东拼西凑地

　　　clic-clac：咯嗒咯嗒，噼噼啪啪

　　　couci-couça：马马虎虎

　　　flic flac：劈啪，啪嗒啪嗒（鞭打声、马跑声、水声等）

　　　flip-flop：双稳态多谐振荡器，触发电路

　　　pin-pon：消防车警报声

葡萄牙语类似的 AB 式拟声词[②]，基本遵循着语音音响度顺序原则，呈现后一部分更为响亮的右重格局。例如：

（25）blim-blém：闹钟　　　　　　blin blong：门铃

　　　din-don：门铃　　　　　　　plim plão：钟的摆锤声音

　　　tic-tac：钟表声　　　　　　pipio：鸡和鸟叫

（26）glu gluuu：火鸡的叫声　　　pi piii：喇叭声

　　　trim triim：门铃和老式电话的声音

---

① 法语的例子由浙江大学罗天华副教授提供，特此感谢。例子来自《法汉词典》（上海译文出版社，1982）。

② 葡萄牙语的例子由浙江外国语学院葡萄牙语专业高上同学提供，特此感谢。例子主要来自葡萄牙语词典 Dicionário da Língua Portuguesa（Porto Editora）2010 和《葡汉词典》（商务印书馆，2001）。

葡萄牙语的 AB 式拟声词遵循元音响度顺序象似和重度顺序象似。例（25）的后一部分元音响度高于前一部分元音，而辅音部分相同，因而整体而言，后一部分更响亮。例（26）的后一部分元音音节长度更长，符合重度顺序象似。葡萄牙语的拟声词呈现出与汉语拟声词类似的抑扬节奏、松散模式。

俄语可以分为前、后两部分的拟声词也是右重格局，例如：

（27）тик-так：滴答　　чик-чирик：叽喳（射击声）

пиф-паф：砰啪　　тук-ток：叮咚

西班牙语 AB 式拟声词的结构也呈现抑扬节奏、右重格局、松散模式，例如：

（28）chischás：剑与剑互相碰撞的声音　　din don：铃声

din dan：铃声　　　　　　　　　　ding dong：铃声

tictac：钟表滴答走的声音　　　　　tris tras：裁剪声

ris ras：模仿号角的声音

（29）chuplús：东西掉落的声音

fluflú：丝绸或其他布料互相摩擦的声音

gluglú：水流动的声音　　　　　　 tilín：铃声

frufrú：丝绸摩擦声　　　　　　　 dilín：铃声

tachán：乐队声　　　　　　　　　cricrí：蟋蟀声

chinchín：音乐声　　　　　　　　rurrú：嘈杂声

例（28）的辅音相同，后一部分的元音响度高于前一部分的元音，符合响度顺序原则；例（29）的重音都在后一个音节，符合重度顺序原则，西班牙语 AB 式拟声词呈现右重格局。

意大利语的 AB 式拟声词也多为后一音节更响亮，例如：

（30）bip-bop：UFO 登陆的声音　　　din-don：钟声

　　　dlin-dlon：圣诞雪橇的摇铃　　　plin-plong：弹吉他的声音

　　　tip tap：手指轻敲声　　　　　　tic tac：滴答声

　　　crick crock：东西撞坏的声音、肢体碰伤的声音

　　意大利语的 AB 式拟声词，后一部分的响度明显高于前一部分，呈现右重格局。

　　从搜集到的例子看，西班牙语的拟声词丰富，AB 式拟声词例子多，基本都呈现出抑扬节奏，例外极少。西班牙语的 AB 式拟声词，两个音节元音、辅音均相同时，重音由后一音节承载。

8.7　小结

　　基于对《现代汉语词典》的封闭统计发现，现代汉语 AB 式拟声词后一音节的响度明显高于前一音节，主要表现为元音、辅音的响度顺序象似和辅音的重度顺序象似，前后音节声调大多相同，其中元音象似是最显著的。不少拟声词辅音和声调都相同，主要表现为元音响度差异，这种拟声词几乎无一例外的后一音节开口度更大，响度更高，呈现典型的抑扬节奏、后重格局，是一种松散的结构。

　　AB 式拟声词的这种抑扬节奏、右重格局、松散模式具有跨语言的普遍性，这是世界语言的共性。我们发现，英语、法语、葡萄牙语、俄语、西班牙语、意大利语等 AB 式拟声词也普遍呈现抑扬节奏、右重格局。与汉语相比，这些语言的右重格局表现得更为明显，西班牙语、葡萄牙语的 AB 式拟声词前后两个音节（元音、辅音）完全相同，只是重

音落在后一个音节。

世界语言 AB 式拟声词的抑扬节奏、右重格局可能具有相同的认知基础，这种结构前后两部分结合不紧密，是一种松散的模式。与这种抑扬节奏、松散模式相关联的是前后音节之间的停顿时间可以延长，可以插入其他成分。

第九章 动宾饰名复合词的松紧象似

9.1 引言

"纸张粉碎机"之类的动宾饰名复合词的研究成果众多，相关研究普遍关注音节数目和动宾是否存在倒序的关联（Duanmu，1997；顾阳、沈阳，2001；石定栩，2003；冯胜利，2004；何元建，2004；何元建、何玲玲，2005；程工，2005；程工、周光磊，2015；周韧，2006；庄会彬、刘振前，2011；应学凤，2015a）。例如：

（1）纸张粉碎机——＊粉碎纸张机

（2）碎纸机——＊纸碎机

以往的研究主要针对以上事实提出解决方案，关于例（3）～例（6）的情况分析不够。

（3）征求意见稿　　侵犯隐私案　　拐卖儿童犯

开设赌场罪　　走私文物犯　　走私毒品罪

拐卖妇女罪　　泄露国家机密罪

（4）救济难民问题　　表彰劳模大会　　发放贷款银行

保护熊猫组织　　稳定物价措施　　保护动物政策

捐赠物品计划　　占用耕地现象　　自筹资金渠道

走私文物阴谋　　倒卖文物团伙　　招收研究生办法

（5）抽油烟机　　去死皮钳　　降血压药　　领护照条

投硬币口　　取行李处

（6）配眼镜费用　　腌茄子步骤　　抗病毒胶囊

接客人专车　　防垃圾邮件程序　　挖防空洞日期

订报刊日期　　画水墨画技巧

我们认为，动宾饰名复合词的类型主要是由"VO"和"OV"组配的类型决定的。

9.2　VO、OV 搭配类型与动宾饰名复合词类型

根据动词 V、宾语 O 的音节是单还是双[①]，"VO"和"OV"搭配有多种可能，如表9–1、表9–2所示。

表 9–1　"VO"搭配

	$V_单$	$V_双$
$O_单$	×	×
$O_双$	×	√

表 9–2　"OV"搭配

	$O_单$	$O_双$
$V_单$	√	√
$V_双$	×	√

"$V_双O_双$"、"$V_单O_单$"、"$V_单O_双$"和"$O_双V_双$"这 4 类搭配再与 N 的单双组配，形成的情况如表9–3所示。

[①] 动词 V 只有单双音节选择，宾语 O 两个音节以上的比较少见，为了叙述方便，下文以"单""双"称之，$V_双$包括多音节的。下面的"$N_双$"情况类似，也包含多音节的。

表 9-3　"V+O" 与 "N" 组配

	N$_单$	N$_双$	备注	示例
V$_双$O$_双$	√	√	中心语名词为单音节的使用频率高，凝固性强。中心语名词为双音节的更接近同义组合结构，"VO" 和 "N" 之间往往可以插入 "的"	（3）、（4）
V$_单$O$_双$	√	√		（5）、（6）
V$_单$O$_单$	√	√	N 有单双同义弹性词选择时，中心语几乎都选择单音节的	（7）、（8）
O$_双$V$_双$	√	√		（9）、（10）

例（1）、（2）是动宾饰名复合词的两大基本类型，即 "V$_单$O$_单$N$_单$" 和 "O$_双$V$_双$N$_单$"。与这两种类型相似的还有 "V$_单$O$_双$N$_双$" 和 "O$_双$V$_双$N$_双$"，例如：

（7）采煤厂　　修车工　　碎纸机　　植树节　　剃须刀

　　　杀菌剂　　饮水机　　洗面奶　　滤波器　　制衣厂

　　　吸尘器　　品酒师　　护手霜

（8）审稿专家　　避雷装置　　养蜂技术　　订票热线

　　　防毒软件　　开业典礼　　供电公司

（9）纸张粉碎机　　煤炭开采厂　　汽车修理工

　　　服装设计师　　外汇管理局　　血液采集车

　　　飞机制造厂　　文物拍卖网　　自行车存放处

（10）环境保护计划　　稿件审阅专家　　污水处理系统

　　　烟草种植农场　　语言测试中心　　图书出版公司

　　　房屋设计图纸　　论文指导老师　　飞船控制中心

　　　票务订购热线　　业务培训课程　　吉祥物发布仪式

由此可见，"V" 和 "O" 的组配类型决定了动宾饰名复合词的类型，但这些动宾饰名复合词的典型与否、出现频率高低则由结构的松紧与凝固性决定。我们认为动宾饰名复合词的生成是松紧象似制约的结果，所有类型的动宾饰名复合词都可以在松紧象似原则下得到统一的解释。

9.3 动宾饰名复合词的松紧象似阐释

沈家煊、柯航（2014）指出，压缩音节的数目，如缩减定中结构的"的"是使之紧致化的方式。"汉语语法分析问题"作为文章标题或作为书名，用的是定中黏合结构，在正文里，表达相同的意思却用了相应的组合结构（应学凤，2016），例如：

（11）多年来想写一篇文章谈谈汉语的语法分析问题。（该文第一节"前言"的第一句话）

例（4）、（6）的"$V_双 O_双 N_双$"和"$V_单 O_双 N_双$"中的"VO"和"N"之间都可以插入"的"。这类动宾饰名复合词和相应的组合结构有对应关系，很可能是由组合结构通过省去"的"紧缩而来。例如：

（12）救济难民的问题——救济难民问题

稳定物价的措施——稳定物价措施

占用耕地的现象——占用耕地现象

走私文物的阴谋——走私文物阴谋

配眼镜的费用——配眼镜费用

腌茄子的步骤——腌茄子步骤

从组合式"$V_双 O_双$ 的 N"紧缩为黏合式"$V_双 O_双 N$"，是由组合结构到黏合结构，由短语到短语词、句法词的转变，这一步非常重要，实现了由短语到词的性质的变化。

9.3.1 松紧象似原则

赵元任（Chao，1975）指出，中国人对音节的数目特别敏感，作诗和写散文都要"凭借音节数目来构思"。刘丹青（1996）揭示了汉语中词类和词长的相关性，指出汉语名词的典型词长是双音节，动词的典型词长是单音节，词的音节越长越松散，越长越可能是短语。他认为："名词和名词性短语的基本界限在三音节和四音节之间，四音节和四音节以上单位将继续保留很强的短语性，难以取得充分的词的资格。""动词和动词性短语的基本界限在双音节内部，三音节和三音节以上单位将继续保持短语性，难以进入词的行列。"音节数目的多少对单位的松紧有影响，也会影响对词和短语的判断。

汉语与英语的节奏类型不同，英语的节奏是轻重型的，而汉语的节奏是松紧型的（王洪君，2004）。沈家煊、柯航（2014）进一步指出，汉语的节奏属于"音节计数"或"音节定时"型，是松紧控制轻重，松紧为本。"汉语节奏的伸缩性就是音节组合的松紧度变化，节律的松紧虚实以扭曲对应的方式同时反映语法、语义、语用上的松紧虚实"，"语音、语法、语义三个层面不是截然分开、互相撕裂的，三者之间的联系主要靠'松紧虚实'的投射对应关系"（沈家煊，2017a）。周韧（2017b）也认同"成分之间韵律上的松紧象似它们之间语义语用上的松紧关系"。

松紧象似原则是指语言单位的松紧与语义特征、语用环境之间存在象似关系。松、紧的语言形式各有各的作用，根据语用需要，该松松，该紧紧。语言单位的松紧有结构松紧和节律松紧之别（应学凤，2020：252），结构越紧、节律越紧的结构，指称性、称谓性越强，越紧的结构整体性越强，词义的透明度越低，词义一般不能通过语素义的简单加合获得。相对较松的结构描写性、区别性、陈述性较强，整体性较弱，词义透明度较高。

9.3.2 松紧象似手段

松紧象似手段主要有结构松紧和节律松紧。结构松紧手段是指利用删减、移位、换序等方式促使短语紧缩为短语词，组合结构紧缩为黏合结构，松散的黏合结构紧缩为紧致的黏合结构，句法词去句法规则化、进一步凝固为词法词的过程。节律松紧手段是指通过压缩音节数目、调整音节组合模式等方式使结构更加紧致。音节组合模式不同，松紧不同。吴为善（1989）根据上声连读变调的差异，指出 2+1 式紧，1+2 式松。柯航（2007）根据音乐节奏 XXO 和 XOO 之间的差异，指出 2+1 式整合度高、整体性强，1+2 式则反之。基于兰卡斯特大型语料库的统计结果也表明，1+1 式、2+1 式形名结构紧致的黏合式多，1+2 式松散的组合式多（应学凤、端木三，2020；应学凤，2020：37）。

沈家煊、柯航（2014）也曾提出过类似的紧缩手段，他们指出："一个词语到语流里成为一个更大单位的组成成分时，在认知上它就变成一个更紧凑的结构单位和概念单位。"他们提出两大手段：一是压缩定中结构中的"的"，缩减音节数目，例如，党的建设 → 党建工作、汉语的节奏 → 汉语节奏研究；二是改变语序与结构，如把述宾结构改变为定中结构，因为后者比前者紧致，例如，粉碎纸张 → 纸张粉碎机、培养人才 → 人才培养方案。

结构松紧手段和节律松紧手段可以叠加使用，叠用的结构更加紧致。使用频率与松紧之间有关联，频繁使用会导致形式被压缩、简化和弱化（Zipf 定律）。语序选择越少，使用频率越高，越紧致。语序自由，导致松散。语序不自由，单一的那种语序使用频率高，因而形式紧致。

9.3.2.1 结构松紧

从 "V$_双$O$_双$的 N" 到 "V$_双$O$_双$N" 的紧缩，是音节的缩减，也是结构的紧致化。前者是组合结构（短语），后者为定中黏合结构（短语词、句法词）。从"$V_双O_双N$"到"$O_双V_双N$"是黏合结构内部的进一步紧缩，是句法词紧缩为词法词[1]。"$V_双O_双$"倒序为"$O_双V_双$"不但是短语到词性质的变化，而且伴随着词义透明度的下降。述宾结构"$V_双O_双$"倒序为"$O_双V_双$"，松紧度也会随之变化。"$O_双V_双$"结构往往被重新分析为定中结构[2]，据柯航（2007）的观点，定中结构比述宾结构更紧致。结构松紧可以"传导"，修饰成分紧，可以使整个结构更加紧致化。动宾倒序是动宾饰名复合词进一步紧致化的结构手段。

除了句法结构紧致手段外，还有压缩 V、O、N 音节的节律松紧手段。

9.3.2.2　节律松紧

节律松紧手段有缩减音节数目和调整音节组合模式两种。有同义单音节弹性词的（"弹性词"概念见郭绍虞，1938；Duanmu & Dong，2016），把双音节动词和双音节宾语压缩为单音节，这也是压缩音节数目的一种松紧手段。音节压缩是动宾饰名复合词进一步紧缩的重要松紧手段，从"$V_双O_双$的 N""$V_双O_双N$"到"$V_单O_单N$"是常见的松紧方式。例如：

（13）招收研究生办法——招生办法

发放贷款银行——放贷银行

---

① 冯胜利先生（邮件交流）指出："按照词法规则构成的词是词汇词，按照句法规则构成的词是句法词；句法词分两类，有一类凝固了，也就是词汇词了；如果还受句法制约的，就是句法词。"应学凤（2020：123）曾提出，"$V_双O_双N$""$V_单O_双N$"的定语"$V_双O_双$""$V_单O_双$"是述宾黏合结构，该类结构性质接近自由短语。"$V_双O_双N$""$V_单O_双N$"类动宾饰名复合词是由组合结构紧缩而成的黏合结构，是句法词。

② 如果宾语 O 的生命度高，述宾倒序结构 OV 就可能重新分析为主谓结构，比如，招收研究生的教师——？？招收研究生教师——*研究生招收教师。一旦重新分析为主谓结构，那么倒序后的 OV 比 VO 更为松散（陆丙甫、应学凤，2013）。

接送客人专车——接客专车

订阅报刊日期——订报日期

动词和宾语需要同时压缩为单音节才会使结构更紧致。如果只压缩动词的音节数目，不一定紧致，因为1+2式是松散的音节组合模式。例如：

（14）降低血压药——降血压药

去除死皮钳——去死皮钳

抽吸油烟机——抽油烟机

腌制萝卜方法——腌萝卜方法

动词音节数目虽然缩减了，但1+2式音节组合是松散的节律，1+2式述宾黏合结构具有短语性质（王洪君、富丽，2005）。宾语同时缩减音节，述宾结构紧缩为1+1式音节组合，才是紧致的形式，如"配镜费用、降压药、投币口、去皮钳"等，黏合二字组具有词的性质（王洪君、富丽，2005）。

单音节动词和宾语是黏着语素还是自由语素，会影响复合词的松紧度。周韧（2011：116）关注到"V$_单$O$_单$N"式复合词的V、O多用黏着语素的现象，不过他认为使用黏着语素是"以便给人这个VO格式是词的印象"。例如：

（15）饮水机——*喝水机　　　　售报亭——*卖报亭

植树节——*种树节　　　　洗面奶——*洗脸奶

吸尘器——*吸灰器　　　　收银台——*收钱台

代金券——*代钱券　　　　提款机——*提钱机

碎纸机——*破纸机

中心语名词的单双音节选择会影响动宾饰名复合词的松紧。双音节中心语名词紧缩为单音节也是压缩音节的节律松紧手段。与双音节相比，单音节中心语独立性弱一些（吴为善，1989），尤其是中心语名词为不自由语素时，单音节中心语名词的强依附性会使修饰语和中心语结合得更紧，整个结构就更加紧致。赵元任（1979：190，2002：201）指出，两个成分如果有一个是黏着语素，或者两个都是，那么这样的结构就一定是复合词。陆丙甫（2015：46）也认为一个结构体是否有直属成分是不成词语素对于判定该结构是词还是短语很重要。例如：

（16）征求意见稿——＊征求意见稿件

　　　侵犯隐私案——？侵犯隐私案件

　　　拐卖儿童犯——拐卖儿童罪犯

"V$_双$O$_双$N$_单$"式的复合词，中心语名词换为双音节弹性词接受度就低，或者接受度有差异，如"征求意见稿件"就不太能接受。"拐卖儿童犯""拐卖儿童罪犯"都可以说，但前者的接受度明显高于后者。

与动词和宾语是不是单音节、黏着语素相比，中心语名词是不是单音节、黏着语素对整个复合词松紧的影响更大。中心语名词为黏着语素的，黏附性更强，修饰语和中心语结合得更为紧密，很难插入"的"。中心语名词若为黏着的单音节语素，这样的复合词框架则是一个较为紧致的词模，有助于提高整个动宾饰名复合词的接受度。因此，中心语名词的单双音节不仅是判断节律松紧的手段，还可以看作词法手段。

9.3.2.3　两种松紧手段的叠用与动宾饰名复合词的生成

动宾饰名复合词主要有八种类型：V$_双$O$_双$N$_双$、V$_双$O$_双$N$_单$、V$_单$O$_双$N$_双$、V$_单$O$_双$N$_单$、O$_双$V$_双$N$_双$、O$_双$V$_单$N$_双$、V$_单$O$_单$N$_双$、V$_单$O$_单$N$_单$。根据松紧的差异，可以大体分为两组。前四类属于短语词、句法词，相对松一些；后四类是词法词，相对紧一些。与组合结构"VO 的 N"的松紧相比，前四类主要依靠音节数目缩减进行紧缩，后四类则在前四类的基础上利用结构松紧手段和节律松紧手段进一步紧缩。多种松紧手段叠加使用的动宾饰名复合词更紧致。

从组合式的"$V_双 O_双$的 N"到黏合式"$V_双 O_双 N$"的紧缩是动宾饰名复合词生成的第一步，是自由短语到短语词、句法词的转变。"$V_单 O_双 N$"既可能是由相应的组合式"$V_单 O_双$的 N"紧缩而成，也可能是由"$V_双 O_双 N$"双音节动词替换为单音节动词而来。虽然"$V_单 O_双 N$"的动词由双音节紧缩为单音节，但 1+2 式的音节组合是松散的模式，因此，从松紧差异看，"$V_单 O_双 N$""$V_双 O_双 N$"很难区分松紧差异，尤其是中心语名词为双音节的"$V_单 O_双 N_双$""$V_双 O_双 N_双$"的修饰语和中心语之间几乎都可以插入"的"。例如：

（17）捐赠物品计划——捐赠物品的计划
　　　降血压药物——降血压的药物

"$V_双 O_双 N$""$V_单 O_双 N$"中心语名词的单双、黏着与否也会影响松紧度，特别是"$V_双 O_双 N$"，它的中心语若为单音节黏着词根，整个结构的接受度会高不少。除此之外，"$V_双 O_双 N$"可以通过动宾倒序，借助结构松紧手段进一步紧缩为"$O_双 V_双 N$"。如果有单音节同义词选择的话，"$V_双 O_双 N$"也可以借助节律松紧手段进一步紧缩为"$V_单 O_单 N$"，这既是音节数目紧缩，同时也伴随着结构紧缩，因为黏合二字组"$V_单 O_单$"通常具有词的性质和特征。"$V_单 O_双 N$"通过缩减宾语音节数目可以进一步紧缩为"$V_单 O_单 N$"。例如：

（18）捐物品计划——捐物计划
　　　降血压药物——降压药

"$O_双 V_双 N$""$V_单 O_单 N$"是词法词,松紧度远远紧于作为短语词、句法词的"$V_双 O_双 N$""$V_单 O_双 N$",其能产性也有显著差异。"$O_双 V_双 N$""$V_单 O_单 N$"中心语名词音节单双、黏着与否对整个结构的接受度影响不大,但从语感上看,黏着的单音节中心语名词可以提高整个结构的紧致度。除了中心语名词紧缩为单音节之外,"$O_双 V_双 N$""$V_单 O_单 N$"还分别可以通过节律松紧和结构松紧的手段进一步紧缩,"$O_双 V_双 N$"如果动词和宾语有单音节同义词选择的话,紧缩为"$O_单 V_单 N$","$V_单 O_单 N$"动词和宾语倒序进一步紧缩为"$O_单 V_单 N$"。

"$O_双 V_双 N$"可以借助节律松紧手段进一步紧缩宾语和动词的音节数目。若"$O_双 V_双 N$"是一个高频词,则可能进一步紧缩为"$O_单 V_单 N$"。例如:

（19）空气调节器——空调器　　　　空气压缩机——空压机

高频使用还可能使词法词进一步紧缩,"$O_单 V_单 N$"压缩为双音节的"$O_单 V_单$",这样的话就实现了词法词到词汇词的转变,如"空调"指代"空调器"。这种超常规紧缩的限制条件需进一步探讨。

"$V_单 O_单 N$"可以借助动宾倒序的结构松紧手段进一步紧缩为"$O_单 V_单 N$"。例如:

（20）进级的理论——进级理论——进级论——级进论
　　　收麦的季节——收麦季节——麦收季节[①]

因为单音节动词动作性强,很难重新分析为定中结构的中心语,"$V_单 O_单 N$"紧缩为"$O_单 V_单 N$"的确定性用例很少,由"$O_双 V_双 N$"紧缩而

———————

① 这两个例子是沈家煊先生告诉笔者的（邮件交流）。

来的"$O_单 V_单 N$"的例子也不多。除了上述两种来源外，"$O_单 V_单 N$"还有其他生成方式，具体见9.5节的讨论。

除了上述主要类型外，在科技术语等语体中还可能出现其他少见的类型，例如：

（21）合成氨的塔——氨合成塔　　缺乏碘的病——碘缺乏病

从动宾音节搭配看，2+1式述宾结构"$V_双 O_单$"是接受度较低的形式，因此，这类音节组合的动宾饰名复合词极少。"氨合成塔""碘缺乏病"等例子只见于科技语体中。术语因为表意精确的需要，名词保持了单音节形式。我们注意到，在"合成氨的塔""缺乏碘的病"紧缩的过程中，不存在"VON"中间形式"*合成氨塔""*缺乏碘病"，而是直接生成"OVN"形式。再如：

（22）粉碎纸张的机器——*粉碎纸张机器——纸张粉碎机器
　　——纸张粉碎机——碎纸机

在"粉碎纸张的机器"紧缩为动宾饰名复合词的过程中，"$V_双 O_双 N$"形式接受度很低，这是因为作为句法词的"$V_双 O_双 N$"是短语到词的过渡形式，这种形式对动词、宾语、中心语名词的要求很高，具体见9.4.1节的分析。

总之，不同类型的动宾饰名复合词是"短语——短语词、句法词——词法词"紧缩过程中不同阶段的类型。从自由短语"VO 的 N"到短语词、句法词"VON"，再紧缩为词法词，是松紧手段的一次或多次的运用。"$V_双 O_双 N$""$V_单 O_双 N$"是短语到复合词的过渡阶段，是相对较松的形式，除非有特殊的语用需要，否则会进一步紧缩为"$V_单 O_单 N$""$O_双 V_双 N$"。北京语言大学BCC语料库数据显示，同义的"$V_单 O_单 N$"

和"$V_双O_双N$""$V_单O_双N$"形式，前者的出现率高很多。在"多领域库"中，"降低血压药"有0例，"降血压药"有74例，"降压药"有1920例。

紧致化的内在要求是动宾饰名复合词生成的驱动力。从"$V_双O_双$的N"到"$V_双O_双N$"，这是从短语到复合词的第一步，"$V_双O_双N$"是介于短语和复合词之间的、具有过渡性质的结构。从松散形式"$V_双O_双N$"到紧致的形式"$O_双V_双N$"和"$V_单O_单N$"，这是动宾饰名复合词生成的常规模式。除非有特殊的原因，才会得以保留"征求意见稿"等这样的"$V_双O_双N_单$"中间形式。

多种松紧手段的单用和组合使用，形成了松紧各异的不同类型的动宾饰名复合词，如图9-1所示。

图 9-1　动宾饰名复合词的生成

$V_双O_双N$ 是最松的动宾饰名复合词，它的生成对动词、宾语和中心语名词都有限制。这种类型的复合词有两个次类：一类是处于紧缩过程中的状态；另一类是因为特殊的语用需要，已经有了新的语义。"$O_单V_单N$"从松紧角度看是最紧的形式，但这类形式的数量不多，一是因为"$V_单O_单N$"已经是结构和节律紧的形式；二是因为单音节动词的强动作性，"$V_单O_单$"倒序为"$O_单V_单$"，很难分析为定中结构。正是因为诸多制约，所以即使存在一个"$O_单V_单N$"式，相应的"$V_单O_单N$"式在语感上也可以接受，如"耳挖勺——挖耳勺"。

$V_单O_单N$ 与 $O_双V_双N$ 相比，前者更紧致，更短小，使用频率更高，表 9-4 的语料库数据显示 $V_单O_单N$ 用例更多。

9.3.3 "$V_单O_单N$" 和 "$O_双V_双N$" 的差异

"$V_单O_单N$" 和 "$O_双V_双N$" 是已有研究讨论得最多的两种类型，主要分析动词和宾语的音节数目对动宾是否需要倒序的影响，但都没有讨论这两种基本同义的结构在实际语料中出现频率的差异、表意的差异和松紧的差异。例如：

（23）纸张粉碎机——碎纸机　　　血液采集车——采血车

　　　煤炭开采厂——采煤厂　　　稿件审阅专家——审稿专家

　　　票务订购热线——订票热线

语感上，上述例子都可以接受，但在实际语言使用中，两者的差异较大，"$V_单O_单N$"占绝对优势，"$O_双V_双N$"在实际语料库中几乎不存在。表 9-4 是语料库中的数据统计情况。

表 9-4　"$V_单O_单N$" 和 "$O_双V_双N$" 的检索数据对比

	CCL	BCC 科技	BCC 篇章检索	BCC 报刊	BCC 文学	BCC 微博	BCC 多领域	合计
纸张粉碎机	0	2	0	0	0	0	0	2
碎纸机	31	34	56	18	6	183	287	615
血液采集车	0	0	0	0	0	0	0	0
采血车	22	31	195	72	1	20	205	546
煤炭开采厂	0	0	0	0	0	0	0	0
采煤厂	0	1	1	1	0	0	1	4
稿件审阅专家	0	0	0	0	0	0	0	0
审稿专家	1	100	33	1	0	0	33	168
票务订购热线	0	0	0	0	0	0	0	0
订票热线	9	5	45	10	0	216	129	414

语感上都可以接受的两类结构，为何在实际语料中出现频率差别如此之大？我们认为"$V_单O_单N$"和"$O_双V_双N$"的松紧有别，前者是节律上最紧致的结构形式，双音节的"$V_单O_单$"具有词的性质，结构上也是紧致的形式，同时符合节律松紧和结构松紧。后者是结构紧致的形式，但动词和宾语都是双音节的形式，整个结构节律相对松散。比较而言，"$V_单O_单N$"更为紧致，松紧差异是两者出现频率差异的主要原因。使用越频繁，词义的透明度越低，"信息量相对大的成分在音节数目上相对多，信息量相对小的成分在音节数目上相对少"（周韧，2017b）。"$O_双V_双N$"式与"$V_单O_单N$"式相比，前者词义透明度更高，后者词义更概括、更抽象。

9.4　"$V_双O_双N$"式动宾饰名复合词的松紧与语义

相对"$O_双V_双N$"式和"$V_单O_单N$"式动宾饰名复合词，"$V_双O_双N$"式是相对松散的类型，这类复合词的生成本质上是一种"短语入词"的临时性结构。

9.4.1　"短语入词"现象

这种"短语入词"现象，不是汉语特有的现象[①]。类似的短语复合

[①]　在香港中文大学"韵律语法系列丛书"学术研讨会上（2014年11月1~2日）和会后，冯胜利先生提醒笔者关注"短语入词"现象。冯先生对我们撰写的《汉语的韵律与语义》初稿给出了非常详细具体的修改建议。非常遗憾的是，这部书稿我们未能及时修改完成，但冯先生的意见加深了笔者对韵律语法的理解。在撰写本书时，不少意见被吸收进来。特此表示感谢！

词（phrasal compound）在英语中也有很多。（Richard，1996；Duanmu，1997；2007：109；何元建、王玲玲，2005）例如：

> （24）TV-and-VCR table　　meat-and-potato eater
> over-the-fence gossip　the take-it-or-leave-it attitude
> a slept-all-day look　　break-neck speed
> make-shift plan　　kill-joy person　God-is-dead theology

汉语里"短语入词"的现象非常普遍，种类很多，除上文的例（3）~例（6）外，还有很多：

> （25）人马烧溺死者
> 士志于道而耻恶衣恶食者
> 出于幽谷、迁于乔木者
> 战争不可避免论者
> 人类必将毁于自己的发明论者
> 在公众场合聚众闹事、造成严重后果者
> （26）同步稳相回旋加速器
> 多弹头分导重入大气层运载工具（例子取自吕叔湘，1979）

文章标题中，很多虚词经常省略，如"了""的"（尹世超，2001），所以很多文章或新闻标题由临时性短语复合词充当。如例（27）新闻标题用了一个临时性短语复合词，其正文是用同义的短语形式表述的。

> （27）加强监督配偶子女移居国外官员（《新京报》2013年2月26日）

像例（25）那样的前面修饰语为主谓结构的短语复合词不多见，以"者"等为中心语的短语复合词较多见，而且"者"既可以作为词缀，又可以作为语缀，具有一定的特殊性。典型的短语复合词都没有英语那样自由，英语"引语"（quotation）可以直接作为修饰语。汉语的修饰语一般只能是黏合结构，即如果是定中结构作为修饰语的话，定中结构不能有"的"等；如果是述宾结构作为修饰语的话，述语必须是单独的动词，宾语必须是单独的名词（朱德熙，1982：112~150）。

述宾黏合结构直接作定语（不带"的"）构成的"$V_双O_双N$"述宾黏合结构也是"短语入词"现象。前文中例（3）~例（6）都是动宾短语作定语时没有带"的"构成的"VON"。此外还有：

（28）严重扰乱社会治安分子　过失泄露国家秘密罪

（29）逃离部队罪　私放俘虏罪　传播淫秽物品罪　背叛国家罪

Maria A. Alegre & Peter Gordon（1996）研究发现，修饰成分是否有数的变化，会影响 3~5 岁儿童对复合词结构的识解。复数的 rats 会优先与"red"组合，作为整体修饰"eater"构成短语复合词，单数的 rat 理解为一般的词汇复合词（lexical compound）"rat eater"附加了一个形容词修饰语"red"而已。例如：

（30）[[red rats] eater]——[red [rat eater]

汉语短语复合词修饰语的动词性成分也不能有时体变化，述宾结构的宾语不宜有数量短语的修饰语，否则直接识解为短语，例如：

（31）救济难民问题——救济过难民的问题

招收研究生办法——招收这个研究生的办法

"短语入词"是有条件限制的。"V_双O_双的N"能否紧缩为"V_双O_双N",受到动词动作性强弱、中心语名词生命度高低等制约（刘云、李晋霞，2002）。

动词的动作性不能太强。根据张国宪（1997）的研究，动词的动性强度等级序列为单音节＞前加/后附＞偏正＞补充＞陈述＞支配＞联合。

单音节动词一般不能由"V_单O_双的N"紧缩为"V_单O_双N"，除非后面的中心语名词生命度很低或是单音节类后缀，如例（5）和例（6）。

偏正式动词都不容易由"V_双O_双的N"紧缩为"V_双O_双N"，例如：

（32）粉碎纸张的机器——*粉碎纸张机器

上文例（1）~例（6）几乎都是动作性最弱的联合式动词。

从组合式定中"VO的N"紧缩为黏合式定中"VON"，对宾语和中心语也有要求，一般是要求生命度低的名词，尤其是充当中心语时。如我们上文提到的"V_双O_双N"的中心语名词几乎都是"稿、问题、集团、大会、银行、小组、办法、计划"，一般不能是生命度高的名词，如指人名词，例如：

（33）招收研究生办法（策略、经验、经费、时间、地点、问题、方案、单位、技巧、条件、目标、规则、情况）——*招收研究生教师（辅导员、记者、工作人员、校长、市长、演员）

"招收研究生"后面是"办法、策略、经验、经费、时间、地点、问题、方案、单位、技巧、条件、目标、规则、情况"的话，可以比较顺利生成"V_双O_双N"结构；如果把后面的中心语换为指人名词就不合格。

如果动词宾语与中心语名词经常搭配，也不能省略"的"，一旦省略，动宾的宾语和名词会优先结合，整个作为动词的宾语。如果中心语名词和动词语义搭配不合适，就会使整个结构不合规则。例如：

（34）描写爱情的小说——*描写爱情小说

"短语入词"形成的"$V_{双}O_{双}N$"是一种临时的紧缩结构，是不稳定的过渡形式。述宾黏合结构直接作定语构成的"$V_{双}O_{双}N$"动宾饰名复合词，修饰成分和整个结构句法形式、语义、轻重和松紧等都不一致，它是不稳定的结构。首先，整个结构是体词性的，而修饰成分述宾结构是谓词性的；其次，整个结构是指称性的，而修饰成分述宾黏合结构具有陈述性、述谓性；再次，整个结构是重轻模式，而修饰成分述宾黏合结构是轻重模式；最后，整个结构是紧的结构，而修饰成分是松的结构。

9.4.2　具有陈述性的"$V_{双}O_{双}N$"式动宾饰名复合词

"短语入词"方式生成的"$V_{双}O_{双}N$"式动宾饰名复合词是不稳定的临时性形式，在松紧象似原则的驱动下，会逐步过渡到"$O_{双}V_{双}N$"形式。然而，在实际语料中我们发现有少数动宾饰名复合词"$V_{双}O_{双}N$"式比"$O_{双}V_{双}N$"式更多见。有的情况下两者不能自由互换，甚至不存在"$O_{双}V_{双}N$"形式。例如：

（35）拐卖妇女罪——*妇女拐卖罪

开设赌场罪——*赌场开设罪

泄露国家机密罪——国家机密泄露罪

走私毒品罪——毒品走私罪

（36）走私文物犯——文物走私犯

走私毒品案——毒品走私案

征求意见稿——意见征求稿

占用耕地现象——耕地占用现象

稳定物价措施——物价稳定措施

表彰劳模大会——劳模表彰大会

"$V_双O_双N$"式动宾饰名复合词为何动宾不倒序，我们分两类讨论。先分析例（35）这样的"罪"类"$V_双O_双N$"。BCC语料库语料检索数据显示（见表9-5），几乎都是"VON"式的。

表9-5　"罪"类"$V_双O_双N$"语料检索数据

	CCL	BCC 科技	BCC 篇章检索	BCC 报刊	BCC 文学	BCC 微博	BCC 多领域	合计
拐卖妇女罪	10	8	17	7	0	1	22	65
拐卖儿童罪	16	1	7	6	0	6	10	46
开设赌场罪	1	0	5	4	0	1	7	18
泄露国家机密罪	5	26	24	4	0	0	35	94
走私毒品罪	30	21	38	24	0	0	40	153
毒品走私罪	8	0	4	3	0	0	5	20

《刑法修正案（九）》以及两高《关于执行〈中华人民共和国刑法〉确定罪名的补充规定（六）》修订的刑法罪名有468个，没有发现一例"$O_双V_双N$"式。仔细分析这些罪名还发现，这些罪名基本是以动词、动宾黏合结构等为定语的，有的只是在动词或动宾黏合结构前加了修饰成分。这类罪名的修饰成分都是动性强的成分。例如：

（37）分裂国家罪　走私假币罪　虚开发票罪

拐卖儿童罪　逃离部队罪　虐待俘虏罪

（38）以危险方法危害公共安全罪

过失投放危险物质罪

拒不支付劳动报酬罪

盗掘古人类化石、古脊椎动物化石罪

为他人提供书号出版淫秽书刊罪

"罪"类动宾饰名复合词之所以几乎都是"$V_双O_双N$"式，与它的用途有关。刑法中罪名不同，恶性程度不同，因此，同一类"走私罪"，因具体情节不同，量刑差异很大。

《刑法修正案（九）》中第三章第二节的"走私罪"列举了10类，这10小类的社会危害、量刑尺度都完全不一样。它们分别是走私武器弹药罪，走私核材料罪，走私假币罪，走私文物罪，走私贵重金属罪，走私珍贵动物、珍贵动物制品罪，走私珍稀植物、珍稀植物制品罪，走私淫秽物品罪，走私普通货物物品罪和走私固体废物罪。

作为罪名，需要突出陈述具体情形，而不是指称一类现象，因而多用"$V_双O_双N$"式。"$V_双O_双N$"式的陈述性、述谓性是由其修饰语"$V_双O_双$"的陈述性带来的。"$V_双O_双$"和其倒序结构"$O_双V_双$"在指称性和陈述性上有较大差异（董秀芳，2014），"$V_双O_双$"的陈述性、述谓性导致"$V_双O_双N$"式动宾饰名复合词也具有一定的陈述性、述谓性。

王洪君（2008：305）认为对于法律定罪、量刑来说，"走私毒品"与"走私计算机配件"根本不是同一种罪，宽泛的"走私罪"在法律上没有意义。这个看法是可取的。但在实际生活中，常见的罪名，如果没有特殊原因，动宾倒序的"$O_双V_双N$"式在语感上也能接受，如"毒品走私罪"。"*妇女拐卖罪"不能接受，更多的是由于倒序后生命度很高的"妇女"容易被识解为施事，造成理解困难。

石定栩（2002）、周韧（2006）提出，含有"罪""案""犯"这种语素的，几乎都采用"VON"式。周韧（2011：121）认为两者对立是因为含有"罪""案""犯"等语素的是表示负面的语义，所以不能类指；而以"法"为语素的法律术语是表示正面的语义，所以可以类指，从而采取"O_双V_双N"式。我们认为与其说"罪"类多用"V_双O_双N"式，是因为不能类指，还不如说它尤其需要特指、陈述具体情形。

除了罪名外，很少有只能采用"V_双O_双N"形式的情况，除非有特殊语义表达需要。BCC语料库检索的数据显示，含有"案""犯"这类语素的，也多见"O_双V_双N"式。

表 9-6　"V_双O_双N"语料检索数据

	CCL	BCC科技	BCC篇章检索	BCC报刊	BCC文学	BCC微博	BCC多领域	合计
走私文物犯	0	0	1	0	0	0	1	2
文物走私犯	0	3	3	14	0	0	3	23
走私毒品案	33	2	12	51	0	1	13	112
毒品走私案	151	6	64	62	0	0	65	348
表彰劳模大会	0	1	1	1	0	0	1	4
劳模表彰大会	23	19	38	59	0	0	40	179
征求意见稿	425	1435	810	2107	0	562	1254	6593
意见征求稿	1	3	3	1	0	0	9	17
占用耕地现象	6	8	6	5	0	0	6	31
耕地占用现象	0	0	0	0	0	0	0	0
稳定物价措施	1	0	1	0	0	0	1	3
物价稳定措施	0	0	1	0	0	0	1	2

董秀芳（2014）提出，2+1式复合词在没有选择时，陈述性的成分也有可能作为其组成成分。我们认为，"V_双O_双N"式动宾饰名复合词不是没有选择的结果。这类复合词有两种情况：一种是临时形式，最后会过渡到"O_双V_双N"式；另一种是特殊的表意需要。由陈述性成分作为修饰语构成的动宾复合词在语义上也带有一定的陈述性。相对于动宾倒

序"$O_双V_双$"结构作为修饰语构成的动宾复合词,动宾结构"$V_双O_双$"构成的动宾复合词的陈述性、述谓性更强。

何元建(2004)以"计算机操作者"和"操作计算机者"为例,认为"$O_双V_双N$"式表示泛指,"$V_双O_双N$"式表示特指、定指。如"操作计算机者"更突出"操作"的人,特指意义是由突出动作性带来的,突出了动作性,就突出了实施这个动作的个体,因而具有特指意义。周韧(2011:121)进一步指出,"$V_双O_双N$"定指义虽然指的是其中的O和N都是定指的,更重要的是动词V一定要与时体成分关联,"$V_双O_双N$"和"$O_双V_双N$"式复合词确实存在语义差别,但我们认为定指、特指和泛指、类指的差异是由修饰成分"$V_双O_双$"的陈述性、述谓性带来的。

下面以"征求意见稿"和"意见征求稿"为例,进一步阐述"$V_双O_双N$"和相应的"$O_双V_双N$"的语义差异。

"意见征求稿"虽然在语感上可以接受,但CCL语料库中几乎都是"征求意见稿"。为什么作为VON式的"征求意见稿"更常见?我们认为是特殊的表意需要的结果。一份文档的征求意见稿,是处于征求意见的阶段,突出的是动作,希望大家多提意见,一旦有了意见还可以修改,凸显的是陈述性,而不是指称性。"征求意见稿"更多的是出现在文件名称末尾,起补充说明的作用,这个位置需要凸显的是陈述的语义特征。更有意思的是,"征求意见"前面还可以加上其他修饰成分,进一步突出陈述的语义特征。例如:

(39)商务部于12月5日发布了《餐饮业管理办法(第二次征求意见稿)》,现再次向社会公开征求意见。

(40)近日,国务院法制办公室公布了关于《国有土地上房屋征收与补偿条例(第二次公开征求意见稿)》公开征求意见的通知。

这里使用"征求意见稿"而不是"意见征求稿"，根本的原因不是定指和泛指的差异，而是陈述一个具体事实还是指称一类事物，如果说还带有定指和泛指的差异的话，那也是由前者的语义特征带来的结果，前者是主要的。

与之相对的是，CCL 语料库中查到 1 个"意见征求稿"的用例，使用语境与上文有很大的区分。例如：

（41）其实，早在四月中旬，证监会发布再融资的<u>意见征求稿</u>时，市场对定向增发的利好已初步形成共识，对有定向增发预案的公司也大为追捧，如 G 泛海、G 广电等均有一波不小的上涨。

总之，"$V_双 O_双 N$"式更突出动作性，"征求意见稿"突出"征求"的动作性、陈述性和个体性，具有特指意味和专名特性。从"$V_双 O_双 N$"到"$O_双 V_双 N$"，模糊了动作性、个体性，凸显了指称性、泛指，具有类指意味和类名特征。征求意见的文稿，本来就具有临时性的意义，因此，用陈述性较强的 $V_双 O_双 N$ 形式更好。如果是表示泛指这一类现象，使用"$O_双 V_双 N$"式的"意见征求稿"是合适的。在表示一类现象的时候，"意见征求稿"还可能进一步紧缩为"$V_单 O_单 N_单$"式的"征意稿"，BCC 语料库有 3 个相关例子，例如：

（42）华晨汽车董事长苏强认为，国家发改委的这个通知和<u>征意稿</u>表明，国家在积极地推动自主品牌的发展。

由于"征意"不是一个常见的组合，所以"征求意见稿"紧缩为"征意稿"不常见，而多常用"意见稿"这种紧缩的格式。BCC 语料库有 100 多个相关例子，例如：

（43）就在此前不久，《包装饮用水》国家标准的征求意见稿出炉。意见稿指出，除了天然矿泉水，凡是人工水，以后都将叫"包装饮用水"。

在特殊语义表达的需求下，"征求意见稿"动宾没有倒序，不过，其中心语名词用的是单音节不成词语素的"稿"，而不是"初稿"，也就是说，在可能的情况下，它采取了尽量紧致的形式。

9.5　两种生成方式与"$O_单 V_单 N$"式复合词的来源

动宾饰名复合词有两种生成方式。一种是由组合式"$V_双 O_双$的N"紧缩为黏合结构"$V_双 O_双 N$"，再进一步紧缩为"$V_单 O_单 N$"或"$O_双 V_双 N$"。这种生成方式是由句法结构凝结为句法词，句法词再进一步紧缩为词法词。另一种是直接由词法生成的。应学凤（2019）把这两类生成方式分别称作原生和附加。直接由词法生成的动宾饰名复合词是附加式，即由修饰语和中心语直接黏合而成。

附加式"$O_双 V_双 N$"的生成是一个名词性成分直接修饰中心语"VN"，并且这个名词性成分可以充当动词"V"的受事，其生成模式码化为 VN ——$[O_1[VN]]$——$[O_2[VN]]\cdots[O_x[VN]]$。与"纸张粉碎机"结构类似的，定语又能充当动词受事论元的有：

（44）塑料粉碎机　轮胎粉碎机　中药粉碎机　文件粉碎机

附加式"$V_单 O_单 N$"由"$V_单 O_单$"直接作定语修饰"N"而成，"$V_单 O_单$"已是凝固性强的结构或词。有的原生式和附加式在共时层面很难区分，有的可以比较明确地区分。例如：

（45）审阅稿件的专家——稿件审阅专家——审稿专家

粉碎纸张的机器——纸张粉碎机——碎纸机

"审稿专家"很难确定是由"审阅稿件的专家"紧缩而成，还是由"审稿"直接修饰"专家"附加而成。"碎纸机"的"碎纸"凝固性不强，一般不会认为是由独立的"碎纸"与"机"复合而成的。由于"$V_单O_单N$"是词法模式，在类推的作用下，"碎 X 机"也是常见的结构。由此可见，原生式和附加式很难区分，但原生式的生成更为重要，因为一旦有了"词模"，可以按照附加式生成无数的新词。本书讨论的就是这类原生式动宾饰名复合词的生成机制。

在 9.3.2.2 节，我们指出"$V_单O_单N$"的"$V_单O_单$"具有词的性质，单音节动词难以被分析为定中结构的中心语，"$V_单O_单N$"进一步倒序为"$O_单V_单N$"有更多的限制，只有极少数可以倒序[①]。例如：

（46）? 刮雨器——雨刮器　　融雪剂——雪融剂

恋母片——母恋片　　凝血酶——血凝酶

"凝血酶"和"血凝酶"两种形式都存在，意义产生分工。与"$V_双O_双N_单$"和"$O_双V_双N_单$"的意义差别类似，"$V_单O_单N$"意义透明度高，而"$O_单V_单N$"意义透明度低，语言形式的松紧对应意义的透明度高低。

（47）记得有一天，我科一位患者突然消化道出血，医生看过之

---

① 沈家煊先生（邮件交流）提醒笔者重视"$O_单V_单N$"类复合词，例（46）等是沈先生告知笔者的。他指出："这些用例不但不应该排除不顾，而且应该作为你文章的一个重点（因为过去被忽视），因为它们更加证明'松紧象似'的正确。"

后口头医嘱：盐水 2ml，血凝酶 1 支肌注。当时责任护士为我科新进护士。从备用药中拿取一支药，抽水，溶药，一气呵成。当她走到床边准备向患者注射药物时，被一旁医生看到并制止，阻止了这场血案。当这位同事回到治疗室，我才发现她错将凝血酶当成了血凝酶。看到这一幕，我不禁也吓出了一身冷汗。（《凝血酶与血凝酶，一字之差，用法千差万别！》，搜狐网，2018-06-10）

两者是不同的药："凝血酶"是由一种凝血酶前体形成的蛋白质水解酶，直接作用于毛细血管出血，局部外用；"血凝酶"是从巴西蝮蛇属毒蛇液中分离得到的酶性止血剂，有增强血小板聚集的功能，出血前可以注射预防。"凝血酶"直接作用于受伤部位，"血凝酶"提高全身的凝血功能。前者使用相对松一些的"VON"式，词义相对透明，就是指凝血的酶；后者采用更紧的"OVN"式，这是一种松紧、语义和语用的象似。

"$O_单 V_单 N$"，由短语"$V_单 O_单$ 的 N"逐步紧缩而来的原生式数量相对少①，直接由词法生成的附加式相对多一些。附加式"$O_单 V_单 N$"有的是由"$O_单 V_单$"直接修饰"N"生成的。例如：

（48）耳挖勺　科研处　音译词　法属圭亚那　漕运官

---

① 沈家煊先生（邮件交流）指出，"$O_单 V_单 N$"大多是科学术语、缩略语或专名，在概念上更紧致。沈先生提示笔者，"$O_单 V_单 N$"比"$V_单 O_单 N$"紧致，在于"$O_单 V_单$"被重新分析为定中结构，如果"$O_单 V_单$"是定中结构的话，则说明"$V_单$"具有名词性，确立汉语是"名动包含"格局，动词（包括双音和单音）属于名词（大名词），这样才能说明名性动性的相对性，单音动词具有名性才说通。"名动包含"格局表明汉语里名词和动词的区别不像印欧语（名动分立）那么重要，在汉语里这种区别不是说一不二的，而单音、双音的区别是说一不二的，而且对名词和动词都起作用，从而实现"松紧象似"，所以说单双区分比名动区分重要。由此可见，"名动包含"理论能为原生式"$O_单 V_单 N$"紧缩动因提供合理的解释。关于"$O_单 V_单 N$"的生成，需要进一步详细讨论。

有的"$O_单 V_单 N$"是由"$O_双 V_双 N$"的"$O_双 V_双$"音节紧缩而成的，共时状态下两者很难区分，例如：

（49）房管局　汽修厂　空调机　列检厂　货运司机

也有的"$O_单 V_单 N$"是与附加式"$O_双 V_双 N$"一样的生成方式，即在"VN"前加"N"生成的。例如：

（50）吸虫——血吸虫——肝吸虫——肠吸虫——双盘吸虫——布氏姜片吸虫

（51）滤芯——水滤芯——空气滤芯——双节滤芯——陶瓷滤芯——树脂滤芯

语感上虽然也可以接受"滤水芯"，但"水滤芯"不是"滤水的芯"，"血吸虫"也不是"吸血的虫"，"吸虫""滤芯"已经凝结成词，前面的名词性成分是起分类的作用。

"肉夹馍"是"肉夹于馍"还是其他方式生成的不确定，但有了"肉夹馍"后，由于类推机制，随着品类的增多，还有其他"夹馍"（董洪杰，2019）。例如：

（52）肉夹馍——菜夹馍——鸡蛋夹馍——辣子夹馍——土豆丝夹馍——花干夹馍

9.6　小结

不同类型的动宾饰名复合词是组合式定中短语"VO 的 N"紧缩为

黏合式"VON""OVN"过程中松紧不同的结构形式，是短语紧缩为短语词、句法词、词法词过程中的不同阶段。在短语到复合词"$V_双O_双$的N——$V_双O_双N$——$O_双V_双N$——$V_单O_单N$"的紧缩过程中，结构松紧和节律松紧的单用或叠用形成了各种类型的动宾饰名复合词：$V_双O_双N_双$、$V_双O_双N_单$、$V_单O_双N_双$、$V_单O_双N_单$、$O_双V_双N_双$、$O_双V_双N_单$、$V_单O_单N_双$、$V_单O_单N_单$。

　　这些动宾复合词因松紧不同而语义有别，不同的松紧形式适用于不同的语用。这八类复合词中，前四类是短语词、句法词，后四类是词法词。不管是从结构松紧，还是从节律松紧分析，前四类复合词都是相对较松的类型。"$V_双O_双N$"是居于短语和典型复合词之间具有过渡性质的结构形式，在结构松紧手段作用下紧缩为"$O_双V_双N$"，在节律松紧手段的驱动下紧缩为"$V_单O_单N$"。"$V_双O_双N$"进一步紧缩是复合词松紧象似原则驱动的结果，只有少数因特殊语用需要，产生了有别于"$O_双V_双N$"的语义，才以""$V_双O_双N$"为主要形式。"$V_单O_双N$"因为单音节动词的动作性，无法动宾倒序紧缩，而是在节律松紧手段的驱动下进一步紧缩为"$V_单O_单N$"。

　　"$O_双V_双N$"和"$V_单O_单N$"都是词法词，都是相对稳定的形式，但在实际语言中，后者比前者更常见。作为复合词，越紧、越短小，越符合一般人语感中词的形式，使用率也越高。从松紧角度看，在节律松紧作用下，"$O_双V_双N$"可以进一步紧缩为"$O_单V_单N$"；在结构松紧的作用下，"$V_单O_单N$"也可以紧缩为"$O_单V_单N$"。"$O_单V_单N$"是动宾饰名复合词最紧的形式，但原生"$O_单V_单N$"式却很少见，因为这种形式的生成需要更多的条件。

　　动宾饰名复合词不是越紧越好，而是要根据语用需要，该松就松，该紧就紧。

第十章　定中黏合结构单音节定语
位置的松紧象似

10.1　单音节定语位置的韵律制约

汉语中有一类名称，一般认为单音节定语居首接受度低，需要后移。
例如：

（1）? 大汉语词典——汉语大词典

（2）? 东胜利路——胜利东路

自吕叔湘（1979：48~49）指出"四川北路"的结构层次与语素排列
不一致，实际的层次结构是"北四川路"以来，这类现象得到广泛关注。
关于这类结构的生成，有韵律语法、韵律与句法语义互动、语义制约等
多种解释，我们在分析已有解释的基础上，提出基于黏合结构和组合结
构差异视角下的松紧象似原则，以期可以提供更好的解释。

端木三（Duanmu，1997）用"左重原则"和"辅重必双"来解释这
种现象。根据左重原则，重音应该落在"词起首的地方"，即应该落在
"北"上，但它是单音节的，违反"辅重必双"原则，因而居首的单音节
定语不是好的结构。他认为下面这样的移位是因为单音节修饰语居首的

节奏不好，提出"四川"需要前移：

（3）？？北四川路——四川北路

冯胜利（1998）认为，"大汉语词典""北四川路"不能说是因为其是3+2式、1+2+1式的韵律模式，违反了自然音步的左起属性。他指出，汉语五字串的结构，2+3式是自然音步，3+2式不是；四字串的结构，2+2式是自然音步，1+2+1式不是。为什么说五字串的结构2+3式是自然音步的节奏，四字串的结构2+2式是自然音步的节奏呢？他认为这是由于在不受外界句法语义干扰的字串中，只有"左起"（从左到右）划分音步结构才能得出正确的结果。

"大汉语词典"这样的1+2+2形式和"北四川路"这样的1+2+1形式，都不符合自然音步的组合方式。"北四川路→四川北路""大汉语词典→汉语大词典"等所做的音节调整，就是对自然音步的一种响应。

冯胜利（2004）进一步指出，A+N都是句法词的形式，句法词是介于词和短语之间的结构，所以"大汉语词典"不是反例，符合"左向造语"。但"北四川路"是N+N的组合，是词的模式，1+2式的NN是反例，不符合"右向构词"。

10.2　单音节定语位置韵律与句法、语义互动的制约

周韧（2006，2011：160~178）用多因素优选的方法解释例（1）、（2）这样的单音节居首是否移位的现象。作为对比，他同时分析了以下例子：

（4）新款圆形大餐桌　外来语大词典　新汽车工厂　大玻璃杯

他把所有单音节定语可能的各个位置都列出来，比如，例（1）有以下四种可能：{大汉语}{词典}、{汉语}{大词典}、{大汉}{语词典}、{大}{汉语}{词典}，然后列出音系、句法、语义等制约因素和优选顺序。优选顺序为，不要骑跨＞语义因素 a＞至少两个音节＞一致性＞语义因素 b＞从左向右。"汉语大词典"虽然违反了"语义因素 b"，但不违反"一致性"；"大汉语词典"违反"一致性"，不违反"语义因素 b"，但"一致性"这个因素要高于"语义因素 b"，所以"汉语大词典"好。

周韧（2011：165）认为，"左起音步"规则是在完全不受外界句法语义干扰的情况下所采取的一种音步结构划分方式，但定中黏合结构掺杂了句法和语义的因素，因而自然音步的属性无法完全实施。如他发现也存在"老古玩店""大玻璃杯""黑皮革沙发"等这样的违反左重规则、左起音步等假设的例子。因此，他在韵律制约机制的基础上加入了语义的因素，提出韵律、句法和语义多因素优选规则。

周韧（2011：173）在综合已有定语排序规则的基础上，提出了下面两条制约规则：

（5）语义制约因素 a：

新旧、方位、大小、颜色、形状、气味、名称、属性＞材料＞功用

语义制约因素 b：

新旧、方位＞大小＞颜色＞形状、气味＞名称＞属性

陈渊泉（Chen，2000）曾提出汉语句子节奏划分遵循的规则：

（6）不要骑跨＞至少两个音节＞至多两个音节＞一致性＞从左到右

"不要骑跨"（一个词项不能被分开）、"至少两个音节"（单音节不成韵律单位）、"至多两个音节"（多音节不成韵律单位）、"一致性"（韵律单位内部最好是句法成分）、"从左向右"（音步左起）这些因素中，"不要骑跨""一致性"是句法制约因素，"至少两个音节""至多两个音节""从左向右"是韵律制约因素。如"外来语大词典"不能划分为"｛外来｝｛语大｝｛词典｝"，这是因为它虽然符合韵律制约因素，但违反了句法制约因素，而句法制约因素优先于韵律制约因素。

陈渊泉提出的规则能解释部分音节定语后移的例子，但不能解释为何有的居首单音节定语要后移，有的不后移。周韧（2011：173~174）在陈渊泉规则上加入了语义制约因素，提出以下规则：

（7）不要骑跨＞语义因素 a＞至少两个音节＞至多两个音节＞一致性＞语义因素 b＞从左到右

用这条规则不但可以解释居首单音节定语需要后移的情况，如"四川北路""汉语大词典"，还可以解释为何"大玻璃杯"合格而"*玻璃大杯"不合格。

周韧（2011：173）提出的这条韵律、句法、语义多因素优选规则，其实更多的是强调了句法、语义的作用。从句法上的"不要骑跨"优先于"语义制约 a"，"语义制约 a"优先于韵律的两个因素等可以看出，韵律制约相对还是弱势的。周韧的语义制约 a、b 的区分非常有创见，也很有意义，他强调各种类型的定语的制约作用是不同的。关于居首单音节定语的移位，周韧的规则是在韵律语法解释基础上的一种改进。柯航（2007、2011）认为，居首单音节定语的移位，语义制约是第一位的因素。

10.3　单音节定语位置的语义制约

柯航（2007、2011）提出居首单音节定语遵循"语义松紧度接近原则"。在"新旧＞大小＞颜色＞形状、气味＞属性＞时间、处所＞材料＞用途＞中心词"语义顺序中，"居首的单音节定语与中心词的语义松紧度同后续定语与中心词的语义松紧度相差越小的越容易移位；反之，则越难以移位"。

柯航（2011）的假设存在一些问题：一是解释范围有限，"大汉语词典"和"汉语大词典"、"北四川路"和"四川北路"的解释就不太合适；二是对于多接近才可以移位，多接近才必须移位，文章没有界定，也不可能界定。因为语义松紧度相同的两类定语，有的必须移位，有的不能移位：

（8）甜红豆粥——＊红豆甜粥（气味[①]—材料）

（9）？女运动装——运动女装（属性—用途）

例（8）的"气味"和"材料"中间间隔"属性"和"时间、处所"两类，例（9）的"属性"和"用途"中间间隔"时间、处所"和"材料"两类，前者不能移位，后者必须移位。

下面我们看两组例子，来进一步验证"语义松紧度接近原则"。

（10）？旧黑色沙发——黑色旧沙发（新旧—颜色）

　　　？小圆形书桌——圆形小书桌（大小—形状）

[①]　这里柯航用的术语是"味道"，但从实际用例看，柯航的"味道"和周韧的"气味"是同一类。

　　？ 皮防寒大衣——防寒皮大衣（材料—用途）

　　？ 小女式挎包——女式小挎包（大小—属性）

（11）黑皮革沙发——*皮革黑沙发（颜色—材料）

　　旧羊皮挎包——？羊皮旧挎包（新旧—材料）

　　大液晶电视——？液晶大电视（大小—材料）

　　红运动短裤——*运动红短裤（颜色—用途）

例（10）和例（11）形成对立的原因在于两者定语类别的差异。例（10）的定语在定语语义顺序序列中，间隔很小，如"新旧—颜色""大小—形状"间隔 1 类，"材料—用途"紧邻，"大小—属性"间隔 3 类。而例（11）的间隔都为 4 类或更远。

　　柯航（2011）指出，语义是决定居首单音节定语能否移位的首要制约因素。韵律与语义的制约如表 10-1 所示。

表 10-1　居首单音节定语的韵律、语义互动

原形式	韵律要求	语义松紧度接近原则	单音节定语能否移位
大$_2$汉语词典	+	+	+
黑皮革沙发	+	−	−
甜红豆粥	+	−	−
大方形桶	+	+	+

　　柯航（2011）认为只有满足了语义松紧度接近原则，才可以移位，否则即使满足韵律要求，居首单音节定语也不能移位。我们认为，强调居首单音节定语的语义制约没有问题，但问题是，定语类别接近到什么程度才可以移位？是紧接，还是可以间隔 1 个或 2 个甚至 3 个类别的定语？间隔越小的是不是越可能移位？间隔多大距离时居首单音节定语移位不移位都能成立？这些问题都需要进一步思考。更为有意思的是，"新旧"属于一个类别的定语，却有如下对立：

（12）新英汉词典—英汉新词典

　　旧英汉词典—＊英汉旧词典

　　对于这种例外，柯航借助了另外一种语义解释，认为当"新"放在词首时，可以指词典品相的新旧，相应的"旧英汉词典"也成立。但当"新"在中间时，指的是内容和版式，因为没有一本词典会标榜自己版式旧，内容过时，所以相应的"英汉旧词典"就不太好接受。

　　与此类似的还有"大汉语词典"和"汉语大词典"、"北四川路"和"四川北路"。下面主要以"大汉语词典"和"汉语大词典"为例做简要介绍。她收集了一系列词典，发现它们的名称和收词量有对应关系，如表10-2所示。

表 10-2　词典名称与收词量的关系

词典名	收词量
新牛津英汉双解大词典	35.5 万余条
英汉双解大词典（外研社）	18.7 万余条
新时代汉语大词典	近 12 万条
英汉大词典	10 万余条
朗氏德汉双解大词典	6.6 万条
高级英汉双解大词典	4 万余条
英汉双解大词典（外文社）	4 万余条
高级英汉大词典	2.5 万余条
化工大辞典	1.6 万条
学生实用英汉大词典	1.2 万条
英语常见问题解答大词典	6000 条
21 世纪大英汉词典	40 万条
大英汉词典	18 万余条
大俄汉词典	15.8 万条
大法汉词典	12 万条左右
大德汉词典	12 万条左右

柯航（2011）认为"大 XX 词典"主要强调收词量大，它又可以进一步外化为体积大，因而"大 XX 词典"的"大"有物理属性的"大小"之义。而"XX 大词典"的"大"不是强调收词数量多、体积大，而是指在相关范围内收词全面，也就是说，"大"居首和居中，意义是不完全相同的。这样的解释过于主观，根据什么认为"英汉新词典""新英汉词典"的"新"和"大 XX 词典""XX 大词典"的"大"是两个不同的"新"和"大"？这个不同是语义本身的差异，还是结构带来的？更准确地说，"英汉新词典""新英汉词典"的语义差异，是"新"的不同导致的，还是韵律结构不同带来的？

10.4　三种解释的对比分析

不管是韵律语法的解释，韵律、句法和语义互动的解释，还是语义制约的解释，都基于一个假设：单音节居首和居中两种形式只有一种是最好的。从韵律语法的视角看，单音节居首都是不好的形式，端木三认为这是因为违反"左重""辅重"，冯胜利认为是违反"右向构词、左向造语"；周韧的多因素优选认为，单音节定语有的居首，有的居中；柯航则认为语义类别越是相近的，越容易换序。

然而，在实际语料中却有多种可能（应学凤，2014c）。有部分居首单音节定语一般需要后移到中心语前，否则就不合格。例如：

（13）*大外来语词典——外来语大词典

　　? 北上海路——上海北路

有的单音节定语以不移位常见，移位后的反而不合格。例如：

（14）旧英汉词典——＊英汉旧词典

老古玩店——＊古玩老店

有的居首、居中都存在，有的语义差别不大，有的差别较大。例如：

（15）大英汉词典——英汉大词典

南中国海——中国南海

钱江新城（杭州）——新江湾城（上海）

韵律语法制约可以解释例（13）这样的单音节定语居中的例子。冯胜利（2016：217~219）认为，"北礼士路、南礼士路、东长安街、西长安街、南新华路、北新华路、东文昌胡同、西文昌胡同"居首的成分是"节律外"成分。这种补充式的解释，还是无法解释例（15）这样的情况。

韵律与句法、语义等互动，语义制约可以解释例（13）、（14）这样的单音节定语居首或居中的情况，但无法解释例（15）这样的同时存在居首、居中的例子。例（15）这样的例子还有很多。例如：

（16）北苏州路——南苏州路——西苏州路（以"苏州河"为参照）

（17）张家浜路——北张家浜路（以"张家浜"为参照）

（18）大名路——东大名路

（19）汉阳路——东汉阳路

（20）9 月 22 日至 10 月 10 日，市区北湖滨路将进行白改黑改造。施工期间，道路将进行半幅施工。（《宁德晚报》2018 年 9 月 24 日）

（21）世鸿大酒店位于宁德蕉城区湖滨北路 3 号。

例（16）~例（19）是上海的路名，例（20）、（21）是福建宁德的两条路。单音节居首和居中的形式具有不同的语义，结构松紧不同，语义不同，适用场合也不同，这是受松紧象似原则制约的结果。

语义制约的解释也存在一些问题：一是解释范围有限，对"大汉语词典"和"汉语大词典"、"北四川路"和"四川北路"的解释就不太合适；二是对于多接近才可以移位，多接近才必须移位，没有明确说明。

更重要的是，语义松紧度相同的两类定语，有的必须移位，有的不能移位，如例（13）~例（21）。

10.5　黏合和组合结构差异下的松紧象似制约

10.5.1　单音节定语居中结构是韵律、松紧与语义共同制约的结果

单音节定语居中结构受松紧象似原则制约。汉语与英语的节奏类型不同，英语的节奏是轻重型的，而汉语的节奏是松紧型的（王洪君，2004）。沈家煊、柯航（2014）进一步指出，汉语的节奏属于"音节计数"或"音节定时"型，是松紧控制轻重，松紧为本。"汉语节奏的伸缩性就是音节组合的松紧度变化，节律的松紧虚实以扭曲对应的方式同时反映语法、语义、语用上的松紧虚实"，"语音、语法、语义三个层面不是截然分开、互相撕裂的，三者之间的联系主要靠'松紧虚实'的投射对应关系"（沈家煊，2017a）。周韧（2017b）也认同"成分之间韵律上的松紧象似它们之间语义语用上的松紧关系"。

应学凤（2021a）用松紧象似原则解释了动宾饰名复合词的生成，认为松紧象似有词法、句法和音节三种手段。词法和音节手段都与音节缩减有关，词法手段是指动宾饰名复合词的中心语名词音节缩减为单音节黏着语素，中心语名词的依附性增强，从而使整个动宾饰名复合词更加紧凑；音节手段是指中心语名词以外其他成分的音节缩减导致的紧凑。

这两种手段只限于音节有变化的情况。本章讨论的单音节定语问题，不涉及音节增减，因而这两种紧缩手段不起作用。单音节定语的松紧象似主要受句法手段制约。

句法手段是指利用删减、移位、换序等手段促使句法词去句法规则化，进一步凝固为词法词。动宾饰名复合词的句法紧缩表现为，述宾结构 VO 倒序为 OV（应学凤，2021a）。例如：

（22）走私文物的罪犯——走私文物犯——文物走私犯
（23）征求意见的初稿——征求意见稿——意见征求稿
（24）表彰劳模的大会——表彰劳模大会——劳模表彰大会
（25）稳定物价的措施——稳定物价措施——物价稳定措施

从"VO 的 N"到"VON"是第一步紧缩手段，前者为组合结构（短语），后者为定中黏合结构（句法词）。这既是音节紧缩，也是句法紧缩。从"VON"到"OVN"是黏合结构内部的进一步紧缩，从句法词紧缩为词法词。"VO"倒序为"OV"本质上是降低词义的透明性，词义的理解不能简单通过语素义的加合获得。

居中单音节定语相对于居首单音节定语而言是句法的紧缩。例如：

（26）大的英汉词典——大英汉词典——英汉大词典
（27）大的现代汉语词典——大现代汉语词典——现代汉语大词典

从"大的英汉词典""大的现代汉语词典"分别到"大英汉词典""大现代汉语词典"是定中组合结构到黏合结构的性质变化，这是紧缩的第一步；居首单音节定语分别后移为"汉英大词典""现代汉语大词典"则是黏合结构内部的进一步紧缩，词义透明度下降。

松紧程度不同，语义上也有差异。"大的英汉词典——大英汉词典——英汉大词典"紧缩的过程是从组合结构到黏合结构、从句法词到词法词的过程，也是从松的节律到紧的节律，相应的结构语义上对比性、区别性减弱，指称性、称谓性增强的过程。松紧有结构松紧和节律松紧之别（应学凤，2020：252）。定中黏合结构的"四川北路""英汉大词典"等既是紧的结构，又是紧的节律形式，具有称谓性的语义特征。作为名称，从松紧和语义上看，单音节定语居中结构也是最好的形式。单音节定语居中的定中黏合结构是紧凑的形式，具有称谓性的语义特征，是用作名称的无标记形式。一般而言，书名、路名、海洋岛屿名等与单音节定语居中的紧凑形式是最匹配的形式（应学凤、聂仁发，2022）。正是因为单音节定语居中结构是韵律、松紧和称谓性语义一致的结构，所以它是强势的结构形式。

　　单音节定语居中结构有两种来源：一种就是上面这种方式，即句法结构紧缩生成的，我们称之为原生结构；另一种是类推生成的词法结构，我们称之为次生结构。次生结构是先有词模，然后类推构词生成。如先由"XX大词典"形成词模，然后生成"英汉大词典""汉语大词典""德汉大词典"等。这种次生方式生成的单音节定语居中结构既符合韵律，又是结构紧致、具有称谓性的结构，是韵律、松紧与语义一致作用的结构，因而是稳定的最佳形式，能产性强。

10.5.2　单音节定语居首结构具有特殊的表意作用

　　从节律上看，"北四川路""大英汉词典"等单音节居首的定中黏合结构是松散的节律。正是由于结构松紧和节律松紧不一致，单音节居首的定中黏合结构的语义具有两面性，既具有指称性、称谓性语义特征，又具有一定的对比性、区别性。

　　居首单音节定语是否需要移位与语义语用有关，需要突出对比性、区别性的时候不移位，采用松的形式。比如，杭州市中心延安路嘉里中心附近有一组地名为"长寿路""横长寿路"①，两者呈丁字交叉状态，最先有"长寿路"，后新修了一条垂直于"长寿路"的新路，命名为"横长寿路"，新的"横长寿路"是相对于"长寿路"而言的，"横"突出的是对比性、区别性。上海的"新江湾城"和杭州的"钱江新城"的对立看似是矛盾的，实质是松紧象似原则制约的结果。上海新江湾城附近有一座老的江湾城，"新江湾城"是相对于老的江湾城而言的，凸显对比性、区别性；而杭州不存在一座钱江城，"钱江新城"的"新"没有区别意义，只是在钱塘江边开辟了一个新的城市发展区域。

下面以几组代表性的对比语料为例，进一步阐述松紧象似制约。

10.6 "XX大词典""大XX词典"的松紧象似阐释

据介绍，《现代汉语大词典》是在充分吸收《汉语大词典》中有关成果的基础上，根据新的编纂方针，补充了众多的词条和大量的语料，编纂成的一部全新的收释现代汉语词汇的大型工具书。由此可见，"现代汉语大词典"强调的对比对象是"汉语大词典"，突出"现代汉语"特性。而"大现代汉语词典""新现代汉语词典"分别凸显的是"大"和"新"，它强调的对比对象是"现代汉语词典"。

"大现代汉语词典"和"现代汉语大词典"生成的方式不同：前者凸显区别性，区别于"现代汉语词典"；后者是在"汉语大词典"基础上生成的，两者不是"大"的移位问题，语义差别大。"大现代汉语词典"

---

① 有的时候与音节长短也有关系，杭州还有一组类似的路：黄姑山路——黄姑山横路。"黄姑山"是三个音节的，这个时候的"横"居中。当然，两条路的分布与"长寿路——横长寿路"也稍有不同，"黄姑山路——黄姑山横路"是十字交叉的状态。

凸显了区别于"现代汉语词典"的特性。

　　"大英汉词典""英汉大词典"的区别也是如此：前者凸显区别一般英汉词典"大"的特性，一般是区别于已经存在的"英汉词典"；"英汉大词典"作为一本词典的称谓名，不凸显区别性。柯航（2007、2011）认为"大XX词典"强调体积大、收词量大，"XX大词典"强调内容全面。她认为这两个"大"语义不同。我们认为"大XX词典"和"XX大词典"语义确实不同，但两者的区别不在于"大"的语义，而是整个结构的语义的区别。前者是个相对松的结构，兼具对比性和区别性；后者是个紧凑的结构，有很强的称谓性，不凸显区别性。"大XX词典"强调与一般的"XX词典"比较而言，"大XX词典"不管是体积、收词量还是收词全面等都很大。

　　如果真如柯航所认为的，"大XX词典"的"大"表示的收词量大，就会遇到问题。首先，她所列的数据显示，《新牛津英汉双解大词典》收词量达35.5万余条，远远超过《大英汉词典》的18万余条。其次，词典会修订，词量会增加。她所列的表格显示，《英汉大词典》只有10万余条，但新修订的《英汉大词典》有22万条，比《大英汉词典》收词量还大。

　　"大XX词典"的语义是强调区别性，区别于市面已经存在的"XX词典"，凸显体积大、收词量大或收词全面等。"新英汉大词典"相对于"英汉大词典"就凸显了"新"。为了区别于市面已经在售的某本词典或某类词典，才会采用"大XX词典""新XX词典"格式。

　　冯胜利先生[①]（邮件交流）也有类似的看法："大外来语词典"，不是小的，这里就有了比较性，而不是指称性的。这里面或许还有内容可挖。形容词单说就是强调、对比，所以居首的单音节形容词是有对比性的。"新汉语词典"，这"新"字后面还得停顿，是说这是新的，不是旧的。

---

①　在香港中文大学"韵律语法系列丛书"学术研讨会（2014年11月1~2日）会上和会后，冯胜利先生对笔者撰写的书稿《汉语的韵律与语义》给予了详细的指点，非常感谢。

所以"大外来语词典"不是不能说，它是 ambiguous。实际上一比较就是焦点了，就不是简单的纯描述了。强调的时候要拉长单音节。充当焦点的音节拉长，单音节实际上就在往双音节走。"大汉语词典"只能念成"大～汉语词典"，"大"和后面不贴。可这样就不是指称性的了，而是焦点的、比较的描写。

10.7 "东长安街""西长安街"等路名的松紧象似阐释

北京的"西大望路"原称西大旺路，据说因早年间附近有旺姓人家居住而得地名，后来演变为西大望路，1947 年北平地图上已有此路名。"西大望路"的"西"是就参照项"旺姓人家居所"而言的，与上海、杭州类似。但这个规律在北京地名中不明显，有很多单音节定语居首的地名看似没有明显的参照项，例如：

> （28）东长安街——西长安街
>
> 南锣鼓巷——北锣鼓巷
>
> 东安福胡同——西安福胡同
>
> 东花市大街——西花市大街
>
> 北礼士路——南礼士路
>
> 南新华街——北新华街
>
> 东文昌胡同——西文昌胡同

以上都是贯通的路，按照上海、杭州的习惯，单音节定语一般不居首，多居中。这类地名还不是个例，数量很多。根据地理分布看，基本都是二环内，称名时间早，属于历史地名。历史地名往往因不容易理解其中的命名理据而误解其生成的原因。根据周韧（2017a）的解释，"礼士"原指"驴市","长安"指"长安门","新华"指"新华门","文昌"指"文昌阁"。这类地名都有固定的参照项,居首单音节定语强调以参照项为核心的方位。"东长安街"表示"长安门"以东的这一段,与上海的"北苏州路""南苏州路"是一样的,这两条路是相对于"苏州河"而言的。

上海的地名中,也有几个这样的单音节定语居首的例子。例如:

(29)东大名路——大名路

"东大名路""大名路"是一条东西相接的路的两段,似乎不符合居首单音节定语凸显区别性的语义特点。"东大名路"的特殊之处在于它是英文地名的翻译。资料显示,东大名路(East Broadway Road)是上海公共租界工部局修筑的,最初名"百老汇路"(Broadway Road),1877年将虹口港外虹桥以东改名为"东百老汇路"(East Broadway Road)。1943年汪精卫政府接收租界时改名"大名路"和"东大名路"。

"东大名路"并不需要凸显地理方位,但采用了单音节定语居首的形式,这是受英文原地名影响的结果。

(30)在沪北,1904年工部局延长北四川路,并修筑黄陆路、江湾路。1908年又延长北浙江路及海宁路、北苏州路。(上海档案馆编《上海租界志》)

资料显示,也是先有"四川路",后来,英国公共租界工部局越界筑路,修筑了"北四川路""北浙江路""北苏州路"。当时路名也是按照英文习惯,方位词居首。在长期使用过程中,模糊了对比性、区别性,"北四川路"按照汉语地名的习惯,调整为"四川北路","东大名路"没有被调整为"大名东路"估计与大家模糊了"东"的意义有关。与此类似的还有上海的"火车南站""火车北站",翻阅上海老地图发现,在新中国成立前的上海地图中,"火车南站""火车北站"分别标注为"南火车站""北火车站"。现在的上海方言中还保留着"南火车站""北火车站"的称谓①。

由此可见:第一,单音节定语居中的强势;第二,单音节定语居首的特殊语义作用;第三,历史名称、英文习惯等会影响单音节定语的后移。

10.8 上海市单音节定语路名的调查

为了进一步验证单音节定语居首还是居中的规则,我们对上海路名进行了统计。经过不完全统计,得到上海路名1612个,其中单音节定语路名有137对,主要有以下四种模式:

（31）XX 路——XXM 路：

祁连山路——祁连山南路、钦州路——钦州北路

（32）XXM_1 路——XXM_2 路：

北京东路——北京西路、浙江北路——浙江中路——浙江南路

（33）XX 路——MXX 路：

同心路——新同心路、东储安浜路——诸安浜（旧时为界河）

（34）M_1XX 路——M_2XX 路：

北苏州路——南苏州路、西江湾路——东江湾路

通过对上海市路名的调查,发现上海路名主要呈现如下分布,具体

---

① 在"第六届全国语言学核心期刊主编与青年学者对话论坛"（上海交通大学,2020年10月24~25日）上,陈忠敏先生提醒笔者:上海方言还称作"南上海站"。

详细数据如表 10-3 所示。

表 10-3　上海市特殊路名数据情况

单位：对

	XX 路— XXM 路	XXM$_1$ 路— XXM$_2$ 路	XX 路— MXX 路	M$_1$XX 路— M$_2$XX 路	合计
符合	67	56	5	4	127
不符合	0	0	4	1	10
总计	67	56	9	5	137

据表 10-3 数据，在收集到的 137 对路名中，有 126 对是单音节居中的模式，证实了我们关于单音节定语居中的是强势模式的判断。这 126 对路名，采用"XX 路—XXM 路"格式的有 67 对，这 67 对路名中有 63 对是首尾相接贯穿的一条路的两段，4 对是两两垂直。"XXM$_1$ 路—XXM$_2$ 路"有 56 对，其中 55 对路名首尾相接贯穿，有 1 对垂直。单音节居首的路名较少见，在 1612 个路名中，只收集到 14 对，其中凸显区别性、对比性语义的有 9 对，另外 5 对路名的单音节定语不具有区别义、对比义，但采取了居首的形式。我们先看"XX 路—MXX 路"的 4 对不具有特殊语义的路名：

（35）大名路———东大名路　　汉阳路———东汉阳路

　　　余杭路———东余杭路　　江阴街———东江阴街

这类单音节定语居首的例子大多是历史老地名遗留或受英文翻译影响的结果。由于历史的原因，上海很多地名最早是英文名，或仿照英文取的路名，上述 4 例中有 3 例的旧名都是单音节定语居首的。

表 10-4　上海新旧路名、英文名对照

现名	汉阳路———东汉阳路	大名路———东大名路	余杭路———东余杭路
旧名	汉璧礼路———东汉璧礼路	百老汇路———东百老汇路	有恒路———东有恒路
英文	Hanbury Road———East Hanbury Road	Broadway Road———East Broadway Road	Yuheng Road———East Yuheng Road

"江阴街——东江阴街"与"东宝兴路——西宝兴路"一样，都是地处上海市老中心的路名，后者于1913年始筑，以宝山路口宝兴里命名。

由此发现，上海收集到的路名都符合我们上面的判断，5组例外是受英文命名习惯或早期历史路名影响的结果。

10.9　单音节定语居首的条件与限制

松紧和语义的互动制约着单音节定语的位置。单音节居首、居中构成的定中黏合结构节律松紧不同，前者是相对松散的形式，后者是紧凑的形式。"新江湾城——钱江新城""大英汉词典——英汉大词典"等单音节定语的居首或居中，构成两类松紧不同、语义有别的结构。单音节定语居中的结构形式不仅结构紧密，节律紧密度也高，语义上称谓性强。单音节居首的结构形式相对松散，这类结构兼具指称性、对比性和区别性。

单音节定语居中是松紧、语义一致的结构，因而是强势的形式。单音节定语居首的形式是由特殊的语义语用需求促发的，这种形式主要是为了凸显对比性、区别性，主要有以下两类情形。

10.9.1　有参照项的事物名称，单音节形容词定语居首

先有一个"NN"式名称，再通过增加单音节修饰语创造一个新名称，而且两者不具有替代关系，单音节定语居首。例如，现代汉语词典——大现代汉语词典——新现代汉语词典、江湾城——新江湾城、杭州大学——新杭州大学等都是这种模式生成的，居首的单音节定语具有对比性、区别性，居首的单音节定语与后面的部分有停顿，而且单音节定语多重读，是焦点重音所在。

无参照项的，单音节定语居中。如果原无"NN"式名称，或原有

"NN"式名称，但新命名的形式直接替换了原有的名称，两者同指一物，那么单音节定语不能居首，只能居中。例如，? 钱江城——钱江新城、黑沟村——黑沟新村等单音节定语不能居首，是因为不需要对比、区别，原来本不存在"NN"式，或者新的名称已经替代了原有的名称。

10.9.2　有参照项的路名，单音节名词定语居首

参照项一般以不能移位的湖、建筑体、城镇等为主，如上海的"北苏州路""南苏州路"以"苏州河"为地理参照项，"北张家浜路"以"张家浜"为地理参照项。

有的时候还以原有的一条路为参照项，新的这条路多垂直于原有的路，如上海的"西横浜路""东横浜路"以"横浜路"为参照项，并与之垂直。杭州的"长寿路——横长寿路""西健康路——东健康路——健康路"也是如此。

如果新的路不与原有的路垂直，而是贯通的话，单音节定语则居中。例如，江西南昌大学南区有一条"上海路"，后来这条路向北延伸，横穿南昌大学北区，新修的这段命名为"上海北路"，不叫"北上海路"。这里的方位词不具有对比义，"上海北路"是指"上海路"的北段，泛指相对的方位，这从表 10-5 上海新旧英文地名也可以看出。

表 10-5　上海中英路名对照

原中文路名	原英文路名	现中文路名
北云南路	North Yunnan Road	云南北路
方浜路（东段）	Fongpang Road（Eastern）	方浜东路

从表 10-5 中也发现，英文路名表示地理方位的方式有居首修饰式、居尾补充式，汉语除了有英文这两种方式外，还有居中修饰式。从节律松紧看，"云南路（北段）——北云南路——云南北路"这三种形式的松

紧不同,居尾最松,居首次之,居中最紧。汉语主要采用的是后两种相对较紧的形式。

此外,有不少单音节定语居首的路名并没有特殊的表意作用,只是当时命名时,受外语路名命名习惯影响,作为历史路名,一直保留下来,不容易改变。例如,上海的"东大名路"受英文命名习惯的影响,单音节定语居首,更为重要的是先有"大名路","东大名路"区别于原有的"大名路"。上海的"四川北路"早期路名为"北四川路",这可能也是受英文命名习惯的影响,因为当时它是英租界拓展的一条路,而且也是先有"四川路",后有"北四川路"。10.7 节讨论的北京的单音节定语居首的路名也是历史路名沿袭下来的结果,当时有特殊的表意作用,现在这种表意作用已经减弱了,看不出来了。

10.10　小结

松紧象似原则制约着单音节定语的位置。单音节定语居中形式是韵律、松紧和称谓性语义作用一致的结果,既符合韵律模式,又是紧凑的形式,同时具有称谓性语义特征,符合名称的语用特点,所以,这种形式是强势的结构。单音节定语居首形式是特殊表意需求作用的结果,主要作用是凸显对比性、区别性。单音节定语居首形式的采用具有诸多限制性条件,一般要有一个对比参照项以突出居首单音节修饰语的区别性。此外,翻译体、历史名称等也会制约单音节定语的位置。居中单音节定语替代居首单音节定语,韵律制约是外在形式,背后的动因是语义、语用的需要驱动。作为名称,紧致的形式才是无标记的形式。特殊的语义语用需求是单音节定语居首结构存在的动因。从松紧象似角度看,单音节定语居首结构节律相对松,一般对应指称性弱一些,对比性、区别性强一些的结构。

结　语

　　本书关注到语音和语义之间的关联，基于最小对比对和数量统计的方法考察了单纯词的语音象似和双音节及以上复合词和复合结构的韵律象似，发现语音象似和韵律象似具有跨语言的普遍性。

　　我们从语言符号任意性与象似性争论入手，提出象似论是一种更加积极的态度。"承认任意性还是理据性实质上是一种研究的态度，把语言符号看作任意的只会使我们放弃对其深层原因的探究。"（张继英，2002）"语言的任意性观点在很大程度上误导或削弱了我们对语言进行深入探讨的可能性……是一个十分消极的观点"，象似性观点①"则鼓励我们不断探求语言世界背后所隐藏的规律"（陆丙甫、郭中，2005），而我们"语言研究者的责任在于解释；……比消极地承认任意性远为重要"（许国璋，1988）。

　　严格意义上说，韵律象似是一种语音象似。语音包括音质音位和非音质音位，音质音位的象似包括元音和辅音的象似，非音质音位的象似包括声调、重音、音长和音节数目多少的象似。由于汉语里声调附着于字上，与元音、辅音关系紧密，所以，我们把声调象似也放在语音象似部分进行讨论。语音象似和韵律象似虽然大体可分，但也有交叉、交融

---

① 陆丙甫、郭中（2005）所用的术语是理据性。

的地方，例如，指示代词复杂性象似更宜看作韵律象似。

基于定量统计和定性分析相结合的方法，以现代汉语单音节反义词、指示代词、鸟名、叹词、拟声词、动宾饰名复合词和定中黏合结构的音义关系为对象，本书通过对各种语音象似和韵律象似的语言现象的细致探究，阐述了响度象似、升调象似、重度象似和松紧象似的解释力。

第一，响度象似规则：在最小对比对中，概念上的大小、强弱、远近与响度大小关联。元音、辅音和声调的响度高低不同（见 3.1 介绍），元音在整个音节的响度贡献最大，声调次之，辅音最小①。元音响度高低往往与开口度大小相关，开口度越大，音高越高，响度越低。因此，又可以根据元音开口度大小象似概念上的大小、强弱和远近。现代汉语声调平声调值高，上声调值低，但两者开口度上没有多大差别，从响度高低看，平声比上声响亮。去声比较特别，虽然收尾调值是 1，但因为发音比较急促用力，音强大，所以去声具有两面性。与元音音高和响度的关联不同，现代汉语中平声调值高，响度高，上声调值低，响度低。

要特别强调的是，概念上的大小和响度高低、元音高低前后的关联是相对而言的，不是绝对的，不能说某个音素必然表"大"，某个音素必然表"小"。现代汉语单音节反义词表"小"和反面词项的元音开口度小、响度低，声调多为调值低的上声，这也是相对于"大"和正面词项的元音开口度大、响度高而言的。近指代词的元音多为高元音，也是相对于远指代词的元音多为低元音而言的。

第二，升调象似规则：声调调值高低与概念上大小、强弱和远近有象似关系，声调调型也具有象征意义，上升的调型与亲昵、不确定、疑

---

① 响度象似最大的难点是关于音节响度高低的计算，元音、辅音、声调的响度等级虽然有比较一致的看法，但如何赋值合并计算是个难点。单元音响度等级比较确定，但复元音的响度的计算还需要进一步研究。

问有关联①。电话招呼语"喂"的声调读作阳平与高调表"不确定"相关，因为打电话时招呼语"喂"表达的是疑问，询问"有人在吗？"的意思。电话招呼语"喂"有的时候也读作上声，调值为214，调型是先降后升。

陆丙甫先生明确指出升调与疑问有关联：升调天然地适合表示疑问，许多语言的疑问句以升调收尾，汉语的疑问词一般用以升调收尾的阳平和上声。比如，阳平疑问词"谁、什（么）"，上声疑问词"哪、怎、几"。其实，即使把无意义的简单声音 [a]、[m] 等发成阳平或上声，都自然带有疑问的色彩。（陆丙甫、郭中，2005）

疑问存在程度的差异，可以是有疑有问，也可以是有疑无问、无疑而问。所以，升调还可以进一步表示不确定、不自信、可商量、亲昵等。现代汉语单音节人称代词有我、俺、你、咱、您、他、她、它，其中"我、俺、你"是上声，"咱、您"是阳平，只有"他、她、它"是阴平，也就是说，第一、第二人称的是阳平或上声，第三人称的不是（王珏，2014）。这是因为升调可以表示亲昵，进而表示礼貌。第一、第二人称称谓的是在场的交谈者，第三人称称谓的是不在场的人，因而前者用表示亲昵、礼貌的升调，而后者不需要。

现代汉语单音节亲属称谓词也多用升调，王珏（2014）统计了36个单音节亲属称谓词，发现上声的比例超出一般词语的比例。例如：

（1）阴平（9个）：爹、妈、姑、公、叔、兄、哥、孙、甥

（2）阳平（7）：爷、娘、婆、姨、儿、侄、媳

（3）上声（11）：祖、姥 lǎo、奶、伯 bǎi、母、姐、姊、嫂、婶、子、女

（4）去声（9个）：爸、父、舅、弟、娣、妇、丈、妗、妹

---

① 朱晓农（2005）认为是高调表小、亲昵，但现代汉语上声不能看作高调。

在现代汉语中，去声占比最多，上声最少，阴平和阳平比例差别不大，具体数据是阴平 25.19%，阳平 25.35%，上声 16.71%，去声 32%，轻声 0.75%（刘连元、马亦凡，1986）。但这 36 个单音节亲属称谓词，根据现代汉语读音，阴平占比 25%，阳平占比 19.4%，上声占比 30.6%，去声占比 25%，上声占比远超一般语言中的比例。比较发现，现代汉语单音节亲属称谓词上声所占比例是一般语言上声比例的近 2 倍[①]。我们认为，单音节亲属称谓词用升调的上声，是因为亲属间互相称谓时表达亲昵的需要。很有意思的是，阴平、去平的称谓词读成升调，也有亲昵的意味。

第三，重度象似规则：在最小对比对中，音节长短、轻重象似距离的远近、物体的大小等。跨语言考察发现，指示代词远指、更远指比近指的音节更长、音节结构更复杂。最小对比对中，元音拉长、音节重叠、重读等更倾向于表示远指、更远指。一些语言指示物体的长短不同，语言形式也不同。德赛克语近指长形为 hini，短形为 ni；远指长形为 gaga，短形为 ga（陈康，2000）。音节长短还可以象似声音持续时间长短，鹂鹈、布谷、鹡鸰、鸲鹆的叫声很长，且前后两部分音色不同，相应的鸟名都用了两个音节，这也是典型的重度象似。响度象似和重度象似都是数量象似，可以看作响度和长度两个维度上的数量象似。

第四，松紧象似规则：松紧象似是指结构体的松紧与结构体的语义和语用有关联。在最小对比对中，紧的结构体指称性强，松的结构体陈述性强。结构体的松紧受节律形式和结构形式松紧的影响，节律形式松紧和结构形式松紧两两配对，理论上有四种可能，但实际上主要存在三种类型，呈现"四缺一"格局：

---

① 中古汉语上声比例更高，"爸、父、舅、弟、娣、妇、丈、妗、爹、妈"是上声字（王珏，2014），上声占比达到 58.3%。

1. 节律形式紧 + 结构形式紧

2. 节律形式松 + 结构形式紧

3. ？节律形式紧 + 结构形式松

4. 节律形式松 + 结构形式松

下面以述宾结构和名名定中结构单双音节搭配为例，简要说明上述配对类型的松紧。名名定中结构与述宾结构相比，结构形式前者紧，后者松；节律形式 2+1 紧、1+2 松。紧的名名定中结构采用紧的节律形式 2+1 则是最紧的结构体，如沙发床、铅笔刀。紧的结构采用松的节律，则是松紧适中的结构体，如校领导、布棉袄。松的结构形式配紧的节律形式的结构受限，如 2+1 式的述宾结构[①]是受限制的结构，宾语只限于极少数没有双音节弹性词的"人""鬼""钱"等。松松配对的 1+2 式述宾结构则是能产的结构。

松紧象似和响度象似、重度象似密切相关。松紧象似中的节律松紧受结构体前后两部分响度大小差异或重度差异影响。结构体呈现前响后弱的话，就是左重模式、扬抑节奏，是紧的节律形式；反之，就是松的节律形式。结构体前后两部分音节长短不同，也会影响节律松紧，这是重度象似与松紧象似的关联。

"冬天冷的时候，能穿多少就穿多少；夏天热的时候，能穿多少就穿多少。"这是坊间流传的一则语言游戏，"多少"的"少"重读是短语，轻读是词，这也说明松紧象似与重度象似有密切关联。

节律有松紧之别，结构也有松紧差异，节律松紧和结构松紧可以叠加，松紧结构语义不同、语用有别。松紧象似可以解释许多语言现象，

---

① 这里是指述宾黏合结构，不是组合结构，关于黏合结构和组合结构的区分，参见应学凤（2020）。

例如，可以解释"意见征求稿"和"征求意见稿"、"血凝酶"和"凝血酶"的对立，可以分析"新江湾城（上海）"和"钱江新城（杭州）"、"中国南海"和"南中国海"这样的结构为何同时存在，语用有别。

松紧象似和轻重象似、音节数目多少象似的关联，我们在 2.3.5 节有过分析。下面介绍陆丙甫、应学凤（2013）关于松紧与形态标志多少之间关联的讨论，希望有助于进一步理解松紧象似原则。

陆丙甫、应学凤（2013）提出结构松紧[①]与形态标志多少有关联。跨语言的调查表明，在动词短语中，与后置论元相比，前置论元与核心动词的关系较松散（前松后紧），并且更需要或需要更多表示它与核心动词间语义关系的形态标志（前多后少）。名词短语中的情况正好相反，与前置定语相比，后置定语与核心名词节律的关系通常较松散（前紧后松），并且需要更多形态标记（前少后多）。

先看动词短语内部"前松后紧"和形态上"前多后少"的关联。"学习 / 张三"中，前后两个成分很紧凑，除了插入动词后缀外，不能插入除了定语之外的任何句子成分。而"向张三 // 学习"前后两部分相对松散，中间可以插入不少成分，如"向张三虚心地学习"。这就是以动词为核心的动名组合（动核名从组合）内部的"前松后紧"现象；并且，同样一个论元"张三"，前置时必须带一个语义标志"向"（除非"张三"为话题，如"张三，我们都要向他学习"），后置时不能带，这就是动核名从组合内部的形态的"前多后少"现象。动词与后置论元的结合显然比与前置论元的结合紧密得多。前置时可以在它们和核心动词之间插入种种成分，包括施事主语和方式状语等，而后置时能够插入的成分受到极大的

---

① 当时用的术语是"节律松紧"，本书严格区分了节律松紧和结构松紧，认为音节长短、重音变化等的紧缩是节律松紧。动词论元前置还是后置、定语前置还是后置，不确定节律上会不会有不同，但肯定是松紧不同的结构。

限制。例如：

（5）a. 流下了眼泪　　b. 眼泪 // 流下了
（6）a. 不认识这个字　b. 这个字 // 不认识
（7）a. 吃过了饭　　　b. 饭 // 吃过了

　　上述语料或多或少可以理解为有关论元前移之后，成了主语，因此，上述松紧差别可以解释为主谓关系松于动宾关系。但有些动词后的论元提前后不能分析为次话题或小主语，同样的论元前置时往往比后置时更需要表示它和动词之间语义关系的语义标志。例如：

（8）a. 看完了这本书。　b. 把这本书 // 看完了。
（9）a. 来了北京。　　　b. 到北京 // 来了。
（10）a. 撤军朝鲜　　　　b. 从朝鲜 // 撤军

　　前置论元和动词关系的松散，具有跨语言的普遍性（陆丙甫、应学凤，2013）。Dryer & Gensler（2005）关于 449 种 VO 型或 OV 型语言动宾间是否可以插入状语型成分的调查，结果显示 OV 型语言的 O、V 之间更容易插入状语型成分。

表 11-1　VO 型或 OV 型语言动宾间能否可以插入状语型成分

VO 语序			OV 语序			基本语序不明确
VOX[①]	XVO	VXO	XOV	OXV	OVX	
189	3	0	45	23	37	152

---

① 其中 X 表示各种状语性旁格成分。

表 11–1 表明，VO 之间几乎插不进任何状语型成分，而 OV 之间很容易插进那些成分。

除了动词短语结构松紧与形态多少存在关联，名词短语内部的"前紧后松"和形态"前少后多"也存在显著的关联。动词短语中前置从属语（主要是论元）比后置的更容易带格标志，但在名词短语内部，情况正好相反：{名—定} 组合中，以核心名词为静止坐标原点，定语的情况是"前紧后松"而形态上"前少后多"。例如：

（11）一匹白（的）马——一匹马，白的

"一匹白（的）马"中的定语标志"的"可以省略，而当定语"白"后置时，如"一匹马，白的"，其中"的"就不能省略。

Greenberg（1966b）的"共性 21"也可以进一步证明，[定—名] 排列之间的结构比 [名—定] 之间的结构更紧密这一现象具有跨语言的普遍性：

如果某些或所有副词后置于它们所修饰的形容词，那么这种语言中的形容词也后置于名词（而且以动词前置于名词性宾语为优势语序）。

形容词定语前置时，它和核心名词之间不能插入程度副词等修饰语，而后置时可以。这说明形容词定语前置时，定名结构更紧；形容词定语后置时，定名结构更松。Hetzron（1978：15）也注意到了定语位置先后和松紧的相关性，"[形容词都后置于名词的] 所有情况下，总有某些手段使这些形容词相互间的联系比较松散，从而使自由语序显得不那么麻烦"。

陆丙甫、应学凤（2013）针对结构松紧与形态标志多少的关联指出，结构松散度和形态标志度之间有正相关关系，基本趋势就是结构越松散，形态标志度越高。假设结构的松散和形态标志度之间的上述相关性不是偶然的，那么，这或许能用"距离—标记对应律"（陆丙甫，2004）的引申去解释。事实上，结合松紧可以看作距离远近的一个方面，结合越松散，可以说距离越远，因此就越需要带标志两者之间关系的标志。陆丙甫（2004）讨论"距离—标记对应律"时，主要指"相对距离"，即比较不同从属语和核心的距离差别。这个对应律可以自然扩大到"绝对距离"，例如，同样是论元中和动词结合最紧密的宾语，前置时比后置时与动词的关系更松散而可以看作绝对距离更大，或者说"绝对结构距离"更大，也就更容易带格标志。这一解释对于动词短语和名词短语内部的形态前后不对称都适用。

利用音色构成节律差异，在各种语言中都是比较常见的，这是世界语言的普遍共性。此外，不同的语言还借助自身独有的特点构成节律，例如，英语、俄语等印欧语有词重音，就利用轻重音节的交替构成节律，这属于音强的重复变化；梵语用长短音区别意义，诗歌中就用长短音相间的方法来构成节律，这属于音长的重复变化；汉语每个音节都有声调，也就是字调，旧格律诗就利用它来构成平仄交错的节律，这属于音高的重复变化（文炼、陆丙甫，1979）。而汉语的平仄交错，本质上是松紧交替，平仄是"松音""紧音"的对应（陆丙甫、王小盾，1982）。印欧语的重音是它们突出的音系特征，而汉语的声调是汉语突出的特征，声调的对立表现为松紧的对立。对汉语来说，松紧为本，汉语的节奏是松紧控制轻重（沈家煊、柯航，2014），汉语的松紧象似是一个非常值得深入探索的领域。

参考文献

陈康:《赛德克语概况》,《民族语文》2000 年第 5 期。

陈敏燕、孙宜志、陈昌仪:《江西境内赣方言指示代词的近指和远指》,《中国语文》2003 年第 6 期。

陈用仪主编《葡汉词典》,商务印书馆,2001。

陈宗振、伊里千编著《塔塔尔语简志》,民族出版社,1986。

程工:《汉语"者"字合成复合词及其对普遍语法的启示》,《现代外语》2005 年第 3 期。

程工、周光磊:《分布式形态学框架下的汉语动宾复合词研究》,《外语教学与研究》2015 年第 2 期。

储泽祥、邓云华:《指示代词的类型和共性》,《当代语言学》2003 年第 4 期。

蔡淑梅:《汉字从"同"得声之字试析》,《宁夏大学学报》(人文社会科学版)2005 年第 1 期。

崔四行:《三音节结构中副词、形容词、名词作状语研究》,博士学位论文,北京语言大学,2009。

戴庆厦、黄布凡、傅爱兰、仁增旺姆、刘菊黄:《藏缅语十五种》,北京燕山出版社,1991。

戴庆厦、李洁:《勒期语概况》,《民族语文》2006 年第 1 期。

戴庆厦、徐悉艰：《景颇语语法》，中央民族大学出版社，1992。

〔英〕戴维·克里斯特尔编《现代语言学词典》，沈家煊译，商务印书馆，2000。

戴昭铭：《浙江天台方言的代词》，《方言》2003 年第 4 期。

董洪杰：《肉夹馍？馍夹肉？》，《语言文字周报》2019 年第 1859 期（2019 年 10 月 23 日出版）。

董秀芳：《述补带宾句式中的韵律制约》，《语言研究》1998 年第 1 期。

董秀芳：《2+1 式三音节复合词构成中的一些问题》，《汉语学习》2014 年第 6 期。

董为光：《话说"音义初始"》，《语言研究》1997 年第 1 期。

杜文礼：《语言的象似性探微》，《四川外语学院学报》1996 年第 1 期。

端木三：《从汉语的重音谈语言的共性与特性》，黄正德主编《中国语言学论丛》第 1 辑，北京语言文化大学出版社，1997。

端木三：《重音理论和汉语的词长选择》，《中国语文》1999 年第 4 期。

端木三：《汉语的节奏》，《当代语言学》2000 年第 4 期。

端木三：《重音、信息和语言的分类》，《语言科学》2007 年第 5 期。

端木三：《音步和重音》，北京语言大学出版社，2016。

冯胜利：《汉语的韵律、词法和句法》，北京大学出版社，1997。

冯胜利：《论汉语的"自然音步"》，《中国语文》1998 年第 1 期。

冯胜利：《汉语韵律句法学》，上海教育出版社，2000。

冯胜利：《论汉语"词"的多维性》，《当代语言学》2001 年第 3 期。

冯胜利：《韵律构词与韵律句法之间的交互作用》，《中国语文》2002 年第 6 期。

冯胜利：《动宾倒置与韵律构词法》，《语言科学》2004 年第 3 期。

冯胜利：《汉语韵律语法研究》，北京大学出版社，2005。

冯胜利：《汉语的韵律、词法与句法》（第 2 版），北京大学出版社，2009。

冯胜利:《汉语韵律语法问答》,北京语言大学出版社,2016。

方清明:《论"喂"的音义分化》,《修辞学习》2007年第5期。

刘宁生:《叹词研究》,《南京师范大学学报》(社会科学版)1987年第3期。

高永奇:《莽语概况》,《民族语文》2001年第4期。

高再兰、郭锐:《形容词及其复杂式的音节组配与词义褒贬的对应》,北京大学中国语言学研究中心《语言学论丛》编委会编《语言学论丛》第52辑,商务印书馆,2015。

顾海峰:《国内语言符号任意性与象似性学术争鸣述评》,《四川外语学院学报》2006年第2期。

顾阳、沈阳:《汉语合成复合词的构造过程》,《中国语文》2001年第2期。

郭鸿:《索绪尔的语言符号任意性原则是否成立?——与王寅教授商榷》,《外语研究》2001年第1期。

郭绍虞:《中国语词之弹性作用》,《燕京学报》1938年第24期。

顾嘉祖、王静:《语言既是任意的又是象似的——试论语言符号任意性与象似性的互补关系》,《外语与外语教学》2004年第6期。

辜正坤:《人类语言音义同构现象与人类文化模式——兼论汉诗音象美》,《北京大学学报》(哲学社会科学版)1995年第6期。

韩敬体、宋惠德编《反义词词典》,四川人民出版社,1989。

何元建:《回环理论与汉语构词法》,《当代语言学》2004年第3期。

何元建、王玲玲:《汉语真假复合词》,《语言教学与研究》2005年第5期。

贺川生:《音义学:研究音义关系的一门学科》,《外语教学与研究》2002年第1期。

胡明扬:《北京话的语气助词和叹词(上)》,《中国语文》1981年第5期。

胡振华编著《柯尔克孜语简志》，民族出版社，1986。

胡增益编著《鄂伦春语简志》，民族出版社，1986。

黄伯荣主编《汉语方言语法类编》，青岛出版社，1996。

黄彩玉:《"V$_双$+N$_双$"歧义结构的实验语音学分析》，《语言教学与研究》2012年第3期。

黄群建:《湖北阳新方言的代词》，《湖北师范学院学报》(哲学社会科学版)2002年第2期。

黄月圆、陈洁光、卫志强:《汉语品名的语言特性》，《语言文字应用》2003年第3期。

柯航:《现代汉语单双音节搭配研究》，博士学位论文，中国社会科学院，2007。

柯航:《汉语单音节定语移位的语义制约》，《中国语文》2011年第5期。

雷富民、邢晓莹等编著《中国鸟类鸣声》，科学出版社，2017。

李葆嘉:《论索绪尔符号任意性原则的失误与复归》，《语言文字应用》1994年第3期。

李大勤、江荻:《扎话概况》，《民族语文》2001年第6期。

李二占:《试论语言理据研究的价值与意义》，《中国外语》2008年第1期。

李方桂:《上古音研究》，商务印书馆，1980。

李福印编著《认知语言学概论》，北京大学出版社，2008。

李锦芳:《茶洞语概况》，《民族语文》2001年第1期。

李锦芳:《巴哈布央语概况》，《民族语文》2003年第4期。

李锦芳、徐晓丽:《比贡仡佬语概况》，《民族语文》2004年第3期。

李世中:《谈汉语声调对词义的象征性》，《光明日报》1987年4月14日。又见人大复印报刊资料《语言文字学》1987年第5期。

梁敏编著《侗语简志》，民族出版社，1980。

林莲云编著《撒拉语简志》，民族出版社，1985。

林焘:《现代汉语补足语里的轻音现象所反映出来的语法和语义问题》,《北京大学学报》(人文科学)1957年第2期。

林焘:《现代汉语轻音和句法结构的关系》,《中国语文》1962年第7期。

林艳:《任意性与理据性都是语言符号的本质属性》,《语言与翻译》2006年第1期。

刘丹青:《词类和词长的相关性———汉语语法的"语音平面"丛论之二》,《南京师大学报》(社会科学版)1996年第2期。

刘丹青:《重新分析的无标化解释》,《世界汉语教学》2008年第1期。

刘丹青、陈玉洁:《汉语指示词语音象似性的跨方言考察(上)》,《当代语言学》2008年第4期。

刘丹青、陈玉洁:《汉语指示词语音象似性的跨方言考察(下)》,《当代语言学》2009年第1期。

刘丹青、刘海燕:《崇明方言的指示代词》,《方言》2005年第2期。

刘连元、马亦凡:《普通话声调分布和声调结构频度》,《语文建设》1986年第3期。

刘伦鑫主编《客赣方言比较研究》,中国社会科学出版社,1999。

刘卫宁:《〈说文解字〉中的"乔"族字试析》,《广西社会科学》2004年第12期。

刘云、李晋霞:《"V$_\text{双}$N$_1$的N$_2$"格式转化为粘合式偏正结构的制约因素》,《世界汉语教学》2002年第2期。

刘照雄编著《东乡语简志》,民族出版社,1981。

陆丙甫:《结构、节奏、松紧、轻重在汉语中的相互作用——从"等等+单音名词"为何不合格说起》,《汉语学习》1989年第3期。

陆丙甫:《核心推导语法》,上海教育出版社,1993。

陆丙甫:《语言临摹性与汉英语法比较》,载《语言研究论集》,中国社会科学出版社,2001。

陆丙甫:《作为一条语言共性的"距离—标记对应律"》,《中国语文》

2004 年第 1 期。

陆丙甫:《语序优势的认知解释(上):论可别度对语序的普遍影响》,《当代语言学》2005 年第 1 期。

陆丙甫:《汉、英主要"事件名词"语义特征》,《当代语言学》2012 年第 1 期。

陆丙甫:《核心推导语法》(第二版),上海教育出版社,2015。

陆丙甫、郭中:《语言符号理据性面面观》,《外国语》2005 年第 6 期。

陆丙甫、谢天蔚:《汉英语法比较的范围的扩大》,*Journal of the Chinese Language Teachers Association*,2002,37(1):111-130。

陆丙甫、王小盾:《现代诗歌声律中的声调问题——新诗宜用去声、非去声的对立来取代平、仄的对立》,《天津师大学报》1982 年第 6 期。

陆丙甫、应学凤:《节律和形态里的前后不对称》,《中国语文》2013 年第 5 期。

陆绍尊编著《普米语简志》,民族出版社,1983。

吕叔湘:《现代汉语单双音节问题初探》,《中国语文》1963 年第 1 期。又载《吕叔湘文集》(第二卷),商务印书馆,1990。

吕叔湘:《汉语语法分析问题》,商务印书馆,1979。

马庆株:《拟声词研究》,《语言研究论丛》第 4 辑,南开大学出版社,1987。

马庆株:《多重定名结构中形容词的类别和次序》,《中国语文》1995 年第 5 期。

马壮寰:《任意性:语言的根本属性》,《外语研究》2002 年第 4 期。

毛宗武、蒙朝吉编著《瑶族语言简志》,民族出版社,1982。

孟琮:《北京话的拟声词》,中国语文杂志社编《语法研究和探索》第 1 辑,北京大学出版社,1983。

欧阳觉亚、程方、喻翠容编著《京语简志》,民族出版社,1984。

欧阳觉亚、郑贻青编著《黎语简志》,民族出版社,1980。

欧阳觉亚编著《珞巴族语言简志》，民族出版社，1985。

潘悟云：《上古指代词的强调式和弱化式》，载范开泰、齐沪扬主编《语言问题再认识》，上海教育出版社，2001。

裴雨来、邱金萍、吴云芳：《"纸张粉碎机"的层次结构》，《当代语言学》2010 年第 4 期。

冉启斌：《亮度原则与临摹顺序——汉语异韵拟声词的语音规律与成因》，《语言科学》2009 年第 6 期。

邵敬敏：《拟声词初探》，《语言教学与研究》1981 年第 4 期。

沈家煊：《句法的象似性问题》，《外语教学与研究》1993 年第 1 期。

沈家煊：《不对称和标记论》，江西教育出版社，1999。

沈家煊：《论"虚实象似"原理——韵律和语法之间的扭曲对应》，*Chinese as a Second Language Research*，2012，1（1）：89–103。

沈家煊：《名词和动词》，商务印书馆，2016。

沈家煊：《汉语"大语法"包含韵律》，《世界汉语教学》2017 年第 1 期。

沈家煊：《〈繁花〉语言札记》，二十一世纪出版社集团，2017。

沈家煊：《超越主谓结构——对言语法和对言格式》，商务印书馆，2019。

沈家煊、柯航：《汉语的节奏是松紧控制轻重》，北京大学中国语言学研究中心《语言学论丛》编委会编《语言学论丛》第 50 辑，商务印书馆，2014。

石安石：《语言符号的任意性和可论证性》，《语文研究》1989 年第 4 期。

石定栩：《复合词与短语的句法地位》，中国语文杂志社编《语法研究和探索》第 11 辑，商务印书馆，2002。

石定栩：《汉语的定中关系动—名复合词》，《中国语文》2003 年第 6 期。

石毓智：《汉语研究的类型学视野》，江西教育出版社，2004。

石毓智:《语法的认知语义基础》，江西教育出版社，2000。

石毓智:《论汉语的大音节结构》，《中国语文》1995 年第 3 期。

史有为:《汉语文化语音学虚实谈》，《世界汉语教学》1992 年第 4 期。

史有为:《续〈汉语文化语音学虚实谈〉》，《世界汉语教学》1994 年第 2 期。

史有为:《再续〈汉语文化语音学虚实谈〉》，《世界汉语教学》1995 年第 4 期。

萨丕尔:《语言论》，陆卓元译，陆志韦校订，商务印书馆，1921/1985。

索绪尔:《普通语言学教程》，高名凯译，商务印书馆，1980。

索振羽:《索绪尔的语言符号任意性原则是正确的》，《语言文字应用》1995 年第 2 期。

孙宏开、陆绍尊、张济川、欧阳觉亚:《门巴、珞巴、僜人的语言》，中国社会科学出版社，1980。

孙力平:《应当如何理解语言符号的任意性——论语言符号是任意性和理据性的统一》，《江西大学学报》(哲社版) 1987 年第 1 期。

田德生、何天贞等编著《土家语简志》，民族出版社，1986。

汪化云:《黄冈方言的指示代词》，《语言研究》2000 年第 4 期。

汪化云:《汉语方言指示代词三分现象初探》，《语言研究》2002 年第 2 期。

王艾录:《关于语言符号的任意性和理据性》，《解放军外国语学院学报》2003 年第 6 期。

王德春:《论语言单位的任意性和理据性——兼评王寅〈论语言符号象似性〉》，《外国语》2001 年第 1 期。

王洪君:《汉语语音词的韵律类型》，《中国语文》1996 年第 3 期。

王洪君:《汉语的韵律词与韵律短语》，《中国语文》2000 年第 6 期。

王洪君:《音节单双、音域展敛（重音）与语法结构类型和成分次序》，《当代语言学》2001 年第 4 期。

王洪君:《试论汉语的节奏类型——松紧型》,《语言科学》2004 年第 3 期。

王洪君:《汉语非线性音系学》(增订版),北京大学出版社,2008。

王洪君、富丽:《试论现代汉语的类词缀》,《语言科学》2005 年第 5 期。

王均、郑国乔编著《么佬语简志》,民族出版社,1980。

王珏:《汉语声调与词类范畴之间的象似性关系》,中国语言学会《中国语言学报》编委会编《中国语言学报》第 16 辑,商务印书馆,2014。

王力:《汉语史稿》,中华书局,1980。

王力:《汉字古今音表》(修订本),中华书局,1999。

王丽娟:《从名词、动词看现代汉语普通话双音节的形态功能》,博士学位论文,北京语言大学,2009。

王寅:《论语言符号的象似性》,《外语与外语教学》1999 年第 5 期。

王寅:《再论语言符号的象似性——象似性的理据》,《外语与外语教学》2000 年第 6 期。

王寅:《象似性辩证说优于任意性支配说》,《外语与外语教学》2003 年第 5 期。

韦庆稳、覃国生编著《壮语简志》,民族出版社,1980。

文炼(张斌)、陆丙甫:《关于新诗节律》,《语文教学与研究》第 2 辑,云南人民出版社,1979。又载冯胜利主编《汉语韵律语法新探》,中西书局,2015。

徐悉艰、徐桂珍编著《景颇族语言简志》,民族出版社,1984。

吴校华:《现代汉语拟声词研究》,硕士学位论文,南昌大学,2009。

吴为善:《现代汉语三音节组合规律初探》,《汉语学习》1986 年第 5 期。

吴为善:《论汉语后置单音节的粘附性》,《汉语学习》1989 年第 1 期。

解连珊:《从"向右转"说起》,《修辞学习》2003 年第 6 期。

吴为善：《汉语韵律句法探索》，学林出版社，2006。

许国璋：《语言符号的任意性问题——语言哲学探索之一》，《外语教学与研究》1988年第3期。

许国璋：《许国璋论语言》，外语教学与研究出版社，1991。

薛亚红、端木三：《形名组合的出现率：词长搭配和"的"字隐现》，《语言科学》2018年第5期。

严辰松：《语言理据研究》，《解放军外国语学院学报》2000年第6期。

延俊荣：《汉语语音与语言意义象似性例举》，《解放军外国语学院学报》2000年第5期。

严艳群、刘丹青：《民族语人称代词的语音象似性》，《云南师范大学学报》（哲学社会科学版）2013年第4期。

杨树森：《论象声词与叹词的差异性》，《中国语文》2006年第3期。

尹世超：《报道性标题与称名性标题》，《语言教学与研究》1995年第2期。

应学凤：《语言符号音义象似性研究——以指示代词、现代汉语单音节反义词音义关系为考察对象》，硕士学位论文，南昌大学，2007。

应学凤：《现代汉语单音节反义词音义象似性考察》，《语言教学与研究》2009年第3期。

应学凤：《指示代词语音象似性的跨语言考察》，《汉语学报》2010年第3期。

应学凤：《现代汉语拟声词的后重格局》，《汉语学报》2012年第3期。

应学凤：《韵律语法理论与汉语韵律语法研究述评》，《汉语学习》2013a年第1期。

应学凤：《现代汉语黏合结构韵律与语义语用互动关系研究》，博士学位论文，浙江大学，2013b。

应学凤：《原型理论视野下任意性与象似性关系的再认识》，《浙江外国语学院学报》2013c年第5期。

应学凤:《述宾黏合结构和定中黏合结构的单双音组配问题》，
Chinese as a Second Language and Research，2014a，3（2）：285–308。

应学凤:《现代汉语定中黏合结构研究综论》，《励耘语言学刊》2014b 年第 2 期。

应学凤:《汉语单音节定语移位问题研究述评》，《浙江外国语学院学报》2014c 年第 6 期。

应学凤:《动宾倒置复合词研究述评》，《汉语学习》2015a 年第 2 期。

应学凤:《述宾、定中结构的单双音节组配研究述评》，《华文教学与研究》2015b 年第 2 期。

应学凤:《现代汉语黏合结构的正式语体特征》，《汉语学习》2016 年第 5 期。

应学凤:《韵律与语义互动视角下的动宾倒置复合词的层次结构》，《汉语学习》2019 年第 4 期。

应学凤:《现代汉语黏合结构研究》，中国社会科学出版社，2020。

应学凤:《松紧象似原则与动宾饰名复合词》，《世界汉语教学》2021a 年第 1 期。又见人大复印报刊资料《语言文字学》2021 年第 4 期。

应学凤:《述宾黏合结构和述宾倒序结构的语义差异——兼谈指称、轻重、松紧在汉语的相互作用》，复旦大学汉语言文字学科《语言研究集刊》编委会编《语言研究集刊》第 27 辑，上海辞书出版社，2021。

应学凤:《韵律与句法、语义互动视角下述宾黏合结构直接作定语问题》，《励耘语言学刊》2021 年第 1 辑，中华书局。

应学凤:《述宾倒序结构直接作定语的句法、语义和语用功能阐释》，上海师范大学《对外汉语研究》编委会编《对外汉语研究》第 24 辑，商务印书馆，2021。

应学凤:《再论定中黏合结构单音节定语的位置问题》，中国语言学会《中国语言学报》编委会编《中国语言学报》第 20 辑，商务印书馆，2022。

应学凤、端木三:《组合式形名结构词长搭配量化研究》,《汉语学习》2020 年第 4 期。

应学凤、端木三:《组合式形名结构词长搭配和"的"的隐现》,《语言研究》2021 年第 1 期。

应学凤、李钰:《基于统计分析的鸟类名称语音象似性考察》,《现代中国语研究》(日本)2021 年卷(总第 23 期)。

应学凤、聂仁发:《松紧象似原则与命名性定中黏合结构单音节定语位置问题》,《语言研究》2022 年第 2 期。

应学凤、张丽萍:《语言符号任意性与象似性之争及其实质》,《杭州电子科技大学学报》(社科版)2008 年第 1 期。

应学凤、张丽萍:《指示代词的语音象似性评述》,《汉语学习》2008 年第 3 期。

应学凤、朱婷儿:《电话交际中叹词"喂"的音义象似性考察》,《中国语文法研究》(日本)2021 年卷(通卷第 10 期)。

雍淑凤:《〈说文解字〉中的"奄"族字试析》,《宁夏大学学报》(人文社会科学版)2001 年第 6 期。

于海江:《符号的任意性与词的理据》,《解放军外国语学院学报》1994 年第 5 期。

袁明军:《〈现代汉语词典〉里的拟声词》,《语文研究》2007 年第 1 期。

袁毓林:《定语顺序的认知解释及其理论蕴涵》,《中国社会科学》1999 年第 2 期。

袁毓林:《走向多层面互动的汉语研究》,《语言科学》2003 年第 6 期。

张洪明:《韵律音系学与汉语韵律研究中的若干问题》,《当代语言学》2014 年第 3 期。

张国宪:《"动 + 名"结构中单双音节动作动词功能差异初探》,《中国语文》1989 年第 3 期。

张国宪:《"V双+N双"短语的理解因素》,《中国语文》1997年第3期。

张国宪:《形动构造奇偶组配的语义·句法理据》,《世界汉语教学》2004年第4期。

张国宪:《形名组合的韵律组配图式及其韵律的语言地位》,《当代语言学》2005年第1期。

张继英:《相辅相争的理据》,《解放军外国语学院学报》2002年第4期。

张均如编著《水语简志》,民族出版社,1980。

张立昌:《声调意义的疆域——汉语普通话单音名词声调理据研究》,《齐鲁学刊》2014年第1期。

张立昌、蔡基刚:《20世纪以来的语音象征研究:成就、问题与前景》,《解放军外国语学院学报》2013年第6期。

张敏:《认知语言学与汉语名词短语》,中国社会科学出版社,1998。

张如梅、周锦国:《略谈叹词"喂"的读音》,《红河学院学报》2011年第4期。

张元生、覃晓航:《现代壮汉语比较语法》,中央民族学院出版社,1993。

赵刚:《语言符号任意性原则的所指——关于索绪尔语言符号任意性的思考》,《西安外国语学院学报》2004年第3期。

照那斯图编著《土族语简志》,民族出版社,1981。

赵元任:《汉语口语语法》,吕叔湘译,商务印书馆,1979。

赵元任、丁声树、杨时逢、吴宗济、董同龢:《湖北方言调查报告》,商务印书馆,1948。

郑立华:《语音象征意义初探》,《现代外语》1989年第1期。

郑张尚芳:《汉语声调平仄之分与上声去声的起源》,《语言研究》1994年增刊。

中国社会科学院语言研究所词典编辑室编《现代汉语词典》(第5

版），商务印书馆，2005。

中国社会科学院语言研究所词典编辑室编《现代汉语词典》（第7版），商务印书馆，2016。

钟劲松、田华：《说电话会话用语"喂"》，《黄冈师范学院学报》2007年第1期。

中国科学院少数民族语言研究所主编《傈僳语语法纲要》，科学出版社，1959。

仲素纯编著《达斡尔语简志》，民族出版社，1982。

周荐：《现代汉语叠字词研究》，《南开语言学刊》2002年第1期。

周韧：《共性与个性下的汉语动宾饰名复合词研究》，《中国语文》2006年第4期。

周韧：《现代汉语韵律与语法的互动关系研究》，商务印书馆，2011。

周韧：《韵律的作用到底有多大》，《世界汉语教学》2012年第4期。

周韧：《韵律、句法和语义，谁制约了谁？》，北京大学中国语言学研究中心《语言学论丛》编委会编《语言学论丛》第55辑，商务印书馆，2017a。

周韧：《汉语韵律语法研究中的轻重象似、松紧象似和多少象似》，《中国语文》2017b年第5期。

周韧：《争议与思考：60年来汉语词重音研究述评》，《语言教学与研究》2018年第6期。

周韧：《汉语韵律语法研究中的双音节和四音节》，《世界汉语教学》2019年第3期。

周韧：《从节律到韵律：三种生成音系学理论评介》，北京大学中国语言学研究中心《语言学论丛》编委会编《语言学论丛》第63辑，商务印书馆，2021。

周韧：《汉语韵律语法研究的音节—语义视野》，商务印书馆，2022。

朱长河：《语言的象似性问题：外界的质疑与自身的应答》，《山东外语教学》2005 年第 1 期。

朱德熙:《语法讲义》,商务印书馆,1982。

朱莉:《汉语人称代词语音象似性研究》,硕士学位论文,江西师范大学,2014。

朱晓农:《亲密与高调——对小称调、女国音、美眉等语言现象的生物学解释》,《当代语言学》2004 年第 3 期。

朱永生:《论语言符号的任意性与象似性》,《外语教学与研究》2002 年第 1 期。

竺家宁:《论拟声词声音结构中的边音成分》,《"国立"中正大学学报》(人文分册)1995 年第 1 期。

庄和诚:《英语中的语音象征》,《外国语》1999 年第 2 期。

庄会彬、刘振前:《汉语合成复合词的构词机制与韵律制约》,《世界汉语教学》2011 年第 4 期。

曾毓美:《湘潭方言的代词》,《方言》1998 年第 1 期。

《法汉词典》编写组编《法汉词典》,上海译文出版社,1982。

Chao Yuen-Ren(赵元任),Ambiguity in Chinese,In Søren Egerod & Else Glahn(eds.),*Studia Serica Bernhard Karlgen Dedicata*,Copenhagen:Ejnar Munksgaard,1959. 袁毓林译,载《中国现代语言学的开拓和发展:赵元任语言学论文选》,清华大学出版社,1992。

Chao,Yuen-Ren,*A Grammar of Spoken Chinese*,Berkeley and Los Angeles: University of California Press,1968/2011. 吕叔湘译本,《汉语口语语法》,商务印书馆,1979。丁邦新译本,《中国话的文法》,中文大学出版社,2002。

Chao Yuen-Ren(赵元任),Rhythm and Structure in Chinese Word Conceptions,《台湾大学考古人类学刊》1975,37/38:1-15。中译文收录于《赵元任语言学论文集》,商务印书馆,2006。

Chen,Matthew Y.(陈渊泉),*Tone Sandhi: Patterns Across Chinese*

Dialect. Cambridge Mass:Cambridge University Press, 2000 .

Duanmu, San（端木三）, A Formal Study of Syllable，Tone，Stress and Domain in Chinese Language, PHD. Dissertation,Massachusetts Institute of Technology,1990.

Duanmu San（端木三）, Phonologically Motivated Word Order Movement: Evidence from Chinese Compounds, *Studiesin the Linguistic Sciences*,1997, 27（1）: 49-77.

Duanmu San（端木三）, *Phonology of Standard Chinese* (second edition), Oxford:Oxford University Press, 2007.

Duanmu San（端木三）, Word-length Preferences in Chinese: A Corpus Study, *Journal of East Asian Linguistics*, 2012,21(1):89-114.

Duanmu San & Yan Dong, Elastic Words in Chinese. In CHAN Sin-Wai (ed.), *The Routledge Encyclopedia of the Chinese Language*, 452-468. London and New York: Routledge,2016.

Dryer, Matthew S. & Gensler, Orin D., Order of Object, Oblique, and Verb. In Haspelmath, Martin; Dryer, Matthew S; Gil, David; Comrie, Bernard (eds.), *The World Atlas of Language Structures*, Oxford: Oxford University Press, 2005,343-345.

Greenberg, Joseph.H., *Language Universals: With Special Reference to Feature Hierarchies*, Janua Linguarum Series Minor, 1966a,59,The Hague:Mouton .

Greenberg, Joseph.H., Some Universals of Grammar with Particular Reference to the Order of Meaningful Elements, In J.H. Greenberg (ed.), *Universal of Language* (second edition), 73-113. Cambridge, Mass: MIT Press,1966b. 陆丙甫、陆致极译,《某些主要跟语序有关的语法普遍现象》,《国外语言学》1984 年第 2 期。

Haiman, John, Iconic and Economic Motivation, *Language*, 1983, 59(4): 781-819.

Haiman, John, *Natural Syntax: Iconicity and Erosion*. Cambridge: Cambridge University Press, 1985.

Haase, Martin, Local Deixis, In M. Haspelmath, E. König, W. Oesterreicher & W. Raible(eds.), *Language Typology and Language Universals: An International Handbook*. Berlin: Walter De Gruyter,2001.

Hayes, Bruce, *Metrical Stress Theory: Principles and Case Studies*, Chicago:University of Chicago Press,1995.

Hetzron, Robert, On the Relative Order of Adjectives. In Hansjakob Seiler (ed.), *Language Universals*: 165-184. Tübingen: Gunter Narr Verlag, 1978.

Jiang-King Ping（蒋平）, Sonority Constraints on Tonal Patterns Across Chinese Dialects, In the Proceedings of WCCFL 17,Published by Stanford CSLI,1998.

Johansson, Niklas, Tracking Linguistic Primitives: The Phonosemantic Realization of Fundamental Oppositional Pairs, In Matthias Bauer, Angelika Zirker, Olga Fischer & Christina Ljungberg (eds.), *Dimensions of Iconicity, Iconicity in Language and Literature15*, Amsterdam: John Benjamins, 2017.

Johansson, Niklas, Anikin Andrey, Carling Gerd & Holmer Arthur, The Typology of Sound Symbolism: Defining Macro-concepts via Their Semantic and Phonetic Features, *Linguistic Typology*, 2020, 24:1-57.

Kenstowicz,Michael, *Phonology in Generative Grammar*,Cambridge and Oxford: Blackwell,1994.

Kohler，W., *Gestalt Psychology*. New York: Liveright Publishing Corporation, 1929.

Langacker,R.W., *Foundations of Cognitive Grammar Vol. II: Descriptive Application,* Stanford: Stanford University Press, 1991.

Lee,David,*Cognitive Linguistics:An Introduction*.Oxford:Oxford

University Press,2001.

Lu, Bingfu & Duanmu San(陆丙甫、端木三), A Case Study of the Relaition between Rhythm and Syntax in Chinese, Paper Presented at the Third North America Conference on Chinese Linguistics, 1991.

Lu, Bingfu & Duanmu San(陆丙甫、端木三), Rhythm and Syntax in Chinese: A Case Study, *Journal of the Chinese Language Teachers Association,* 2002,37(2):123-134.

Magnus, Wargaret, What's in a Word?Studies in Phonisemantics. Ph.D. Dissertation,NTNU Trondheim Norwegian Uniersity of Science and Technology, 2001.

Maria A. Alegre & Peter Gordon, Red Rats Eater Exposes Recursion in Children's Word Formation, *Cognition,*1996,60(1):65-82

Ohala, John. J., The Frequency Codes Underlies the Sound Symbolic Use of Voice Pitch, In Leanne.Hinton, Johanna. Nichols, & John. J. Ohala (eds.), *Sound symbolism.* Cambridge: Cambridge University Press, 1994, 325-347.

Peirce,Charles S.,Paul Weiss and Charles Hartshorne,*Collected Papers of Charles Sanders Peirce(2):Principal of Philosophy.*Cambridge,Mass.:Harvard University Press,1932.

Perfeito, Abílio Alves Bonito; Castro, Adalmiro et al. *Dicionário da Língua Portuguesa*, Online:Porto Editora, 2010.

Pink,Steven, *The Language Instinct:How the Mind Creates Language*, New York:Harper Collins,1994.

Richard Wiese, Phrasal Compounds and the Theory of Word Syntax, *Linguistic Inquiry,* 1996,27(1)：183-193.

Sapir, Edward, A Study in Phonetic Symbolism, *Journal of Experimental Psychology*, 1929, 12(3):225-239.

Taylor, Anna M. & David Reby, The Contribution of Source-filter Theory to Mammal Vocal Communication Research, *Journal of Zoology*, 2010, 280(3): 221-236.

Taylor,John, Category Extension by Metonymy and Metaphor. In René Dirven and Ralf PÖrings(eds.),*Studies in Linguistic Motivation*, 49-73. Berlin:Mouton De Gruyter, 2002.

Traunmüller, Hartmut, Sound Symbolism in Deictic Words, In Hans Auli & Peter af Trampe(eds.), *Tongues and Texts Unlimited: Studies in Honour of Tore Jansson on the Occasion of His Sixtieth Anniversary*, Stockholm: Department of Classical Languages,Stockholm University, 1994, 213–234.

Traunmüller Hartmut, Sound Symbolism in Deictic Words, Fonetik 96, Swedish Phonetics Conference, Nässlingen, 29-31,1996.

Ultan, Russell, Size–sound Symbolism, In Joseph Greenberg(ed.), *Universals of Human Language vol.4.* Stanford: Stanford University Press, 1984.

Winter Bodo & Marcus Perlman, Size Sound Symbolism in the English Lexicon, *Glossa a Journal of General Linguistics*, 2021, 6(1):1-13.

Woodworth, Nancy L., Sound Symbolism in Proximal and Distal Forms, *Linguistics*, 1991,29:273-299.

Yule，G.，*Pragmatics*，上海外语教育出版社，2000。

后　记

韵律语法研究主要有两大学派：基于功能语法的韵律语法研究和基于形式语法的韵律语法研究，本人的研究属于功能派。在完成国家社科基金项目"现代汉语黏合结构研究"的过程中，我发现黏合结构和组合结构在节律上具有重要的差别，于是就产生了深化黏合结构韵律语法研究的想法。"基于语料库的汉语黏合结构韵律语法研究"获国家社科基金立项，让我有机会进一步思考韵律与语义、语用关系的问题。

回顾这些年来的研究，发现重点关注的内容主要集中在音义象似方面，包括语音和意义之间的象征，音的组合和义的组合之间的象似。现在把这些年来有关语音象似和韵律象似的研究系统整理成书，希望得到大家的指教。

出版前，一直为书名而苦恼，最后选定"从语音象似到韵律象似"，这个书名不仅反映我关注的先后，还显示出语音象似与韵律象似的关联。

语音象征是个经久不衰的话题，各种语言都有，但老话题有了新认识。Langacker 在 *Cognitve Grammar:A Basic Introduction* 一书中将语音象征泛化为语言的普遍性特征，他提出语言只有三类单位：语音单位、语义单位、象征单位。

沈家煊先生（2019：272~274）从对言语法视角出发，提出语音单位和语义单位构成一个象征单位，这个单位就是音义结合对，音的组合对和义的组合对之间的象征关系就是音义象对。他认为汉语的音义象对主要表现在数量、顺序、疏密三个方面，又称作多少象征、先后象征、松紧象征。

本书把一个语音单位和一个语义单位的象征关系称作语音象似，把音的组合和义的组合之间的象征关系称作韵律象似。语音象似部分讨论了响度象似、复杂性象似、重度象似、调型象似等，韵律象似部分讨论了多少象似、轻重象似和松紧象似等。韵律象似和语音象似高度关联，音的组合前后两部分的响度不同、重度不同、音节数目多少不同，音节组合的轻重、多少和松紧也不同。

本书在写作过程中先后得到李胜梅老师、陆丙甫老师、池昌海老师、端木三老师和周韧师兄的指点和帮助。

李老师善于发现学生的长处，支持学生的学术选择。我是咨询老师最多的学生，也是最麻烦老师的学生。每当我为打扰她而感到抱歉的时候，她总是笑着说："你问得越多，学得就越多。"我现在也常把这句话送给自己的学生。

陆老师对我的影响很大，我对语音象似的兴趣来自陆老师的课堂，对韵律语法、黏合结构的关注来自他的点拨。陆老师经常抛给我一个个前沿的问题，指引着我前进。

池老师治学严谨，思维缜密，为人谦和、儒雅、包容。池老师的为人、治学都是我学习的榜样。

端木老师是我在密歇根大学访学的导师，基于语料库的韵律语法研究方法是跟着端木老师学的。访学结束后，端木老师一如既往地给予我帮助。

认识周韧师兄是在读研究生以前。南昌大学青年教工宿舍前的羽毛球场提高了我的羽毛球水平，还因此结识了周师兄。

此外，我要特别感谢沈家煊先生的指点和鼓励，我对松紧象似研究的兴趣是受沈先生的影响。

　　本书的大部分章节曾以单篇论文的形式在《中国语文》《世界汉语教学》《中国语言学报》《语言研究》《语言教学与研究》《汉语学报》《汉语学习》《华文教学与研究》《现代中国语研究》（日本）、《中国语文法研究》（日本）等刊物发表，单篇论文的写作曾得到冯胜利、陆俭明、王洪君等先生的指正，这些期刊的审稿专家和编辑部老师也提出了非常好的修改建议，在此一并向上述专家表示诚挚的谢意！

　　感谢责任编辑杨春花女士专业、细致的编校工作，使书稿避免了不少错漏。

　　最后，感谢家人的支持，你们的支持是我前进的动力。

应学凤

2022 年 6 月 19 日于杭州

图书在版编目(CIP)数据

从语音象似到韵律象似 / 应学凤著. -- 北京：社
会科学文献出版社, 2022.6
ISBN 978-7-5228-0365-4

Ⅰ.①汉… Ⅱ.①应… Ⅲ.①汉语－语音－研究②汉
语－韵律(语言)－研究 Ⅳ.①H11

中国版本图书馆CIP数据核字（2022）第113323号

从语音象似到韵律象似

著　　者 / 应学凤

出 版 人 / 王利民
组稿编辑 / 宋月华
责任编辑 / 李建廷
文稿编辑 / 李帅磊
责任印制 / 王京美

出　　版 / 社会科学文献出版社·人文分社（010）59367215
　　　　　　地址：北京市北三环中路甲29号院华龙大厦　邮编：100029
　　　　　　网址：www.ssap.com.cn
发　　行 / 社会科学文献出版社（010）59367028
印　　装 / 三河市尚艺印装有限公司

规　　格 / 开　本：787mm×1092mm 1/16
　　　　　　印　张：17.25　字　数：240千字
版　　次 / 2022年6月第1版　2022年6月第1次印刷
书　　号 / ISBN 978-7-5228-0365-4
定　　价 / 128.00元

读者服务电话：4008918866